财政部规划教材
全国高等院校财经类教材

金融学（第二版）学习指导用书

潘淑娟 主 编
李 侠 副主编

中国财经出版传媒集团
中国财政经济出版社
·北京·

图书在版编目（CIP）数据

金融学（第二版）学习指导用书 / 潘淑娟主编．
北京：中国财政经济出版社，2024.7. -- （财政部规
划教材）（全国高等院校财经类教材）. -- ISBN 978-7-
5223-3275-8

Ⅰ. F830
中国国家版本馆 CIP 数据核字第 2024P0A357 号

责任编辑：樊　闽　罗伶一　　　责任校对：徐艳丽
封面设计：卜建辰

金融学（第二版）学习指导用书
JINRONGXUE（DI ER BAN）XUEXI ZHIDAO YONGSHU

中国财政经济出版社 出版

URL：http://www.cfeph.cn
E-mail：cfeph@cfeph.cn

（版权所有　翻印必究）

社址：北京市海淀区阜成路甲 28 号　邮政编码：100142
营销中心电话：010-88191522
天猫网店：中国财政经济出版社旗舰店
网址：https://zgczjjcbs.tmall.com
北京密兴印刷有限公司印刷　各地新华书店经销
成品尺寸：185mm×260mm　16 开　16.5 印张　412 000 字
2024 年 7 月第 2 版　2024 年 7 月北京第 1 次印刷
定价：45.00 元
ISBN 978-7-5223-3275-8
（图书出现印装问题，本社负责调换，电话：010-88190548）
本社图书质量投诉电话：010-88190744
打击盗版举报热线：010-88191661　QQ：2242791300

编写说明

本书是财政部规划教材，由财政部教材编审委员会审定，作为全国高等院校财经类教材。

金融学是高等学校财经类专业的核心课程，是金融学专业的主干课程，同时也是学习和研究金融问题的基础课程和入门课程。为帮助读者系统地学习金融学课程，并能带着问题学习，帮助读者快速掌握教材的重点、要点，我们编写了这本书。

本书系财政部规划教材《金融学（第二版）》配套教学用书。根据教学需要将每章分为四个部分：第一部分为学习目的和要求，第二部分为教学内容的要点提示，第三部分为练习题，第四部分为练习题的参考答案。

本书的具体分工与配套的《金融学（第二版）》教材基本一致：潘淑娟担任主编，李侠担任副主编。马书琪负责第一章、第四章；张芮负责第二章、第九章和第十六章；聂伟康负责第三章、第五章；石承正负责第六章、第七章；黄小燕负责第八章、第十章和第十四章；杜文博负责第十一章、第十二章；李侠负责第十三章、第十五章和第十七章；潘淑娟负责第十八章，并负责全书的总纂。

我们在忠实于教材的基础上，对一些问题，特别是实践中正在变化的经济金融发展实际情况进行了深化和拓展。希望本书在学习使用过程中能够发挥增进师生互动、开阔思路、激发批判思维，深化读者对教学内容的认识和理解的作用。

限于知识和视野水平，本书不尽人意之处仍然存在，甚或有不当之处，恳请读者批评指正。

编者
2024 年 3 月

目 录

基础篇

第一章 货币与货币制度 ……………………………………………………（ 1 ）
- ☞学习目的和要求 ………………………………………………………（ 1 ）
- ☞要点提示 ………………………………………………………………（ 1 ）
- 第一节 货币的本质 ……………………………………………………（ 1 ）
- 第二节 货币的职能 ……………………………………………………（ 3 ）
- 第三节 货币制度 ………………………………………………………（ 4 ）
- ☞练习题 …………………………………………………………………（ 6 ）
- ☞参考答案 ………………………………………………………………（ 10 ）

第二章 信用 ………………………………………………………………（ 13 ）
- ☞学习目的和要求 ………………………………………………………（ 13 ）
- ☞要点提示 ………………………………………………………………（ 13 ）
- 第一节 信用的产生和发展 ……………………………………………（ 13 ）
- 第二节 现代信用存在的基础 …………………………………………（ 14 ）
- 第三节 信用的形式 ……………………………………………………（ 14 ）
- 第四节 信用工具 ………………………………………………………（ 16 ）
- 第五节 融资方式与融资结构 …………………………………………（ 18 ）
- ☞知识拓展 ………………………………………………………………（ 19 ）
- ☞练习题 …………………………………………………………………（ 20 ）
- ☞参考答案 ………………………………………………………………（ 24 ）

第三章 利息 ………………………………………………………………（ 28 ）
- ☞学习目的和要求 ………………………………………………………（ 28 ）
- ☞要点提示 ………………………………………………………………（ 28 ）
- 第一节 利息与利息率 …………………………………………………（ 28 ）
- 第二节 利率的决定 ……………………………………………………（ 29 ）
- 第三节 影响利率的主要因素 …………………………………………（ 32 ）
- 第四节 利率的作用及条件 ……………………………………………（ 33 ）

    ☞ 练习题 …………………………………………………………………………（34）
    ☞ 参考答案 ………………………………………………………………………（39）
第四章　外汇与汇率 …………………………………………………………………（44）
    ☞ 学习目的和要求 ………………………………………………………………（44）
    ☞ 要点提示 ………………………………………………………………………（44）
    第一节　外汇与汇率概述 ………………………………………………………（44）
    第二节　汇率变动的影响因素及作用 …………………………………………（46）
    第三节　汇率制度 ………………………………………………………………（47）
    ☞ 练习题 …………………………………………………………………………（49）
    ☞ 参考答案 ………………………………………………………………………（51）

市场与机构篇

第五章　金融市场 ……………………………………………………………………（56）
    ☞ 学习目的和要求 ………………………………………………………………（56）
    ☞ 要点提示 ………………………………………………………………………（56）
    第一节　金融市场概述 …………………………………………………………（56）
    第二节　货币市场 ………………………………………………………………（58）
    第三节　资本市场 ………………………………………………………………（59）
    第四节　金融衍生工具市场 ……………………………………………………（61）
    ☞ 知识拓展 ………………………………………………………………………（62）
    ☞ 练习题 …………………………………………………………………………（62）
    ☞ 参考答案 ………………………………………………………………………（66）
第六章　金融中介机构体系 …………………………………………………………（71）
    ☞ 学习目的和要求 ………………………………………………………………（71）
    ☞ 要点提示 ………………………………………………………………………（71）
    第一节　金融中介机构体系概述 ………………………………………………（71）
    第二节　西方发达国家金融中介机构体系 ……………………………………（72）
    第三节　中国的金融中介机构体系的发展与现状 ……………………………（76）
    第四节　国际金融中介机构体系 ………………………………………………（77）
    ☞ 知识拓展 ………………………………………………………………………（78）
    ☞ 练习题 …………………………………………………………………………（78）
    ☞ 参考答案 ………………………………………………………………………（81）
第七章　商业银行 ……………………………………………………………………（85）
    ☞ 学习目的和要求 ………………………………………………………………（85）
    ☞ 要点提示 ………………………………………………………………………（85）
    第一节　商业银行概述 …………………………………………………………（85）

第二节　商业银行的业务 …………………………………………（ 87 ）
　　第三节　商业银行的经营原则与管理 …………………………（ 90 ）
　　第四节　商业银行的发展趋势 …………………………………（ 92 ）
　　☞知识拓展 ………………………………………………………（ 93 ）
　　☞练习题 …………………………………………………………（ 93 ）
　　☞参考答案 ………………………………………………………（ 98 ）

第八章　中央银行 ………………………………………………………（105）
　　☞学习目的和要求 ………………………………………………（105）
　　☞要点提示 ………………………………………………………（105）
　　第一节　中央银行概述 …………………………………………（105）
　　第二节　中央银行的性质和职能 ………………………………（108）
　　第三节　中央银行的业务 ………………………………………（109）
　　☞知识拓展 ………………………………………………………（110）
　　☞练习题 …………………………………………………………（111）
　　☞参考答案 ………………………………………………………（114）

货币需求与供给篇

第九章　货币需求 ………………………………………………………（119）
　　☞学习目的和要求 ………………………………………………（119）
　　☞要点提示 ………………………………………………………（119）
　　第一节　货币需求概述 …………………………………………（119）
　　第二节　马克思的货币需求理论 ………………………………（120）
　　第三节　古典货币数量论 ………………………………………（120）
　　第四节　凯恩斯的货币需求理论 ………………………………（121）
　　第五节　弗里德曼的现代货币数量论 …………………………（123）
　　第六节　货币需求理论发展与实际影响因素 …………………（125）
　　☞知识拓展 ………………………………………………………（126）
　　☞练习题 …………………………………………………………（126）
　　☞参考答案 ………………………………………………………（129）

第十章　货币供给 ………………………………………………………（133）
　　☞学习目的和要求 ………………………………………………（133）
　　☞要点提示 ………………………………………………………（133）
　　第一节　银行体系与货币供给 …………………………………（133）
　　第二节　商业银行的存款货币创造 ……………………………（134）
　　第三节　货币供给模型 …………………………………………（135）
　　第四节　基础货币及其决定与控制 ……………………………（136）

第五节　货币乘数及其决定 ··· (138)
　　☞知识拓展 ·· (139)
　　☞练习题 ·· (139)
　　☞参考答案 ·· (144)

第十一章　通货膨胀 ·· (150)
　　☞学习目的和要求 ·· (150)
　　☞要点提示 ·· (150)
　　第一节　通货膨胀及其衡量 ··· (150)
　　第二节　通货膨胀的效应 ··· (151)
　　第三节　通货膨胀治理 ·· (153)
　　☞知识拓展 ·· (154)
　　☞练习题 ·· (155)
　　☞参考答案 ·· (158)

第十二章　通货紧缩 ·· (163)
　　☞学习目的和要求 ·· (163)
　　☞要点提示 ·· (163)
　　第一节　通货紧缩及其影响 ··· (163)
　　第二节　通货紧缩的成因 ··· (165)
　　第三节　通货紧缩的治理 ··· (166)
　　☞知识拓展 ·· (167)
　　☞练习题 ·· (168)
　　☞参考答案 ·· (170)

第十三章　货币均衡 ·· (173)
　　☞学习目的和要求 ·· (173)
　　☞要点提示 ·· (173)
　　第一节　货币均衡概述 ·· (173)
　　第二节　货币市场的均衡及其均衡实现机制 ··· (174)
　　第三节　货币市场与产品市场的共同均衡：IS—LM 模型 ····················· (175)
　　☞知识拓展 ·· (176)
　　☞练习题 ·· (177)
　　☞参考答案 ·· (179)

金融运行与发展篇

第十四章　货币政策 ·· (182)
　　☞学习目的和要求 ·· (182)
　　☞要点提示 ·· (182)

第一节　货币政策目标 …………………………………………………… （182）
　　第二节　货币政策工具 …………………………………………………… （184）
　　第三节　货币政策传导机制和中介指标 ………………………………… （186）
　　第四节　货币政策效果 …………………………………………………… （188）
　　☞知识拓展 ………………………………………………………………… （190）
　　☞练习题 …………………………………………………………………… （190）
　　☞参考答案 ………………………………………………………………… （195）

第十五章　金融风险 ……………………………………………………………… （201）
　　☞学习目的和要求 ………………………………………………………… （201）
　　☞要点提示 ………………………………………………………………… （201）
　　第一节　金融风险的含义与种类 ………………………………………… （201）
　　第二节　金融风险的产生与效应 ………………………………………… （203）
　　第三节　金融风险管理 …………………………………………………… （204）
　　☞知识拓展 ………………………………………………………………… （205）
　　☞练习题 …………………………………………………………………… （205）
　　☞参考答案 ………………………………………………………………… （208）

第十六章　金融监管 ……………………………………………………………… （211）
　　☞学习目的和要求 ………………………………………………………… （211）
　　☞要点提示 ………………………………………………………………… （211）
　　第一节　金融监管概述 …………………………………………………… （211）
　　第二节　金融监管体系的一般构成 ……………………………………… （213）
　　第三节　金融监管体制 …………………………………………………… （214）
　　☞知识拓展 ………………………………………………………………… （216）
　　☞练习题 …………………………………………………………………… （217）
　　☞参考答案 ………………………………………………………………… （220）

第十七章　金融创新 ……………………………………………………………… （224）
　　☞学习目的和要求 ………………………………………………………… （224）
　　☞要点提示 ………………………………………………………………… （224）
　　第一节　金融创新的基础理论 …………………………………………… （224）
　　第二节　金融创新的主要内容 …………………………………………… （226）
　　第三节　金融创新的效应 ………………………………………………… （227）
　　第四节　我国的金融创新 ………………………………………………… （228）
　　第五节　互联网金融 ……………………………………………………… （229）
　　第六节　金融科技 ………………………………………………………… （231）
　　☞知识拓展 ………………………………………………………………… （233）
　　☞练习题 …………………………………………………………………… （234）
　　☞参考答案 ………………………………………………………………… （237）

第十八章　金融发展 ……………………………………………………………………（242）

☞学习目的和要求 …………………………………………………………………（242）

☞要点提示 …………………………………………………………………………（242）

第一节　金融与经济发展 …………………………………………………………（242）

第二节　金融发展相关理论 ………………………………………………………（243）

第三节　发展中国家的金融自由化改革 …………………………………………（245）

☞练习题 ……………………………………………………………………………（246）

☞参考答案 …………………………………………………………………………（249）

基础篇

第一章
货币与货币制度

☞ **学习目的和要求**

通过本章的学习，要求了解货币的起源、掌握本质、货币形态的变化、货币的职能、货币制度的内容和货币层次的划分，熟悉货币制度的演变。

☞ **要点提示**

第一节 货币的本质

一、从货币的起源看货币的本质

马克思理论认为，货币的根源在于商品本身，是商品交换的必然产物。商品要实现其价值就要通过交换，一个商品与另一个商品实现了交换，商品价值就通过另一个商品表现出来了。通过交换表现商品价值的过程也称之为价值形式。

随着商品交换的发展，价值形式相应地从低级向高级发展，即经历了简单的价值形式、扩大的价值形式、一般价值形式和货币价值形式四个阶段。货币则是价值形式发展的最后结果。

（1）简单的或偶然的价值形式。就是一种商品的价值偶尔地通过另一种商品表现出来。它是与偶尔的商品交换相适应的。

（2）扩大的价值形式。就是一种商品的价值通过许多种商品表现出来。

（3）一般价值形式。就是所有商品的价值都通过一种商品表现出来，这种商品即是一一般等价物。一般价值形式为货币形式的出现准备了条件。但是，此时充当一般等价物的商品尚未固定，在不同的地区和不同的时间，一般等价物都有所不同。

（4）货币价值形式。随着商品经济的发展，从众多一般等价物中逐渐分离出一种经常起着一般等价物的特殊商品，这种商品便是货币。

货币形式与一般价值形态相比并没有发生本质的变化，唯一进步在于一般等价物相对固定下来。

二、货币的本质特征

马克思在前人研究的基础上得出了货币是固定充当一般等价物且体现一定生产关系的特殊商品的结论。一般地，将货币的特征归纳为以下四个方面：

1. 货币是固定地充当一般等价物的特殊商品

货币作为一般等价物，具有两个特征：一是货币成为其他一切商品价值的表现材料。二是它具有与其他一切商品直接相交换的能力。

2. 货币是自发核算社会劳动的工具

货币是一般等价物，是价值的象征，其他商品都要通过与货币的交换来实现其价值，所以货币就成为自发地核算商品生产者社会劳动的工具。

货币还可以证明某种商品生产者的私人劳动有多少为社会所需要，商品生产者生产商品的个人劳动耗费是多于还是少于社会必要劳动耗费。

3. 货币体现着社会生产与交换关系
4. 货币是实现资源跨期配置的媒介

三、货币形态

货币形态分为以下六种：

1. 实物货币
2. 金属货币
3. 纸币

纸币有广义和狭义之分。广义的纸币泛指纸质货币；狭义的纸币，又叫代用货币，它是指国家发行和强制流通的货币符号。

4. 信用货币

信用货币是在信用关系下产生的能够发挥货币职能的信用凭证，以及可以发挥支付手段职能的各种支付工具等。其中银行支付工具和商业信用票据是信用货币主体。

5. 电子货币

自20世纪70年代以来，由于电子计算机在银行的应用，出现了一种新的货币形式，即电子货币，就是一种通过电子计算机自动转账系统的进行货币收付的支付工具。

6. 数字货币

数字货币有广义和狭义之分。广义数字货币是各类电子形式和数字化的替代货币；狭义数字货币，包括私人数字货币和法定央行数字货币。

第二节 货币的职能

一、价值尺度

货币在表现其他商品的价值并衡量其价值量大小时，就发挥着价值尺度的职能。

货币在执行此职能时，只需要观念上的货币就可以了。由于商品价值的货币表现是商品的价格。因此，决定商品价格高低的有两个因素：一个是商品本身的价值，另一个是货币的价值。商品价格与商品价值成正比，与货币价值成反比。

二、流通手段

货币在商品交换中起媒介作用时，就发挥流通手段的职能。

作为交易媒介的货币必须是现实的货币。作为交换的货币，在每个商品生产者手中是转瞬即逝的，人们并不关注货币本身的价值，关心的是能否按其面额价值再购买，所以贵金属货币和信用货币都可以充当流通手段。

价值尺度和流通手段是货币两个最基本的职能。马克思曾经说过："价值尺度和流通手段的统一就是货币"。货币的其他职能都是从这两个基本职能派生出来的。

三、贮藏手段

贮藏手段是指货币退出流通领域当作独立的价值形式和社会财富贮藏起来的职能。货币是一般等价物，是社会财富的一般代表，为了积累和保存社会财富，人们便产生了贮藏货币的需求。

金属货币的贮藏对于货币流通量具有自发的调节作用。在纸币流通的情况下，贮藏纸币需要具备两个附加条件：一是信用保证，即币值的稳定；二是法律保证，即国家法律强制流通。纸币流通需要发行者人为地调节。

四、支付手段

当货币作为单方面价值转移时，就发挥支付手段职能。没有商品在同时、同地与之相向运动，是货币发挥支付手段职能的特征。

随着支付关系的发展，形成了一长串的债权债务链条。如果其中一人到期不能支付，支付链条就会中断，整个债权债务关系陷入混乱，出现支付危机。

五、世界货币

货币在世界市场上发挥一般等价物的作用时就发挥着世界货币的职能。

从逻辑上讲，"世界货币"并不是货币的一个单独的职能，它只不过是货币的诸项职能超过了本国范围而在世界范围内发挥作用。具体地说有四个方面：一是作为国际间的价值尺度，二是作为国际一般支付手段，三是作为国际间的一般购买手段，四是作为一般财富的代表在国际间转移。

第三节 货币制度

一、货币制度的形成

货币制度，简称"币制"，是指国家以法律规定的货币流通结构和组织形式。

前资本主义货币流通的特点是分散和紊乱，货币流通的分散和紊乱状况极不利于资本主义商品经济的发展，当资产阶级建立起自己的统治之后，逐步建立了统一的、定型的货币制度。

二、货币制度的构成要素

1. 货币材料

货币材料，简称"币材"，就是国家法律规定的用什么样的物质材料来源充当货币，它是整个货币制度的基础。

2. 货币单位

货币单位包括两方面的内容：货币单位名称和货币单位的"值"。

货币单位更重要的是币值的确定。在金属货币流通下，就是规定每单位货币所包含的货币金属重量和成色。在流通中只有不兑现的货币而尚未与黄金脱离直接关系的情况下，则是确定本国货币的含量金，或确定本国货币在世界占主导地位的货币（如美元）的固定比价。当黄金在世界范围内非货币化后，对外则是如何维持本国货币与外国货币的比价，对内则是如何维持本国货币币值的稳定，即购买力的稳定，而无法对币值加以人为确定。

3. 各种货币的铸造、发行与流通程序

本位币，又叫"主币"，是一国的基本通货，是法定的计价、结算货币。金属货币流通下，主币是用法定货币金属和货币单位铸造的货币。本位币具有无限法偿，也就是无限的支付能力。在金属货币流通下，本位币的另一特征是可以自由铸造和熔化。

辅币是本位币以下的小额通货，供日常零星交易和找零之用。辅币面值大多是本位币的 1/10 或 1%。国家法律规定辅币只具有有限法偿的能力。

在发展了的资本主义条件下，纯粹金属货币流通是不可能的，因而出现了信用货币，有时国家也发行国家纸币，这些都是货币符号，国家发行的纸币和中央银行发行的信用货币，都是法定的支付手段。

4. 金准备制度

金准备即黄金储备。在金属货币流通的条件下，金准备用途有三个方面：一是作为国际支付准备金；二是作为国内金属铸币流通的准备金；三是作为存款支付和银行券兑换的准备金。当前已无金属货币流通，金准备的后两项用途已经消失，保存下来的只有第一项用途。而作为金准备构成除了金银外，还包括外汇，统称为黄金外汇储备。

三、货币制度的演变

货币制度可分为两类：一是金属本位，即以贵金属作为本位货币，有三种类型，即银本位、复本位、金本位。二是不兑现的信用货币制度，是指不以有价值的商品作为本位货币的货币制度。

1. 银本位制

银本位制是指以白银作为本位币材料的货币制度。其特点是，以白银作为本位币，银币可以自由铸造和自由熔化，并具有无限法偿能力；辅币和银行券可以自由兑换成银币；白银可以自由输出国境。

2. 金银复本位制

金银复本位是指国家法律规定用金和银同时作为本位币材料。其特征是：金币和银币都是本位币，都可以自由铸造和熔化，都具有无限的支付能力；辅币和银行券都可以自由兑换为金币或银币；金银都可以自由输出国境。

复本位又分为平行本位和双本位两种不同类型。

平行本位，即金银铸币按其自身的价值进行流通，国家对金币银币的交换比例不加规定而由市场比价决定。在这种情况下，市场上的商品必然有两种价格，即金价和银价，并且这两种价格还随市场金银比价的波动而波动。这必然导致货币流通的混乱。

双本位，是复本位的典型形态，国家用法律规定金币与银币的比价进行流通。然而市场上的金银的比价是变化不定的，而法律规定的比率则不变，这就出现了劣币驱逐良币的现象。

所谓劣币驱逐良币规律，就是两种实际比价与法定比价不同的货币同时流通时，实际比价高的货币为良币，实际比价低的货币则是劣币，通过价值规律的作用，良币被收藏、熔化从而退出流通，劣币反而充斥市场。这一规律是16世纪英国财政家汤姆斯·格雷欣首先明确指出的，所以也被称为"格雷欣法则"。

复本位是一种不稳定的货币制度。

3. 金本位制

金本位制就是国家法律规定用黄金作为本位币。它先后经历了金铸币本位、金块本位和金汇兑本位三种形态，金本位具有以下特点：

（1）各国为货币确定含金量。

（2）金币可自由铸造和熔化。

（3）辅币与银行券可以自由兑换为金币。

（4）黄金可以自由输出与输入国境。

金本位是一种相对稳定的货币制度，它对资本主义的经济发展起了很大的促进作用。但到了第一次世界大战开始后，资本主义世界政治经济发展不平衡，再加上实际上一国往往都通过各种手段来限制黄金的输出入。于是金本位制被停止了。

1924—1928年是资本主义相对稳定时期，各资本主义国家企图恢复金本位，使通货稳定，但又无力恢复战前那种典型的金本位。它们所恢复的是残缺不全的、没有金币流通的金本位，即金块本位制和金汇兑本位制。

金块本位制，又称"生金本位制"，货币单位规定有含金量，但不铸造、不流通金币，而流通银行券，银行券可以按规定的含金量在一定数额（一般都很大）以上可以请求兑现金块。

金汇兑本位制，亦称"虚金本位制"，它是一种间接兑换黄金的货币制度。其特点是：

货币单位规定有含金量、但不铸造、不流通金币、只流通银行券,银行券不能兑换黄金,只能兑换外汇,而这种外汇在国外能兑换黄金。

1929—1933年世界经济危机爆发,金本位就彻底崩溃了。

4. 不兑现的信用货币制度

不兑现的信用货币制度。由于银行券不能兑换黄金,从而纸币化了,因此,也有人称其为纸币流通制度、纸币本位制度。主要特点是:

(1) 黄金退出流通,银行券与黄金没有联系。

(2) 现实经济中的货币都是信用货币,它由银行券和银行存款构成。

(3) 银行券由国家法律规定强制流通,是法定的支付手段。而银行存款货币则可以随时兑换成银行券。

(4) 信用货币是通过银行信用渠道进入流通的。

(5) 国家对货币流通的调节日益加强。不兑现信用货币的流通不存在自发调节的机制,必须由货币当局对货币流通加以调节和控制。

☞ 练习题

一、填空题

1. 在商品经济中,货币执行着_____、_____、_____、_____、_____五种职能;其中在表现和衡量商品价值时,货币执行_____职能;在退出流通时执行_____职能;在世界市场上发挥一般等价物作用时执行_____职能。

2. 货币的五种职能中,_____和_____是其基本职能。

3. 从历史过程看,货币制度先后采取了四种类型,即_____、_____、_____和_____。

4. _____之所以为人们所接受在于政府规定了它具有无限法偿。

5. 纸币流通最大的两个缺点是:一是容易引起_____;二是_____不稳定。

6. 在金本位制下,各国货币的比价是由_____决定的价值基础。

7. 金银货币按各自所含的实际价值流通,市场上商品的双重价格有金银之间的比价自发调整,是复本位制中的_____。

8. 在金银复本位制下,由于法定的金银比价与市场形成的金银比价不相一致,从而出现_____现象。

9. 由法律赋予某一种货币的不受支付性质、支付数额限制的支付偿还能力被称为_____。

10. 金币可以自由铸造,黄金可以自由输出输入的金属货币制度是_____。

11. 在格雷欣法则中,实际价值低于法定比价的货币是_____。

12. 货币制度最基本的内容是_____。

13. 私人加密数字货币具有_____、_____的特点。

14. 数字人民币是一种面向社会公众发行的_____央行数字货币,主要用于满足国内_____支付需求。

二、单项选择题

1. 纸币的发行是建立在货币（　　）职能基础上的。
   A. 价值尺度　　　　　　　　　　B. 流通手段
   C. 支付手段　　　　　　　　　　D. 贮藏手段

2. 历史上最早的货币制度是（　　）。
   A. 金本位制　　　　　　　　　　B. 银本位制
   C. 金银复本位制　　　　　　　　D. 金汇兑本位制

3. 本位货币是（　　）。
   A. 是一个国家货币制度规定的标准货币　　B. 本国货币当局发行的货币
   C. 以黄金为基础的货币　　　　　　　　D. 可以与黄金兑换的货币

4. 典型的金本位制是（　　）。
   A. 金块本位制　　　　　　　　　　B. 金汇兑本位制
   C. 虚金本位制　　　　　　　　　　D. 金币本位制

5. 纸币本位制是以（　　）的货币制度。
   A. 银行券为本位货币　　　　　　　B. 可以自由兑换黄金的本位货币
   C. 信用货币为本位货币　　　　　　D. 纸币为本位货币

6. 如果金银的法定比价为 1：13，而市场比价为 1：15，这时充斥市场的将是（　　）。
   A. 银币　　　　　　　　　　　　　B. 金币
   C. 金币银币同时　　　　　　　　　D. 都不是

7. 劣币是指实际价值（　　）的货币。
   A. 等于零　　　　　　　　　　　　B. 等于名义价值
   C. 高于名义价值　　　　　　　　　D. 低于名义价值

8. 本位货币在商品流通和债务支付中具有（　　）的特点。
   A. 无限法偿　　　　　　　　　　　B. 有限法偿
   C. 债权人可以选择是否接受　　　　D. 债务人必须支付

9. 在一国货币制度中，（　　）是不具有无限法偿能力的货币。
   A. 主币　　　　　　　　　　　　　B. 本位币
   C. 辅币　　　　　　　　　　　　　D. 都不是

10. 在金属货币制度下，本位币的名义价值与实际价值是（　　）。
    A. 呈正比　　　　　　　　　　　　B. 呈反比
    C. 相一致　　　　　　　　　　　　D. 无关

11. "金银天然不是货币，但货币天然是金银"，是指（　　）。
    A. 金银天然地最适宜于充当货币　　B. 金银就是货币
    C. 货币就是金银　　　　　　　　　D. 金银不是货币

12. 货币在发挥（　　）职能时，可以用观念上的货币。
    A. 价值尺度　　　　　　　　　　　B. 流通手段
    C. 贮藏手段　　　　　　　　　　　D. 支付手段

13. 财政、信贷收支是借助于货币的（　　）职能。
   A. 价值尺度　　　　　　　　　　B. 支付手段
   C. 贮藏手段　　　　　　　　　　D. 流通手段
14. 下列数字货币具备去中心化特征的不包括（　　）。
   A. 比特币　　　　　　　　　　　B. 莱特币
   C. 以太坊　　　　　　　　　　　D. 数字人民币
15. 以比特币为代表的加密数字货币（　　）。
   A. 内在价值为零　　　　　　　　B. 有专业机构为其作信用背书
   C. 价值较为稳定　　　　　　　　D. 账户采用实名制
16. 数字人民币采取（　　）管理、（　　）运营。
   A. 去中心化　双层　　　　　　　B. 中心化　双层
   C. 去中心化　三层　　　　　　　D. 中心化　三层
17. 数字人民币是央行对公众的负债，以（　　）信用为支撑。
   A. 单位　　　　　　　　　　　　B. 银行
   C. 个人　　　　　　　　　　　　D. 国家
18. 有权发行数字人民币并具有唯一发行权的机构是（　　）。
   A. 中国人民银行　　　　　　　　B. 商业银行
   C. 运营机构　　　　　　　　　　D. 支付机构

三、多项选择题

1. 信用货币制度下，法偿性货币有（　　）。
   A. 流通中的纸币　　　　　　　　B. 本位货币
   C. 活期存款　　　　　　　　　　D. 小额通货
   E. 转账支票
2. 金本位制经历了金币本位制、金块本位制、金汇兑本位制，其中金币本位制具有以下特点（　　）。
   A. 各国为货币确定含金量　　　　B. 金币可以自由铸造和熔化
   C. 银行券可以兑换外汇　　　　　D. 辅币与银行券可以自由兑换为金币
   E. 黄金可以自由出入国境
3. 纸币的特点有（　　）。
   A. 产生于货币的价值尺度职能　　B. 它本身无价值
   C. 它是货币符号　　　　　　　　D. 它需要强制流通
   E. 它具有与其他商品相交换的能力
4. 人民币符合以下特点（　　）。
   A. 是信用货币　　　　　　　　　B. 起一般等价物作用
   C. 是我国唯一合法流通的货币　　D. 是典型的国家纸币
   E. 由中国人民银行统一发行
5. 不兑现的信用货币制度的主要特征有（　　）。
   A. 黄金完全退出流通　　　　　　B. 银行券是法定的支付手段

C. 现实经济中的货币都是信用货币 D. 信用货币通过银行信贷进入流通
E. 国家对货币流通的调节日益加强
6. 下列属于电子货币的有（　　）。
A. 储蓄卡 B. 信用卡
C. 比特币 D. 腾讯 Q 币
E. 游戏点券
7. 下列关于数字货币说法正确的有（　　）。
A. 数字人民币与实物人民币一样是法定货币
B. 央行数字货币本质上同微信、支付宝相同
C. 比特币是数字货币中的一种，具有法偿性与强制性等货币属性
D. 数字人民币发行权属于国家
E. 数字货币就是电子货币
8. 数字人民币具备（　　）。
A. 价值尺度 B. 流通手段
C. 价值贮藏 D. 支付手段
E. 世界货币
9. 数字人民币的应用场景涵盖了（　　）等领域。
A. 智慧民生 B. 数字政务
C. 公司金融 D. 同业合作
E. 跨境金融

四、重要概念

1. 本位币 2. 信用货币 3. 金银复本位制 4. 货币制度 5. 劣币驱逐良币规律 6. 无限法偿 7. 纸币 8. 金本位制 9. 金汇兑本位制 10. 双本位制 11. 平行本位制 12. 数字人民币

五、简答题

1. 货币制度有哪些构成要素，它是如何演变的？
2. 不兑现的信用货币制度有哪些特点？
3. 简述人民币制度的性质和内容。
4. 数字人民币与比特币的区别主要包括哪些方面？

六、论述题

如何理解货币的本质？

七、深度思考题

"无形的手"调节社会经济有何利弊？

参考答案

一、填空题

1. 价值尺度　流通手段　支付手段　贮藏手段　世界货币　价值尺度　贮藏手段　世界货币
2. 价值尺度　流通手段
3. 银本位制　金银复本位制　金本位制　不兑现的信用货币制度
4. 本位币
5. 通货膨胀　货币流通
6. 铸币平价
7. 平行本位制
8. 劣币驱逐良币
9. 无限法偿
10. 金币本位制
11. 劣币
12. 货币材料的确定
13. 去中心化　匿名化
14. 零售型　零售

二、单项选择题

1. B　2. B　3. A　4. D　5. D　6. A　7. D　8. A　9. C　10. C　11. A　12. A　13. B　14. D　15. A　16. B　17. D　18. A

三、多项选择题

1. ABD　2. ABDE　3. BCDE　4. ABCE　5. ABCDE　6. AB　7. AD　8. ABCD　9. ABCD

四、重要概念

1. 本位币：又叫"主币"，是一个国家的基本通货，具有无限法偿的能力，任何人不得拒绝接受，具有强制流通的力量。
2. 信用货币：是国家法律规定强制流通的，不以金银为基础独立发挥货币职能的货币。信用货币载体包括纸币、银行存款、信用卡、电子货币等。
3. 金银复本位制：是指国家法律规定用金和银同时作为本位币材料的货币制度。
4. 货币制度：简称"币制"，是指国家以法律规定的货币流通结构和组织形式。
5. 劣币驱逐良币规律：就是两种实际比价与法定比价不同的货币同时流通时，实际比价高的货币为良币，实际比价低的货币则是劣币，通过价值规律的作用，良币被收藏、熔化，从而退出流通，劣币反而充斥市场。这一规律也称为"格雷欣法则"。

6. 无限法偿：就是指具有无限支付的能力。即法律规定，支付时没有数额限制，不论每次支付数额多大，任何人都不得拒绝接受。本位币具有无限法偿能力。

7. 纸币：有广义和狭义之分。广义的纸币，泛指纸质货币；狭义的纸币又叫"代用货币"，是指国家发行和强制流通的货币符号。

8. 金本位制：就是以黄金作为本位币的一种货币制度。

9. 金汇兑本位制：又称"虚金本位制"，它是指一种以银行券作为流通货币，通过兑换外汇来间接兑换黄金的货币制度。

10. 双本位制：是典型的金银复本位制，是指国家和法律规定金、银两种铸币的固定比价，两种铸币按国家比价流通，而不是随着金、银市场比价的变动而变动。

11. 平行本位制：指金银铸币按其自身的价值进行流通，国家对金币银币的交换比例不加规定而由市场比价决定。

12. 数字人民币：是由中国人民银行发行的数字形式的法定货币，由指定运营机构参与运营并向公众兑换，以广义账户体系为基础，支持银行账户松耦合功能，与纸钞硬币等价，具有价值特征和法偿性，支持可控匿名。

五、简答题

1. 货币制度有哪些构成要素，它是如何演变的？

货币制度的构成要素有：货币材料，货币单位，各种货币的铸造、发行与流通程序，金准备制度。

货币制度的演变过程是：由银本位到金银复本位，再到金本位，最后过渡到当今的不兑现信用货币制度。

2. 不兑现的信用货币制度有哪些特点？

不兑现信用货币制度的主要特点有：

（1）黄金退出流通，银行券与黄金没有联系。

（2）现实经济中的货币都是信用货币，它由银行券和银行存款构成。

（3）银行券由国家法律规定强制流通，是法定的支付手段。而银行存款货币则可以随时兑换成银行券。

（4）信用货币是通过银行信用渠道进入流通的。

（5）国家对货币流通的调节日益加强。

3. 简述人民币制度的性质和内容。

人民币制度是信用货币制度，它具有信用货币制度的一切特征。它的内容有：

（1）人民币是我国唯一法定货币。

（2）人民币的单位为元，人民币的辅币单位为角、分。

（3）人民币是由中国人民银行统一印制、发行的钞票，采取的是不兑现的银行券形式。

（4）国家对货币流通还分不同情况规定了不同的管理制度。

（5）我国建立的金银储备和外汇储备是国际支付的准备金，主要不是作为货币发行的准备或保证，但对稳定国内货币流通也能起作用。

4. 数字人民币与比特币的区别主要包括哪些方面？

数字人民币与比特币的区别主要有：

（1）法律地位：数字人民币是中国人民银行发行的法定货币，具有合法的法币地位，是国家信用的体现。而比特币是一种私人发行的加密数字资产，尚未得到全球范围内的广泛认可和官方的法律地位。

（2）发行量：数字人民币的发行量是根据国家的宏观经济政策和市场需求来调控的，具有一定的灵活性。相比之下，比特币的总量是预先设定的，为 2100 万个，不会因为市场需求的变动而增发。

（3）流通范围：数字人民币只能在中华人民共和国境内流通使用，而比特币则可以在全球范围内流通。

（4）价值稳定性：数字人民币的价格相对稳定，因为它是由国家央行发行且受中央银行管控。与之相反，比特币的价格波动较大，因为它是一种高度依赖市场供求关系的加密货币。

（5）技术原理：数字人民币是基于区块链技术，由中国央行研发的中央银行数字货币（CBDC）。而比特币则是基于区块链技术的去中心化加密货币。

（6）发行实体：数字人民币是由中国央行发行和管理，而比特币没有中央发行机构，不受特定国家或机构的控制。

六、论述题（要点）

如何理解货币的本质？

（1）货币是一般等价物，是表现其他商品价值的材料，具有与其他商品直接交换的能力。

（2）货币是核算社会劳动的工具。

（3）货币体系社会生产关系。

（4）货币是实现资源跨期配置的工具。

第二章

信 用

☞ **学习目的和要求**

通过本章的学习,要求熟悉信用的产生和发展、信用作用原理,掌握融资方式与融资结构;掌握和理解现代信用的各种形式和作用;理解信用工具特征和常见的信用工具以及直接融资和间接融资的特点。

☞ **要点提示**

第一节 信用的产生和发展

一、信用的定义

信用是一种借贷行为,是以偿还和付息为条件的单方面价值转移。

分析和理解信用的概念应从以下几方面着手:信用是以偿还和付息为条件的借贷行为;信用关系是债权债务关系;信用是价值运动的特殊形式。

二、信用的产生和发展

信用的产生是以剩余产品和私有制为前提条件的,只有当人们有了剩余产品才能借出去,同时只有私有制造成贫富分化,所需不足的人只能通过借贷的方式求助于富有者,这样就产生了信用关系。原始社会后期产生了信用的萌芽,随着生产力和社会形态的发展,信用关系也不断发展和变化。

从信用技术角度看其发展大致经历了四个阶段:未工具化的信用阶段,非流通化的信用,流动化的信用,电子化及网络化与信用制度相结合的阶段。

从信用与社会制度的关系来看,其发展经历以下三个阶段:第一阶段,高利贷信用;第二阶段,资本主义信用;第三阶段,社会主义信用。

三、信用与金融

信用和货币本来是两个不同的范畴，但随着社会经济的发展，两者紧密相连，信用的扩张和收缩，则伴随着货币供给的增加或减少，当货币的运动和信用的活动不可分割地连结在一起时，则产生了由货币和信用相互渗透而形成的新范畴——金融，即货币资金的融通。

第二节 现代信用存在的基础

一、企业经营活动中的盈余和赤字

在实际经济运行中，企业在固定资金周转、流动资金周转以及扩大再生产中都有资金余缺的情况，这就需要调剂。企业作为一个整体，既是巨大的资金需求者，又是巨大的资金供给者。

二、个人货币收支的盈余和赤字

个人的货币收支也有余缺现象，剩余的资金进行储蓄或投资，资金不足的进行借贷。一般而言，在整个社会当中，个人是资金的供给者。

三、政府货币收支盈余和赤字

政府的货币收支主要是从中央到地方的各级财政收支。政府在参与国民收入分配中也有盈余和赤字的存在。

四、现代信用的特征

现代信用具有以下特征：一是信用活动普遍化；二是直接信用广泛化；三是信用活动信息化、多元化与虚拟化；四是信用工具多样化；五是信用风险常态化。

第三节 信用的形式

一、商业信用

1. 商业信用的含义

商业信用是企业之间在买卖商品时以商品形态提供的信用，其具体形式有商品赊销、分期付款、预付贷款、委托代销等。商业信用最典型的形式是商品赊销。

2. 商业信用的特点

（1）商业信用的债权人和债务人都是企业，属于直接信用形式。

（2）商业信用的对象是处于资本循环周转过程中的商品资本阶段。
（3）商业信用主要依靠商业票据建立信用关系。
（4）商业信用状况与经济周期变化有着高度相关性，在经济复苏、繁荣时期，生产增长、产业资本扩大，商业信用的规模也随之扩大，反之亦然。

3. 商业信用的优点

商业信用的优点在于方便和及时。商业信用的提供，既解决了资金融通的困难，也解决了商品买卖的矛盾，从而缩短了融资时间和交易时间。

4. 商业信用的局限性

（1）信用的规模受到商品交易量的限制。
（2）方向上的局限性。
（3）信用能力上的局限性。
（4）信用期限的局限性。
（5）商业信用在管理上具有一定的局限性。

二、银行信用

1. 银行信用的含义

银行信用是银行和非银行金融机构以货币的形式向企业和个人提供的信用。银行信用是在商业信用的基础上发展起来的一种更高层次的信用，它和商业银行一起构成现代经济社会信用体系中两种基本的信用形式。

2. 银行信用的特点

（1）银行信用是一种间接信用。
（2）银行信用是以资金形式进行的借贷。
（3）银行信用的主体包括银行、其他非银行金融机构、工商企业以及个人等。

由于银行信用具有以上特点，所以它克服了商业信用的局限性，成为一种被广泛接受的信用形式。其优点主要体现在：第一，银行信用的规模庞大；第二，银行信用的投放方向不受限制；第三，银行信用的期限长短不受限制；第四，银行信用的能力和作用范围大大提高和扩大。

银行信用产生以后，对商品经济的发展起到了巨大的推动作用，成为现代经济中最基本的信用形式之一，在现代经济社会信用体系中占核心地位，发挥主导作用。

三、国家信用

1. 国家信用的含义

国家信用是国家以债务人的身份通过举债来筹措资金以解决财政需要的一种信用形式。主要方式有以下三种：第一，发行政府债券：包括国库券和公债；第二，发行专项债券，即政府特地为某个项目或工程发行债券；第三，银行透支或借款。其中，最主要的方式是发行政府债券。

2. 国家信用的特点

（1）国家信用可以动员银行信用难以动员的资金。
（2）国家信用筹集的资金期限灵活。

（3）国家信用的利息承担者是纳税人。

3. 国家信用的积极作用

（1）国家信用是调节财政收支、弥补财政赤字的重要工具。

（2）国家信用是商业银行调节资产结构的工具。

（3）国家信用可以调节经济。国家信用可以筹集大量资金，改善投资环境，创造投资机会以此促进经济增长，扩大总需求。

（4）国家信用是实施宏观调控的重要杠杆。与货币政策、产业政策等相配合，更好地发挥各项经济政策的作用。

此外，国家信用还有有利于集中资金保证重点建设，加速国民经济的协调发展；有利于带动其他投资主体的投资的作用，在国家干预经济不断强化的形势下，国家承担基础建设、调整经济结构和产品升级的任务越来越重，国家的投资具有示范效应，能带动其他主体的投资。

四、消费信用

1. 消费信用的含义

消费信用是指消费者以延期付款方式购买各种消费资料而形成的信用。现代消费信用的主要方式有三种：

（1）分期付款。分期付款是最常见的消费信用形式，是销售单位直接向消费者提供的一种消费信用。消费者购买消费品时，可先支付一部分的货款，然后按合同分期支付剩余货款。

（2）信用卡。信用卡是指发卡机构（如银行）与零售商联合起来，对消费者提供的一种"透支"型消费信用。

（3）消费贷款。相对于分期付款和信用卡而言，消费贷款是一种中长期消费信用形式，它是银行或其他金融机构直接以货币形式向消费者提供的以消费为目的的贷款。

2. 消费信用的积极作用

（1）消费信用对消费商品的生产与销售有促进作用。

（2）消费信用有利于商业银行调整信贷结构，寻找新的利润增长点。

当今，除了以上四种主要的信用形式外，保险信用、租赁信用、民间信用、国际信用等其他信用形式的作用也日益增强。

第四节 信用工具

一、信用工具的特征

1. 信用工具的含义

信用工具又称金融工具，是资金供应者和需求者之间以书面形式发行和流通，借以保证债权人和债务人权利、义务关系的具有法律效力的凭证。

2. 信用工具的特征

（1）偿还性。偿还性指信用工具按照其不同的偿还期限要求偿还的性质。偿还期指债务人全部偿还债务之前所经历的时间。

（2）流动性。流动性是指信用工具在短期内转变为现金而不受或少受损失的能力。信用工具的偿还期长，则流动性减弱；债务人的信用程度越高，则信用工具的流动性越强。

（3）风险性。风险性是指投入的本金和所获收入遭到损失的可能性。信用工具风险主要有：①违约风险。是指债务人不按合同履约，或是公司破产等因素造成持有人本息方面损失的风险。②市场风险。这是由于市场利率上升而引起证券价格下跌的风险。③购买力风险。是指信用工具的本金和利息收入所表示的实际购买力水平由于通货膨胀等因素造成下降的风险。④流动性风险。是指在金融市场上，因信用工具不兑现或不易转让而造成其流动性下降的风险。

（4）收益性。信用工具都有一定的利息或股息收益，信用工具的收益性通常用收益率来表示，收益率是年净收益与本金的比率，通常有三种表示方法：①名义收益率，即票面利息与票面金额的比率。②即期收益率，即规定的利息与信用工具市场价格的比率。③实际收益率，即平均实际收益与市场价格的比率。

二、短期信用工具

短期信用工具一般是指期限在一年期以内的各种票据。票据是具有一定格式、一定日期，到期由付款人对持票人无条件支付款项的书面凭证。

短期信用工具主要有：

1. 本票

本票，又称期票。是一种承诺式的信用凭证。即债务人（发票人）承诺在一定日期支付一定金额给债权人（持票人）的债务凭证。按签发人不同，本票可分为银行本票和商业本票。

2. 汇票

汇票是一种命令式信用凭证。即由债权人签发，要求债务人在一定期间向收款人支付一定金额的支付命令书。按出票人不同，汇票可分为商业汇票和银行汇票。凡由企业承兑的称商业承兑汇票，凡由银行承兑的称银行承兑汇票。商业汇票经持票人背书后，未到期的也可以转让或向银行贴现。

3. 支票

支票是活期存款的支付凭证。支票按其支付方式分为现金支票和转账支票。支票按是否记名可分为记名支票和不记名支票。支票按支付期限可分为即期支票和远期支票。此外，还有保付支票、旅行支票等。

4. 国库券

国库券是国家财政当局为弥补短期财政收支失衡而发行的一种政府债券。国库券基本不存在信用违约风险，是金融市场风险最小的信用工具，被视为零风险债券或"金边债券"。

三、长期信用工具

1. 债券

债券是一种借款者向贷款者出具的、承担还本付息义务的书面凭证。一般可分为政府债券、企业债券和金融债券。

2. 股票

股票是股份公司为筹集资金而公开发行的证明股东持有公司股份的所有权凭证。持有者即为发行股票公司的股东。股票已成为资本市场上主要的、长期的信用工具。

第五节 融资方式与融资结构

一、融资方式与融资体制

在市场经济中，企业一般通过两种方式获取资金：内源融资和外源融资。

1. 内源融资

内源融资是企业不断将企业的储蓄（留存盈利和折旧）转化为投资的过程。内源融资对企业的资本形成具有原始性、自主性、低成本性和抗风险性的特点，是企业生存与发展不可或缺的重要组成部门。

2. 外源融资

外源融资是企业吸收其他经济主体的储蓄，使之转化为企业投资的过程。它对企业的资本形成具有高效性、灵活性、大量性和集中性的特点。因此，在经济日益货币化、信用化和证券化的进程中，外源融资成为企业获取资金的主要方式。

一般来说，企业外源融资是通过金融媒介机制的作用实现的，有间接融资和直接融资两种形式。

二、间接融资与直接融资

1. 间接融资

间接融资即间接信用，是以银行等金融机构为媒介的资金融通活动（或信用活动）。银行等金融中介机构既是债权人又是债务人，其获利的途径主要是利差，银行信用就是间接融资。

2. 直接融资

直接融资是指公司、企业在金融市场上从资金所有者那里直接融通货币资金，主要是发行股票和债券。直接融资也需要中介机构的服务，但这个中介机构不像银行那样具有债权人和债务人的双重身份，其获利的途径是佣金，资金的供应者有选择的权利。

3. 两种融资效能的比较

间接融资的优点：①银行等金融机构以其网点多，吸收存款的起点低，能够广泛筹集社会各方面闲散资金，积少成多，形成巨额资金；②在间接融资中，由于金融机构的资产、负债是多样化的，融资风险便可由多样化的资产和负债结构分散承担，从而安全性较高；③可降低融资成本。因为金融机构的出现是专业化分工协作的结果，它具有了解和掌握借款者有关信息的专长，而不需要每个资金盈余者自己去搜集资金赤字者的有关信息，因而降低了整个社会的融资成本。

间接融资的局限性，主要是由于资金供给者与需求者之间加入金融机构为中介，隔断了资金供求双方的直接联系，极大地减少了资金供给者对资金使用者经营状况的关注。

直接融资的优点：①资金供求双方直接形成债权、债务关系，双方可以根据各自融资的条件，实现资金的融通；②由于资金供求双方直接形成债权、债务关系，债权方自然十分关注债务人的经营活动。债务人面对直接债权人的监督，在经营上会有较大的压力，从而促进资金使用效益的提高；③通过发行长期债券和发行股票，有利于筹集具有稳定性的、可以长期使用的资金。

直接融资也有其局限性，主要表现在：①直接融资双方在资金数量、期限、利率等方面受到限制比间接融资较多；②对资金供给者来说，直接融资风险由于缺乏中介的缓冲，其承担的风险比间接融资要大。

三、我国融资结构的变化

改革开放前，我国实行的是高度集中的计划管理体制，在融资体制中以财政为主，银行为辅。财政在整个国民经济资金分配体系中占有绝对主导地位，而银行融资只局限在企业超定额流动资金的范围内。财政为主的无偿分配资金结果是资金使用效益低下，整个国民经济发展缓慢。

改革开放后，我国的融资结构发生了以下变化：①融资格局由财政主导型转向金融主导型；②在金融主导型格局下，直接融资的比重正在逐步扩大，但间接融资仍占主导地位；③间接融资体系中多种金融机构和非国有金融机构融资比重逐步扩大，国有银行贷款比重下降，但仍占主导地位；④直接融资体系中，货币市场和资本市场得到发展，其中股票市场融资比重上升较快。

当今，我国的融资结构正朝向融资主体多元化、融资方式多源化、融资渠道多样化、融资结构合理化的方向发展。

☞ 知识拓展

1. 从我国企业融资难的角度分析信用形式多样化的重要性

在当前经济活动中，信用形式、信用工具都呈现多样化的发展趋势，以充分适应不同的融资需要，更大限度地发挥信用的资金调剂作用。以企业为融资主体的信用形式被称为企业信用，主要包括商业信用、银行贷款、债权信用等。

商业信用是企业在购销活动中经常采用的一种信用形式，其规模小、期限短，主要用于解决企业短期的资金不足。票据的承兑主体可以是资信优良的大型企业，也可以是商业银行。票据多次背书转让，使众多为大型企业配套服务的中小企业成为最终持票人，它们可以通过向商业银行办理贴现而最终获得资金支持。

银行贷款是企业通过信用渠道融资的主要形式。通常企业都与银行保持比较固定的联系，银行贷款从规模、期限和投向上都比较灵活，比较容易适应企业的融资需要，因此在企业外源融资中占有重要地位。一般来说，由于银行长期贷款利率较高，企业融资成本也较高，因此银行贷款大部分用于满足短期资金需求。

发行企业债券是企业融资的另一种信用形式，它是企业信用活动的重要内容。对企业来说，发行债券融资需要按期还本负息，但是利息支出基本上是固定，而且不会影响企业管理层的稳定。一般来说，发行债券融资主要用于为企业筹集巨额的长期资金。

企业的股权融资指发行股票筹集资本的形式。股票融资不存在归还本金和支付固定的利息，因此财务负担小。但是由于股票是所有权证券，而且股票对企业的经营利润具有要求权，因此股票的发行规模会影响企业控制权的分布，影响利润的分配。对企业来讲，股票融资一般用于企业最初筹集资本金。

从企业主要信用形式来看，不同的信用形式可以满足企业不同的融资需求。各种信用形式相得益彰，解决企业的融资问题。在我国，由于多种信用形式发展程度不统一，企业融资过分依赖银行贷款，从而出现融资难的问题。因此，我国应充分发展多种信用形式，促进资金的合理利用，推动经济的发展。

2. 近年来，我国消费信贷进入快速发展阶段，总量迅速上升，品种也日益增多。随着消费信用的发展，中国人民银行颁布有关文件表明要坚持促进发展与防范风险并重的指导思想，试分析其原因

消费信用是企业、银行和其他金融机构向消费者个人提供的用于生活消费的信用。消费信用的发展，对刺激消费、扩大内需、提高人民生活水平，发挥了重要作用。通过增加最终消费品需求以及扩张投资乘数效应，有效地带动了住房、汽车、教育等相关产业的发展。同时，消费信贷不良贷款率远低于金融机构其他贷款的不良比率，改善了信贷资产结构，提高了资产质量。

但是，在我国由于消费信贷发展时间不长，风险问题仍需引起重视。目前，我国消费信贷风险主要表现在三个方面：一是长期潜在性。由于消费信贷主要为中长期贷款，贷款风险短时间内很难显现。例如，占比较高的住房贷款，虽然大多数尚未到期，但随着消费信贷的发展，风险将逐步显现。二是不确定因素多。除了一般贷款都要面对的利率变动、借款人收入变动等风险因素以外，消费信贷风险的不确定性因素还表现在借款人的工作、住所、支出、健康、家庭变故等多方面，这些因素都可能对借款人的还款能力产生不利影响。三是存在违规经营。部分商业银行由于自身约束机制不健全，控制风险的经验不足，也增加了信贷风险。

另外，我国个人信用制度缺位，金融市场基础设施"瓶颈"约束日益突出，各商业银行对个人信用审查缺乏科学、合理、完整的判定标准，也使银行在业务发展过程中面临一定的风险。所以，随着消费信贷的发展，中国人民银行有关文件强调坚持促进经济发展与防范风险并重的指导思想。

☞ **练习题**

一、填空题

1. 信用产生和存在的经济基础是_____和_____。
2. 信用是一种特殊的价值运动形式，是以_____和_____为条件的单方面的_____。
3. 信用工具的特征主要有_____、_____、_____、_____。

4. 信用的基本形式主要有_____、_____、_____、_____。

5. 商业信用是在买卖商品时由企业之间相互提供的，与商品交易直接联系的信用形式，其中最典型的形式是_____。

6. 商业票据，按签发人的不同可以分为两种，债务人签发的称之为_____，债权人签发的称之为_____。

7. 消费信用的形式有_____、_____、_____。

8. 商业信用的局限性主要表现为五个方面，即_____、_____、_____、_____、_____受到限制。

9. 常见的短期信用工具主要有_____、_____、_____和_____等。

10. 常见的长期信用工具主要有_____和_____等。

11. 以发行国债的方式提供的信用是_____。

12. 直接融资活动中的核心机构是_____。

13. 信用活动的最基本特征是_____，信用的本质是_____。

14. 货币和信用相互渗透而形成的新范畴是_____。

15. 债务人无法按照承诺偿还债权人本息的风险被称为_____。

二、单项选择题

1. 在资本主义以前，信用主要以（　　）的形式表现出来。
   A. 生息资本   B. 信贷资本
   C. 高利贷资本   D. 借贷资本

2. 信用的基本特征是（　　）。
   A. 无条件的价值单方面让渡   B. 以偿还为条件的价值单方面转移
   C. 无偿的赠与与援助   D. 平等的价值交换

3. 作为整个信用制度的基础且与商品生产和交换紧密联系的信用是（　　）。
   A. 商业信用   B. 银行信用
   C. 国家信用   D. 消费信用

4. 必须经过承兑才能转让流通的票据是（　　）。
   A. 商业汇票   B. 商业本票
   C. 银行汇票   D. 银行券

5. 在各种信用形式中，处于主导地位的信用是（　　）。
   A. 商业信用   B. 银行信用
   C. 国家信用   D. 消费信用

6. 借贷资本的主要来源是（　　）。
   A. 全社会暂时闲置的货币资本   B. 产业资本循环中暂时闲置的货币资本
   C. 富裕人群的储蓄   D. 再生产之外的闲置资金

7. 由商业银行、商店以分期付款的方式提供耐用消费品，这一形式为（　　）。
   A. 银行信用   B. 消费信用
   C. 国际信用   D. 商业信用

8. 将商业信用转化为银行信用可以通过（　　）。

A. 票据承兑、贴现、抵押 B. 贴现与抵押
C. 背书和转让 D. 在金融市场流通

9. 商业信用是企业之间由于（　　）而相互提供的信用。
   A. 生产联系 B. 产品调剂
   C. 物质交换 D. 商品交易

10. 以金融机构为媒介的信用是（　　）。
    A. 银行信用 B. 消费信用
    C. 商业信用 D. 国家信用

11. 下列行为中属于直接融资的是（　　）。
    A. 票据贴现 B. 开出商业本票
    C. 发行金融债券 D. 银行的存贷款业务

12. 工商企业之间以赊销方式提供的信用是（　　）。
    A. 商业信用 B. 银行信用
    C. 消费信用 D. 国家信用

13. 现代经济中，信用活动与货币活动紧密相联，信用的扩张意味着货币供给的（　　）。
    A. 增加 B. 减少
    C. 不变 D. 不确定

14. 典型的商业信用（　　）。
    A. 只是唯一的商品买卖行为 B. 只是唯一的货币借贷行为
    C. 是商品买卖行为与商品借贷行为统一 D. 是商品买卖行为与货币借贷行为的统一

15. 个人获得住房贷款属于（　　）。
    A. 商业信用 B. 消费信用
    C. 国家信用 D. 补偿贸易

16. 国家信用的主要工具是（　　）。
    A. 政府债券 B. 银行贷款
    C. 银行透支 D. 发行银行券

三、多项选择题

1. 现代信用活动的基础有（　　）。
   A. 信用货币在现代经济中的使用 B. 经济中存在大量的资金需求
   C. 企业间的赊销活动 D. 现代经济中广泛存在着盈余或赤字单位
   E. 经济主体的所有者不同

2. 以货币形态提供的信用有（　　）。
   A. 商业信用 B. 银行信用
   C. 国家信用 D. 消费信用
   E. 国际信用

3. 国家信用的典型形式有（　　）。
   A. 公债 B. 国库券
   C. 政府信贷 D. 国家税收

E. 国家基本建设拨款

4. 下列属于直接融资方式有（　　）。
   A. 银行存款   B. 银行贷款
   C. 发行股票   D. 发行债券
   E. 国际信贷

5. 为了使再生产过程中的商品资金提前转化为货币资金，使价值形态提前得到补偿，企业可以通过（　　）进行短期融资。
   A. 票据贴现   B. 票据抵押
   C. 信托   D. 股权交易
   E. 赊销

6. 信用工具具有（　　）特征。
   A. 流动性   B. 偿还性
   C. 风险性   D. 收益性
   E. 安全性

7. 资本市场的信用工具有（　　）。
   A. 国库券   B. 公债
   C. 股票   D. 回购协议
   E. 商业票据

8. 在典型的商业信用中包含两个性质不同的行为，即（　　）。
   A. 买卖行为   B. 借贷行为
   C. 分配行为   D. 生产行为
   E. 所有权转移行为

9. 信用行为的基本特点包括（　　）。
   A. 以收回为条件的付出   B. 贷者有权获得利息
   C. 无偿的赠与或援助   D. 平等的价值交换
   E. 极高的利率水平

10. 下列属于间接融资的信用工具包括（　　）。
    A. 企业债券   B. 定期存单
    C. 国库券   D. 商业票据
    E. 金融债券

11. 下列属于消费信用范畴的有（　　）。
    A. 企业将商品赊卖给个人 B. 个人获得住房贷款
    C. 个人持信用卡到指定商店购物 D. 个人借款从事经营活动
    E. 企业将商品赊卖给另一家企业

四、重要概念

1. 信用 2. 金融 3. 商业信用 4. 国库券 5. 商业汇票 6. 商业本票 7. 银行信用 8. 国家信用 9. 消费信用 10. 直接融资 11. 间接融资 12. 信用工具 13. 债券 14. 股票

五、简答题

1. 简述信用的产生和发展。
2. 为什么资本主义以前高利贷信用能占统治地位？它有何作用？
3. 商业信用有何特点、优点和局限性？
4. 国家信用的积极作用是什么？
5. 简述信用工具的含义及其特征。

六、论述题

1. 试述现代信用的作用。
2. 在我国发展消费信用有何意义？如何进一步发展我国的消费信用？
3. 比较间接融资和直接融资的优点和局限性，并结合我国实际情况谈谈发展直接融资的意义。

七、深度思考题

我国融资结构失衡的深层次原因有哪些？

☞ 参考答案

一、填空题

1. 剩余产品　私有制
2. 偿还　付息　价值转移
3. 偿还性　流动性　风险性　收益性
4. 商业信用　银行信用　国家信用　消费信用
5. 商品赊销
6. 商业本票　商业汇票
7. 分期付款　信用卡　消费贷款
8. 规模　方向　信用能力　信用期限　管理
9. 本票　汇票　支票　国库券
10. 债券　股票
11. 国家信用
12. 证券公司
13. 偿还性　债权债务关系
14. 金融
15. 信用风险

二、单项选择题

1. C　2. B　3. A　4. A　5. B　6. B　7. B　8. A　9. D　10. A

11. B 12. A 13. A 14. D 15. B 16. A

三、多项选择题

1. DE 2. BCDE 3. ABC 4. CD 5. AB 6. ABCD 7. BC 8. AB
9. AB 10. BE 11. ABC

四、重要概念

1. 信用：是一种借贷行为，是以偿还和付息为条件的价值单方面让渡。

2. 金融：就是货币资金的融通，金融是货币运动和信用活动的融合体。

3. 商业信用：指在商品交易过程中，由企业之间相互提供的，与商品交易直接联系的信用形式。商业信用的具体形式包括企业间的商品赊销、分期付款、预付货款、委托代销。

4. 国库券：指国家财政当局为弥补短期财政收支失衡而发行的一种政府债券。

5. 商业汇票：是在商业信用活动中，由债权人签发的命令债务人到期将款项支付给持票人或指定人的书面凭证。

6. 商业本票：是在商业信用活动中，由债务人签发的承诺到期将款项支付给持票人或指定人的书面凭证。

7. 银行信用：指银行和非银行金融机构以货币形式向企业和个人提供的信用。

8. 国家信用：指国家以债务人的身份通过举债来筹措资金以解决财政需要的一种信用形式。

9. 消费信用：指消费者以延期付款方式购买各种消费资料而形成的信用。

10. 直接融资：指公司、企业在金融市场上从资金所有者那里直接融通货币资金，其方式是发行股票或债券。

11. 间接融资：是以银行等金融机构为媒介的资金融通活动（或信用活动）。

12. 信用工具：又称金融工具，是资金供应者和需求者之间以书面形式发行和流通，借以保证债权人和债务人权利、义务关系的具有法律效力的凭证。

13. 债券：是一种借款者向贷款者出具的、承担还本付息义务的书面凭证。一般可分为政府债券、企业债券和金融债券。

14. 股票：股票是股份公司为筹集资金而公开发行的证明股东持有公司股份的所有权凭证。

五、简答题

1. 简述信用的产生和发展。

随着生产力的发展出现了剩余产品和私有制，因而出现贫富分化，出于生存或其他需要，就产生了早期的信用。资本主义以前的信用是以实物为主的高利贷信用，1694 年英格兰银行的建立标志着现代信用制度的建立。

从信用技术角度看其发展大致经历了四个阶段：未工具化的信用阶段、非流通化的信用阶段、流动化的信用阶段、电子化及网络化与信用制度相结合的阶段。

2. 为什么资本主义以前的高利贷信用能占统治地位，它有何作用？

在资本主义社会以前，高利贷之所以占统治地位，是自给自足的自然经济决定的，在这样的经济基础下，小生产者遇到任何意外，都可能无法维持生产和生活，为了维持生存，小生产者不得不借高利贷，而放高利贷者便有机会获取高利率。

3. 商业信用有何特点、优点和局限性？

（1）商业信用的特点是：商业信用的债权人和债务人都是企业，属于直接信用形式；商业信用的对象是处于资本循环周转过程中的商品资本阶段；商业信用主要依靠商业票据建立信用关系；商业信用状况与经济周期变化有着高度相关性，在经济复苏、繁荣时期，生产增长、产业资本扩大，商业信用的规模也随之扩大，反之亦然。

（2）商业信用的优点有：商业信用的优点在于方便和及时。商业信用的提供，既解决了资金融通的困难，也解决了商品买卖的矛盾，从而缩短了融资时间和交易时间。

（3）商业信用的局限性有：信用的规模受到商品交易量的限制；方向上的局限性；信用能力上的局限性；信用期限的局限性；商业信用在管理上具有一定的局限性。

4. 国家信用的积极作用？

国家信用的积极作用有：国家信用是调节财政收支、弥补财政赤字的重要工具；国家信用是商业银行调节资产结构的工具；国家信用可以筹集大量资金，改善投资环境，创造投资机会以此促进经济增长，扩大总需求；国家信用是实施宏观调控的重要杠杆。

5. 简述信用工具的含义及其特征。

信用工具又称金融工具，是资金供应者和需求者之间以书面形式发行和流通，借以保证债权人和债务人权利、义务关系的具有法律效力的凭证。其特征有：①偿还性；②流动性；③风险性；④收益性。

六、论述题（要点）

1. 试述现代信用的作用。

（1）使社会闲散资金得到充分利用。

（2）丰富流通工具，节约流通费用。

（3）推动了资本的集中和积累，加速了扩大再生产的发展。

（4）调节国民经济的运行。

2. 在我国发展消费信用有何意义，如何进一步发展我国的消费信用？

（1）在我国发展消费信用的意义有：①促进消费，推动生产；②调节消费，提高了人们的生活水平；③优化银行的资产结构，增加银行的利润。

（2）近年来，我国的消费信用虽然有了较快的发展，但还存在一些影响消费信用发展的因素。因此，要进一步发展消费信用还要解决以下问题：①转变人们传统的消费观念，提高对消费信用的认识；②调整收入分配结构，提高大多数人的收入水平；③完善社会保障制度。

3. 比较间接融资和直接融资的优点和局限性，并结合我国实际情况谈谈发展直接融资的意义。

（1）间接融资是以银行等金融机构为媒介的资金融通活动（或信用活动）。它的优点在于：①银行等金融机构网点多、存款的起点低，能广泛筹集社会闲散资金；②银行等金融机构通过资产多元化，分散投资，可以降低资金的风险；③可以降低融资成本。因为银行和金融机构是专业化分工协作的产物，具有融资的专长，且规模经营从而能降低融资成本。间接融资的局限性，主要是割断了资金供求双方的联系，资金所有者不关心资金的使用情况，存在不利于资金使用效益的提高的可能性。

（2）直接融资指公司、企业在金融市场上从资金所有者那里直接融通货币资金，主要是发行股票和债券。它的优点在于：①资金供求双方直接形成债权、债务关系，双方可以根据各自融资的条件，实现资金的融通；②由于资金供求双方直接形成债权、债务关系，债权方自然十分关注债务人的经营活动，债务人面对直接债权人的监督，在经营上会有较大的压力，从而促进资金使用效益的提高；③通过发行长期债券和发行股票，有利于筹集具有稳定性的、可以长期使用的资金。直接融资也有其局限性，主要表现在：①直接融资双方在资金数量、期限、利率等方面受到限制比间接融资较多；②对资金供给者来说，直接融资风险由于缺乏中介的缓冲，其承担的风险比间接融资要大。

（3）改革开放后，我国逐步发展以股票债券为主的直接融资市场，其意义在于：①改善了融资结构，提高了金融效率；②有利于国有企业筹集长期、稳定的资金，促使国有企业的改革和发展；③提供了多种投资渠道，增强了人们的投资意识，降低了国家承担的金融风险。

第三章

利 息

☞ **学习目的和要求**

通过本章的学习，要求掌握各种利率的内涵；理解和掌握利率决定的不同理论观点，熟知影响利率水平的因素；理解利率的风险结构和期限结构；理解利率的作用和发挥作用的条件，了解我国的利率市场化改革进程。

☞ **要点提示**

第一节 利息与利息率

一、利息的含义

利息是信用关系中货币所有者（或债权人）因贷出货币或者货币资本而从借款人（或债务人）处获得的报酬，也是借款人（或债务人）借入货币或者货币资本所付出的成本。

二、利息率表示方法、计算方法及其分类

利率就是利息率，是指借贷期所形成的利息额与本金的比率，也就是将借贷期间的报酬或成本表现为本金的百分比形式，便于对不同本金规模的借贷或投资的收益进行对比。

1. 利息率的表示方法

日利率是以天为时间单位计算利率，通常以万分之几计算（毫）。

月利率是以月为时间单位计算利率，通常以千分之几计算（厘）。

年利率是以年为时间单位计算利率，通常以百分之几计算（分）。

2. 利息率的计算方法——单利和复利

（1）单利就是不管贷款期限的长短，仅按本金计算利息。设 R 表示利息额，P 表示本金，r 表示利率，n 表示与利率指标相对应的期限，S 表示本息和。则：

单利计算公式为：$R = P \cdot r \cdot n$
$$S = P(1 + r \cdot n)$$

（2）复利就是经过一定时间（通常约定为 1 年）将本金所生利息，加入原本金一起计算利息的方法。

复利公式为：$R = P \cdot [(1 + r)^n - 1]$
$$S = P \cdot (1 + r)^n$$

（3）单利和复利的关系。如果资金按复利计算进行投资或借出，利息也将被再投资或再借出，而单利情况下，利息没有进行再投资或再借出。

3. 利息率的分类

（1）以时间长短为标准，可以分为短期利率和长期利率。

（2）按照利率与通货膨胀率之间的关系，利率又分为名义利率与实际利率。

设 r 为名义利率，i 为实际利率/真实利率，P 为通货膨胀率，则有：

$r = i + P$

（3）按借贷期内利率是否变动，可将利率分为固定利率和浮动利率。

（4）按利率决定的主体，可将利率分为市场利率和官定利率。

（5）按在整个利率体系中产生的影响不同，利率可以分为基准利率和非基准利率。

（6）按利率是否有优惠，利率可以分为一般利率和优惠利率。

4. 利率的计算

（1）现值。一般把资金运动起点的金额称为现值，常用符号 PV 表示。其计算公式为：

$$PV = \frac{FV_{m \cdot n}}{\left(1 + \frac{r}{m}\right)^{m \cdot n}}$$

（2）终值。把资金运动结束时与现值等值的金额称为终值或未来值，常用符号 FV 表示。其计算公式为：

$$FV_{m \cdot n} = PV \cdot \left(1 + \frac{r}{m}\right)^{m \cdot n}$$

（3）到期收益率。也是衡量利率高低的确切指标，到期收益率是使从债务工具上获得的未来收益的现值等于其今天的价格的贴现率。

第二节　利率的决定

一、马克思的利率决定理论

1. 主要观点

利息是货币资本家从职能资本家那里分割来的一部分利润，利润是剩余价值的转化形式，因此，利率的变化范围是在零与平均利润率之间，特殊的情况是利率超出平均利润率或为负。

2. 影响利率水平的基本因素

(1) 平均利润率。平均利润率构成利率的最高限,利率只是平均利润率的一部分。

(2) 市场竞争和资金供求状况。平均利润率对利率的决定和约束作用是从总体上讲的。具体如何分割,由借贷双方通过竞争即借贷资本的供求状况决定。当资金需求大于资金供给时,市场利率就会提高;反之,当资金供给大于资金需求时,市场利率就会降低。

(3) 物价水平。一般的物价变动会引起名义利率相应变动。

(4) 经济周期的影响。利率水平的波动受到经济周期的影响,在经济复苏和繁荣阶段利率上升,而在经济危机和衰退阶段利率下降。

(5) 国际利率水平。在各国经济联系日益加强的情况下,国际利率水平及其变动对本国利率水平有很大的影响。

除此之外,影响利率水平的因素还有:利率管制、中央银行的货币政策和政府预算赤字。

二、古典利率理论

古典利率理论认为利率是由储蓄和投资所决定的。

马歇尔运用了"供求均衡原理"来解释利率的决定,认为利息是资本需求与资本供给达到均衡时的价格。资本的需求决定于资本的边际生产力。资本的供给则取决于抑制现在消费而对享受的"等待"。利息率就由资本的供求双方共同决定。

古典利率理论认为,资本的供给来源于储蓄,储蓄取决于"时间偏好""节欲""等待"等因素,储蓄是利率的增函数。资本的需求取决于资本边际生产力与利率的比较。在资本边际生产力一定的条件下,利率愈高,投资愈少,利率愈低,投资愈多,即投资是利率的减函数。用公式表示则为:

投资函数:$I = I(r)$ $dI/dr < 0$

储蓄函数:$S = S(r)$ $ds/dr > 0$

当投资等于储蓄时,即:

$I(r) = S(r)$

上式决定了社会上的一般利率水平以及储蓄和投资的数量,公式中 I 代表投资,S 代表储蓄,r 代表利率。

三、"流动性偏好"利率理论

1. 凯恩斯对古典利率理论的批判

凯恩斯首先抨击了古典利率理论。他认为,古典利率理论将储蓄和投资看作是两个独立的因素,这两个因素的相互作用决定利率。凯恩斯认为,储蓄主要取决于收入,而收入又取决于投资。所以,储蓄与投资是两个相互依赖的变量,而不是两个独立的变量。凯恩斯还指出,在古典利率理论中,充分就业条件下收入不变的假设,与储蓄和投资两条曲线可以独立地变动,从而引起利率变动的假设是相矛盾的。此外,在现实的经济社会中,储蓄和投资是由两种不同的群体决定的。储蓄并非必然转化为投资,利率也并不能自动调节储蓄和投资的均衡。对储蓄和投资的均衡起作用的,是收入或产量水平与利率共同作用的结果。

2. 凯恩斯利率理论的主要内容

凯恩斯认为，利率不是由储蓄和投资所决定的，而是在货币市场由货币的供应和需求所决定的。货币最富于流动性，利息是在一定时期内放弃货币、牺牲流动性所得的报酬。利率水平主要取决于货币数量和人们对货币的偏好程度。货币供应由中央银行控制，是一外生变量，故没有利率弹性。货币需求则取决于人们心理上的"流动性偏好"，即由于货币具有完全的流动性而引起的人们对货币的偏好。由此，凯恩斯提出了他的货币需求函数，即：

$$L = L_1(Y) + L_2(r)$$

凯恩斯认为，利率决定于货币供应和货币需求的均衡点，设货币供应为 M，货币需求为 L，则利率的决定由下式表示：

$$M = L = L_1(Y) + L_2(r)$$

当货币供应固定时，利率高低就取决于货币需求。如果货币需求曲线向上移动，则利率上升，反之则下降。而当货币需求不变时，利率高低就取决于货币供应量，如果货币供应增加，利率会下降，货币供应减少，利率则上升。因此，利率高低就由货币需求和货币供应所决定。

■ 四、可贷资金利率理论

可贷资金利率理论的宗旨是将货币因素与实际因素，存量分析与流量分析综合为一种新的理论体系，其特点就是综合了古典利率理论和凯恩斯的"流动性偏好"利率理论。这一理论的核心是利率决定于可贷资金的供给与需求的均衡点。

从现实来看，对可贷资金的需求一方面来自于投资需求，另一方面还可能来自窖藏需求。因此，可贷资金包括储蓄和中央银行增发的货币以及商业银行所创造的信用。

可贷资金的需求包括：（1）投资 I；（2）可贷资金的净窖藏 ΔH。因此，可贷资金的需求为：$I(r) + \Delta H(r)$。

可贷资金的供应包括：（1）储蓄 S；（2）货币供应增量 ΔM，包括中央银行所增发的货币和商业银行所创造的信用。因此，可贷资金的供应为 $S(r) + \Delta M$。

利率取决于可贷资金的供应与需求的均衡点，故可贷资金利率理论可用以下公式表示：

$$S(r) + \Delta M = I(r) + \Delta H(r)$$

在上式中，除 ΔM 外，其他因素均为利率的函数。当可贷资金的供应等于需求时，就决定了均衡利率水平。

■ 五、IS–LM 分析的利率理论

希克斯（J. Hicks）等人认为以上这三种利率理论都没有考虑收入的因素，因而无法确定利率水平，不能明确得出利率究竟是多少的结论。

希克斯认为，若不将收入考虑进去，任何理论都不能明确确定利率究竟是多少。为弥补以上三种利率理论的缺陷，希克斯于 1937 年发表了一篇著名的论文《凯恩斯与古典学说》，首倡著名的 IS–LM 模型，后经美国经济学家汉森加以说明和解释，从而建立了一种使利率与收入在储蓄和投资、货币供应和货币需求这四个因素的相互作用之下同时决定的利率理论，这就是由 IS–LM 分析所表述的利率理论。希克斯认为，在现实社会中，收入水平和利率水平必然是同时决定的。这就意味着商品市场和货币市场必须同时达到均衡。

1. 商品市场的均衡

从商品市场来看，储蓄 S 与收入 Y 正相关，投资 I 与利率 r 负相关，储蓄等于投资是商品市场均衡的必要条件，因为只有在这一条件下，才能使商品市场的供给与需求相一致。

2. 货币市场的均衡

从货币市场来看，由货币市场的供求均衡也可求出收入与利率之间的关系。按照凯恩斯的流动性偏好理论，利率决定于货币供应与货币需求相等的均衡点。

3. 商品市场和货币市场均衡状态下的利率决定

以上所导出的 IS 曲线和 LM 曲线分别代表商品市场和货币市场的均衡，但是，无论是 IS 曲线还是 LM 曲线都不能单独决定均衡收入和均衡利率。只有商品市场和货币市场同时达到均衡，即同时储蓄等于投资、货币供应等于货币需求时，均衡收入和均衡利率才能确定。

IS－LM 模型认为，只有在储蓄与投资、货币供应与货币需求同时相等，即在商品市场和货币市场同时达到均衡的条件下，收入与利率同时被决定时，才能得到完整的、能使利率得以明确决定的利率理论。

第三节 影响利率的主要因素

一、宏观经济周期对利率的影响

在宏观经济波动中，社会再生产会表现为危机、萧条、复苏、繁荣四个往复循环过程。在经济周期不同的阶段，经济增长、投资、消费及通货膨胀等会发生相应的变化，进而主要由财政、金融政策组成的宏观经济政策会作出相应的调整，这些会对利率变化及其走势产生重要的影响。

在衰退阶段，商品市场和资金市场的双重信用下降紧张，导致资金供求紧张加剧，引发利率走高。

在萧条阶段，市场对资金需求下降，从供给面看，为刺激经济增长而实施的扩张宏观调控政策扩大了货币供给量。两个方面的因素导致利率不断走低，极端情况下甚至会出现零利率的情况。

经济进入复苏阶段，消费需求和投资需求双双增长，对资金需求相应增加，此时，利率水平逐步提高。

经济进入繁荣阶段，生产对借贷资金需求不断上升，宏观调控部门为了控制物价水平，防止经济运行过热，往往采取偏紧的调控政策，市场利率承受着不断提高的压力，这为下一轮的衰退埋下伏笔。

二、风险因素对利率的影响

相同期限金融资产因风险差异而产生的不同利率，被称为利率的风险结构。

1. 违约风险

债券的违约风险是债券的发行人不能或不愿意按期还本付息而给债券购买者造成损失的

可能性。债券种类繁多，不同债券的违约风险有很大的不同。

2. 流动性风险

流动性风险是指债券因其流动性不足而在交易证券时可能遭受的损失。流动性差的证券的利率会超过流动性好的证券的利率。

3. 税收风险

有些证券是免税的，有的则必须纳税；有些投资者是免税的，更多的则必须纳税；有些投资者收入多而税率高，有些投资者收入少而税率低。税率越高的债券，其税前利率也应该越高；反之，税率越低的债券，其税前利率相应较低。

税后收益率是指相同投资者购买不同证券的纳税之后的收益率，税后收益率的计算公式为：

税后收益率 = 税前收益率(1 − 边际税率)

三、期限因素对利率的影响

利率的期限结构是指收益与到期时间之间的关系。利率期限结构方面有两个经验事实：一是各种期限债券的利率往往是同向波动的；二是长期债券的利率往往高于短期债券。对于这两种现象，有三种流行的理论可加以解释，构成了利率期限结构理论的主要内容。

1. 预期假说

假定整个债券市场是统一的，不同期限的债券具有完全替代性，并且长期债券的利率等于长期债券到期之前人们对短期利率预期的平均值。用公式表示为：

$$i_{nt} = \frac{i_t + i^e_{t+1} + i^e_{t+2} + \cdots + i^e_{t+n}}{n}$$

2. 分割市场理论

假定债券市场是完全独立和分割开的市场，不同期限的债券不是替代品，各种期限债券的利率仅由该种债券的供求所决定，不受其他债券预期回报率的影响。

3. 期限选择理论

期限选择理论假设不同期限的债券是替代品，但并非是完全替代品。一种债券的预期回报率可以影响具有不同期限债券的预期回报率，同时考虑到时间的风险因素，长期债券的利率等于该种债券到期之前短期利率预期的平均值加上这种债券随供求条件变化而变化的期限升水。用公式表示为：

$$i_{nt} = \frac{i_t + i^e_{t+1} + i^e_{t+2} + \cdots + i^e_{t+(n-1)}}{n} + K_{nt}$$

上式中，K_{nt} 为债券期限升水，K_{nt} 随债券期限延长而增大，一般为正值。

第四节 利率的作用及条件

一、利率的作用

（1）利率在宏观经济活动中的作用主要体现在：利率能够调节社会资本供给；利息率

可以调节投资；利息率可以调节社会总供求。

（2）利率在微观经济活动中的作用主要体现在：对企业而言，利率能促使企业加强经济核算，提高经济效益；对个人而言，利率影响其经济行为，利率可以调节个人的消费倾向和储蓄倾向，利率可以引导人们选择金融资产。

■二、利率作用的条件

（1）市场化的利率决定机制。
（2）没有授信限量管制。
（3）市场开放程度高。
（4）利率弹性大。

■三、我国的利率市场化改革

（1）我国利率市场化的总体历程。
（2）总体思路与基本步骤。我国利率市场化改革的总体思路是：先放开货币市场利率和债券市场利率，再逐步推进存款贷款利率的市场化。存贷款利率市场化按照"先外币、后本币；先贷款、后存款；先长期、大额，后短期、小额"的顺序进行。我国近年来的利率市场化进程中，充分体现了这一总体思路。

利率市场化改革的基本步骤是：①通过将利率提高到市场均衡状态下来保持经济金融运行的稳定；②完善利率浮动制，扩大利率浮动范围，下放利率浮动权；③实行基准利率引导下的市场利率体系。

（3）深化我国利率市场化改革。深化我国利率市场化改革还需要做好以下几个方面的工作：①要建立健全充分公平的市场竞争环境；②要推动整个金融产品与服务价格体系的市场化；③需要进一步完善货币政策传导机制；④利率市场化与汇率市场化统筹安排；⑤加快发展金融衍生产品市场。

☞ 练习题

一、填空题

1. 利息的本质是_____的转化形式。
2. 市场利率反映了货币资金供求状况的变化，当货币资金供应大于资金需求时，利率呈_____趋势；反之，利率呈_____趋势。
3. 按照计息方法的不同，利率可分为_____和_____两种。
4. 按照计息单位时间的不同，利率分为_____（%）、_____（‰）、_____（‱）三种。
5. 按利率与通货膨胀的关系划分，利率可分为_____和_____。
6. 利率即利息率，是指借贷期内所成的_____与_____的比率。
7. 按国家对利率管理的角度划分，利率可分为_____和_____。
8. 按照信用行为的期限长短，利率可分为_____和_____。

9. 人们的流动性偏好的动机有_____、_____、_____。
10. 利率根据在借贷期内是否调整，可分为_____和_____。
11. 根据利率杠杆的功能，利率调低，则资金供给_____。
12. 利息税税率越高的债券，其税前利率也越_____；反之，税率越低的债券，其税前利率相应的越_____。
13. 各期限相同、风险不同的债券利率之间的关系称为_____。
14. 经济学上，将现在的货币资金价值称为_____，将现在的货币资金在未来的价值称为_____。
15. 古典的利率理论认为，利率决定于_____与_____的均衡点。
16. 凯恩斯认为，满足投机需要的投机性货币需求是利率的_____函数，而与收入无关。

二、单项选择题

1. 马克思认为利息率的合理区间是（　　）。
   A. 小于零　　　　　　　　　　　　B. 大于零
   C. 高于平均利润率　　　　　　　　D. 大于零小于平均利润率
2. 降低利率会使企业利润相对（　　）。
   A. 减少　　　　　　　　　　　　　B. 增加
   C. 不变　　　　　　　　　　　　　D. 无关
3. 在物价上涨的条件下，名义利率不变，实际利率会（　　）。
   A. 上涨　　　　　　　　　　　　　B. 下降
   C. 持平　　　　　　　　　　　　　D. 随物价变动
4. 某国某年的名义利率为20%，而通货膨胀率达14.27%，那么实际利率应为（　　）。
   A. 6.65%　　　　　　　　　　　　B. 16.75%
   C. 5.73%　　　　　　　　　　　　D. 2.865%
5. 拥有债券的人不愿意听到利率上升的消息，是因为他们所持有的债券（　　）。
   A. 到期收益率会下降　　　　　　　B. 息票利息会减少
   C. 债券价格会下跌　　　　　　　　D. 以上表述都是错误的
6. 某公司获得银行贷款100万元，年利率为6%，期限三年，按年计息，单利计算，那么到期后应偿付银行本息是（　　）。
   A. 19.1万元　　　　　　　　　　　B. 119.1万元
   C. 18万元　　　　　　　　　　　　D. 118万元
7. 某公司获得银行贷款100万元，年利率为6%，期限三年，若以半年为转换期，复利计息，那么，到期后应偿付银行本息是（　　）。
   A. 19.1万元　　　　　　　　　　　B. 118万元
   C. 119.4万元　　　　　　　　　　 D. 119.1万元
8. 月息5厘，是指月利率为（　　）。
   A. 5%　　　　　　　　　　　　　　B. 5‰
   C. 0.005%　　　　　　　　　　　　D. 0.05%

9. 优惠利率是相对（　　）而定的。
   A. 固定利率　　　　　　　　　　　B. 浮动利率
   C. 一般利率　　　　　　　　　　　D. 市场利率

10. 银行贷款利率的提高，会使贷款需求（　　）。
    A. 增加　　　　　　　　　　　　　B. 减少
    C. 不变　　　　　　　　　　　　　D. 变化不定

11. 下调利率对投资的影响，表现为投资相对（　　）。
    A. 稳定　　　　　　　　　　　　　B. 下降
    C. 上升　　　　　　　　　　　　　D. 波动

12. 分割市场理论假定（　　）。
    A. 债券市场是完全独立和分割开的　　B. 债券市场是统一的
    C. 不同期限的债券互为替代品　　　　D. 各种期限债券的利率互相影响

13. 当借贷资金的量一定时，平均利润率越低，利率相对（　　）。
    A. 不变　　　　　　　　　　　　　B. 多变
    C. 越高　　　　　　　　　　　　　D. 越低

14. 负利率是指（　　）。
    A. 名义利率低于零　　　　　　　　B. 实际利率低于零
    C. 实际利率低于名义利率　　　　　D. 名义利率低于实际利率

15. 关于现值的特征，以下说法错误的是（　　）。
    A. 终值越大，现值越大　　　　　　B. 未来支付的期限越短，现值越大
    C. 利率越低，现值越小　　　　　　D. 现值和终值的变动方向是一致的

16. 如果金融市场上资金的供给大于需求，利息率将趋于（　　）。
    A. 上升　　　　　　　　　　　　　B. 下降
    C. 不变　　　　　　　　　　　　　D. 不确定

17. 到期收益率是衡量（　　）的指标。
    A. 利息的多少　　　　　　　　　　B. 利息率的高低
    C. 期限的长短　　　　　　　　　　D. 负债能力的强弱

18. 马克思认为，利息的本质是（　　）。
    A. 贷款人取得的报酬　　　　　　　B. 借款人付出的代价
    C. 利润的一部分　　　　　　　　　D. 成本的一部分

19. 下列描述中正确的是（　　）。
    A. 当息票债券平价发行时，其到期收益率高于息票利率
    B. 当息票债券折价发行时，其到期收益率等于息票利率
    C. 当息票债券溢价发行时，其到期收益率等于息票利率
    D. 当息票债券平价发行时，其到期收益率等于息票利率

20. 现有一张永久债券，其市场价格为20元，当固定利息为5元时，该债券的到期收益率为（　　）。
    A. 8%　　　　　　　　　　　　　　B. 12.5%
    C. 20%　　　　　　　　　　　　　D. 25%

三、多项选择题

1. 下列关于现值特征描述正确的有（　　）。
   A. 未来支付越多，现值越大　　　　B. 未来支付期限越长，现值越大
   C. 利率越高，现值越大　　　　　　D. 利率越低，现值越大
   E. 未来支付越少，现值越大

2. 导致利率上升的因素有（　　）。
   A. 扩张的货币政策　　　　　　　　B. 紧缩的货币政策
   C. 通货膨胀　　　　　　　　　　　D. 经济高增长
   E. 通货紧缩

3. 影响利率风险结构的基本因素有（　　）。
   A. 违约风险　　　　　　　　　　　B. 流动性
   C. 变现成本　　　　　　　　　　　D. 税收因素
   E. 风险补偿

4. 下列观点属于凯恩斯流动偏好利率理论的有（　　）。
   A. 货币的供给与需求是决定利率的因素
   B. 货币供给是一个外生变量，由中央银行控制
   C. 货币需求取决于人们的流动性偏好
   D. 市场利率是由可贷资金市场中的供求关系决定的
   E. 在充分就业的所得水平下，储蓄和投资的数量仅为利率的函数

5. 下列因素中影响利率的有（　　）。
   A. 中央银行政策　　　　　　　　　B. 商业周期
   C. 借款期限和风险　　　　　　　　D. 政府预算赤字
   E. 资金供求状况

6. 影响到期收益率的因素有（　　）。
   A. 债券的市场价格　　　　　　　　B. 债券期限
   C. 债券面额　　　　　　　　　　　D. 票面利率
   E. 债券久期

7. 利率的宏观经济功能包括（　　）。
   A. 利率调节社会资本供给　　　　　B. 利率调节投资
   C. 利率调节社会总供求　　　　　　D. 利率调节居民投资和消费的比例
   E. 调节金融资产结构

8. 利率的微观经济功能包括（　　）。
   A. 调节投资规模　　　　　　　　　B. 促使企业提高经济效益
   C. 促使居民的投资和储蓄比例发生变化　　D. 引导人们选择金融资产
   E. 调节社会总需求

9. 影响利率发挥作用的因素有（　　）。
   A. 利率形成机制　　　　　　　　　B. 利率管制程度
   C. 授信限量　　　　　　　　　　　D. 市场开放程度

E. 利率弹性

10. 市场经济条件下，利率充分发挥作用的条件有（　　）。
   A. 市场化的利率决定机制　　　　B. 灵活的利率联动机制
   C. 适当的利率水平　　　　　　　D. 合理的利率结构
   E. 灵活有效的利率管理体系

11. 下列说法中正确的有（　　）。
   A. 各种期限债券的利率往往是同向波动的
   B. 长期债券的利率往往高于短期债券
   C. 长期债券的利率往往低于短期债券
   D. 各期期限债券的利率往往是反向波动的
   E. 长期回报率曲线也会出现偶尔向下倾斜的情况

12. 纯粹预期假说认为（　　）。
   A. 不同期限债券具有完全替代性
   B. 若预期短期利率高于现行短期利率，则收益曲线向上倾斜
   C. 若预期短期利率低于现行短期利率，则收益曲线向上倾斜
   D. 若预期短期利率保持不变，则收益曲线向上倾斜
   E. 若预期短期利率保持不变，则收益曲线向下倾斜

四、重要概念

1. 利息　2. 利息率　3. 短期利率　4. 长期利率　5. 名义利率　6. 实际利率　7. 固定利率　8. 浮动利率　9. 市场利率　10. 基准利率　11. 复利法　12. 现值　13. 终值　14. 到期收益率　15. 优惠利率　16. 利率的风险结构　17. 流动性　18. 利率的期限结构

五、计算题

1. 银行发放一笔金额为 30000 元，期限为 3 年，年利率为 10% 的贷款，规定每半年复利一次，试计算 3 年后本利和是多少？

2. 某人 3 年后需一笔 93170 元的货币，银行存款的年利率为 10%，他应该筹集多少本金存入银行，才能在 3 年后得到这一数量的货币？

3. 假设某债券期限为 4 年，息票收益为 50 元，债券收益率为 5%，债券到期收回本金 1000 元，那么该债券的市场价格为多少？

4. 一张零息债券面值 1000 元，期限 2 年，如果债券当前价格为 826 元，债券的到期收益率应是多少？

5. 某人在银行存入 3 年期存款 100 万元，若 3 年期定期存款年利率为 4%，请利用单利法和复利法分别计算在利息所得税率为 20% 时，此人存满 3 年的实得利息额。

六、简答题

1. 影响利率水平的因素有哪些？
2. 简述马克思的利率决定论。
3. 简述古典利率决定理论。

4. 简述"流动性陷阱"的概念和影响。
5. 简述利率在宏观经济活动中的作用。
6. 简述利率在微观经济活动中的作用。

七、论述题

1. 试述利率受哪些风险因素的影响。
2. 试述限制利率作用的因素和发挥利率作用的条件。

八、深度思考题

请思考当前深化我国利率市场化改革还需要做好哪些工作？

参考答案

一、填空题

1. 剩余价值
2. 下降　上升
3. 单利　复利
4. 年利率　月利率　日利率
5. 名义利率　实际利率
6. 利息额　借贷资金额
7. 市场利率　官定利率；
8. 长期利率　短期利率
9. 交易动机　预防动机　投机动机
10. 固定利率　浮动利率
11. 减少
12. 高　低
13. 利率风险结构
14. 现值　终值
15. 储蓄　投资
16. 减

二、单项选择题

1. D　2. B　3. B　4. C　5. C　6. D　7. C　8. B　9. C　10. B
11. C　12. A　13. D　14. B　15. C　16. B　17. B　18. C　19. D
20. D

三、多项选择题

1. AD　2. BCD　3. ABD　4. ABC　5. ABCDE　6. ABCD　7. ABC

8. BCD   9. ABCDE   10. ABCDE   11. ABE   12. AB

四、重要概念

1. 利息：利息是信用关系中货币所有者（或债权人）因贷出货币或者货币资本而从借款人（或债务人）处获得的报酬，也是借款人（或债务人）借入货币或者货币资本所付出的成本。

2. 利息率：利息率是指借贷期所形成的利息额与本金的比率，也就是将借贷期间的报酬或成本表现为本金的百分比形式。

3. 短期利率：一般指借贷时间在一年以内的利率。

4. 长期利率：一般指借贷时间在一年以上的利率。

5. 名义利率：指货币数量所表示的利率，通常即银行挂牌的利率。

6. 实际利率：指名义利率扣除通货膨胀率之后的差数。

7. 固定利率：指在整个借贷期限内，利率不随借贷供求状况而变动的利率。

8. 浮动利率：指在借贷期限内随市场利率的变化而定期调整的利率。

9. 市场利率：指由货币资金的供求关系决定的利率，其水平高低由市场供求的均衡点决定。

10. 基准利率：指在多种利率并存的条件下起决定作用的利率。

11. 复利法：指在计息时后面每期计息的本金都会包括之前获得的利息的方法。

12. 现值：一般把资金运动起点的金额称为现值。

13. 终值：资金运动结束时与现值等值的金额称为终值或未来值。

14. 到期收益率：所谓到期收益率是使从债务工具上获得的未来收益的现值等于今天的价格的贴现率。

15. 优惠利率：指国家通过金融机构对于认为需要重点扶植或照顾的企业、行业所提供的低于一般贷款利率水平的利率。

16. 利率的风险结构：指相同期限金融资产因风险差异而产生的不同利率。

17. 流动性：指证券在必要时能够以低成本地迅速转换为现金的能力。

18. 利率的期限结构：指收益与到期时间的关系。

五、计算题

1. 解：年利率为10%，半年利率为10% ÷ 2 = 5%
$S = P(1+r)^n = 30000 \times (1+5\%)^{3 \times 2} = 40203$（元）

2. 解：$S = 93170 \quad r = 10\% \quad n = 3$
$P = \dfrac{S}{(1+r)^n} = \dfrac{93170}{(1+10\%)^3} = 70000$（元）

3. 解：债券市场价格为：
$PV = \dfrac{50}{1.05} + \dfrac{50}{1.05^2} + \dfrac{50}{1.05^3} + \dfrac{50}{1.05^4} + \dfrac{1000}{1.05^4} = 1000$（元）

4. 解：$PV = FV/(HR^2)$，将题干数据代入该公式，即 $826 = 1000/(HR^2)$，计算得 R = 10.03%

5. 解：（1）单利计算法

$I = p \cdot r \cdot n = 100 \times 4\% \times 3 = 12$（万元）

实际利息额 $= 12 \times (1 - 20\%) = 9.6$（万元）

（2）复利计算法

$I = p(1+r)^n - p$

$\quad = 100 \times (1+4\%)^3 - 100 = 12.49$（万元）

实得利息额 $= 12.49 \times (1 - 20\%) = 9.992$（万元）

六、简答题

1. 影响利率水平的因素有哪些？

（1）宏观经济周期。在经济周期不同的阶段，经济增长、投资、消费及通货膨胀等会发生相应的变化，进而主要由财政、金融政策组成的宏观经济政策会作出相应的调整，这些会对利率变化及其走势产生重要的影响。

（2）风险因素。包括违约风险、流动性风险和税收风险都会影响利率水平。

（3）期限因素。利率期限结构方面有两个经验事实，一是各种期限债券的利率往往是同向波动的；二是长期债券的利率往往高于短期债券。

2. 简述马克思的利率决定论。

马克思的利率决定理论是以剩余价值在货币资本家与职能资本家之间分割作为起点的，马克思认为，利息是货币资本家从职能资本家那里分割来的一部分利润，而利润是剩余价值的转化形式，利润本身就成为利息的最高限，达到这个界限，职能资本家能获得的利润即为零，利息也不可能为零，否则货币资本家就不会贷出资本，因此，利率的变化范围是零与平均利润率之间，特殊的情况是利率超出平均利润率或为负。此外，利率还受市场竞争和资金供求状况、物价水平、经济周期和国际利率水平等因素影响。

3. 简述古典利率决定理论。

古典利率理论认为利率是由储蓄和投资所决定。马歇尔运用了"供求均衡原理"来解释利率的决定，认为利息是资本需求与资本供给达到均衡时的价格。资本的需求决定于资本的边际生产力。资本的供给则取决于抑制现在消费而对享受的"等待"。利息率就由资本的供求双方共同决定。

古典利率理论认为，资本的供给来源于储蓄，储蓄取决于"时间偏好""节欲""等待"等因素，储蓄是利率的增函数。资本的需求取决于资本边际生产力与利率的比较。在资本边际生产力一定的条件下，利率愈高，投资愈少，利率愈低，投资愈多，即投资是利率的减函数。用公式表示则为：

投资函数：$I = I(r)$ $dI/dr < 0$

储蓄函数：$S = S(r)$ $ds/dr > 0$

当投资等于储蓄时，即：$I(r) = S(r)$

上式决定了社会上的一般利率水平以及储蓄和投资的数量，公式中 I 代表投资，S 代表储蓄，r 代表利率。

4. 简述"流动性陷阱"的概念和影响。

（1）当利率降低到一定程度之后，人们预计有价证券的价格不可能继续上升，因而会持有货币，以免证券价格下跌时遭受损失，这时人们对货币的需求趋向于无穷大，这便是凯恩斯利率理论中著名的"流动性陷阱"论断。

（2）当"流动性陷阱"出现时，货币供应量进一步增加，利率也不会再下降，这就是"流动性陷阱"的影响。

5. 简述利率在宏观经济活动中的作用。

（1）利率能够调节社会资本供给。通过调节利率，能够调节国民储蓄水平，调节借贷资本的供给，调节银行集中资金的能力，调节储蓄向投资转化的程度。在其他条件不变的情况下，利息率提高，国民储蓄率上升，借贷资本增多，社会资本供给就增加。反之社会资本供给就会减少。

（2）利息率可以调节投资。利率对投资在规模和结构两方面都具有调节作用，企业进行投资，往往需要大量使用借贷资本，因此，利息率变动，影响企业贷款成本，进而影响整个社会投资规模的变化。

（3）利息率可以调节社会总供求。总需求与市场价格水平、利率之间有着相互联系、相互作用的机制，由于生产者和消费者进入市场从事经济活动，市场机制通过价格水平和利率水平的变动在一定程度上能够调节各个企业和消费者的投资与储蓄活动，有利于实现总供给和总需求的平衡。

6. 简述利率在微观经济活动中的作用。

（1）对企业而言，利率能够促进企业加强经济核算，提高经济效益。企业占有信贷资金多，占有时间长，利息率高，由于需要支付的利息多，所得利润就少，反之亦然。如果利率变动，利润大小也随之变动，企业作为最大可能利润的追求者，就会加强经营管理，加速资金周转，努力节约资金的使用和占用，提高资金使用效益。

（2）对个人而言，利率影响其经济行为。一方面，利率能够诱发人们的储蓄行为，利率的变动，在某种程度上可以调节个人的消费倾向和储蓄倾向。另一方面，利率可以引导人们选择金融资产。人们在将收入转化为金融资产保存时，通常会考虑资产的安全性、流动性与收益性。

七、论述题（要点）

1. 试述利率受哪些风险因素的影响。

相同期限金融资产因风险差异而产生的不同利率，被称为利率的风险结构，通常以债券为分析载体。现实中有很多风险因素影响利率的大小，其中主要有违约风险、流动性风险、税收风险等。

违约风险，或者叫信用风险，或者叫倒账风险，是债券的主要风险之一。债券的违约风险是债券的发行人不能或不愿意按期还本付息而给债券购买者造成损失的可能性。债券种类繁多，不同债券的违约风险有很大的不同。

违约风险除了包括债券违约可能性大小不同之外，还包括两个方面，一是信用风险溢价发生变化，二是信用级别发生变化。

流动性风险，流动性是指证券在必要时能够低成本地迅速转换为现金的能力。流动性风险是指债券因其流动性不足而在交易证券时可能遭受的损失。流动性的强弱有很多种衡量方法，主要是指证券转让过程中所发生的交易成本，既包括各种税费支出，也包括价格的折让。流动性强的证券,需求就会增加,价格就会向上移动;而流动性弱的证券需求就会下降,价格就会向下移动。

税收风险,有些证券是免税的,有的则必须纳税;有些投资者是免税的,更多的则必须纳税;有些投资者收入多而税率高,有些投资者收入少而税率低。税收问题很复杂,但分析利差时,不得不考虑税收对收益率的影响。

2. 试述限制利率作用的因素和发挥利率作用的条件。

(1) 限制利率作用的因素。①利率管制程度。利率管制程度越强,利率发挥的作用越弱。②授信限量。授信限量使消费需求和投资需求得不到满足,容易加剧资金的供求矛盾,阻碍利率机制正常发挥作用。③市场开放程度。市场开放程度越差,利率发挥作用的局限性就越大。④利率弹性。利率的弹性越高,利率发挥的作用就越强。

(2) 利率作用的条件。①市场化的利率决定机制。指利率主要通过市场资金供求和价值规律机制决定。②灵活的利率联动机制。指利率体系中,各种利率之间相互联系,相互影响,当其中一种利率发生变动时,另一类利率也会随之上升或下降,引起整个利率体系的变动。③适当的利率水平。适当的利率水平能真实地反映社会资金的供求状况,能正确体现借贷双方的利益,促进利率作用的发挥。④要有合理的利率结构。要求利率的风险结构、期限结构,利率的行业结构,利率的地区结构等都要适应经济环境的变化,使利率充分发挥调节经济的作用。

第四章

外汇与汇率

☞ 学习目的和要求

通过本章的学习，要求掌握外汇、汇率、汇率制度等基本概念；理解不同汇率制度的内容与特征；理解影响汇率变动的因素；掌握汇率与经济的关系。

☞ 要点提示

第一节 外汇与汇率概述

一、外汇的概念

外汇的基本含义需要从两个方面来理解：其一，是一国货币通过汇兑活动换成另一国货币的实践活动，通过这种活动来清偿国际间的债权债务关系，是动态的外汇概念。其二，是国际间为清偿债权债务关系进行的汇兑活动所凭借的手段和工具，或者说是用于国际汇兑的支付手段和工具，这是静态的外汇概念。日常生活中所用到的外汇概念主要是静态的，即用于国际汇兑的手段和工具。

1996年1月29日发布的《中华人民共和国外汇管理条例》规定："本条例所称外汇，是指下列以外国货币表示的可以用作国际清偿的支付手段和资产：

（1）外国货币，包括纸币、铸币。
（2）外币支付凭证，包括票据、银行存款凭证、邮政储蓄凭证等。
（3）外币有价证券，包括政府债券、公司债券、股票等。
（4）特别提款权、欧洲货币单位。
（5）其他外汇资产。

二、外汇的特征

1. 外汇是以外币表示的一种金融资产

首先，外汇是一种金融资产。其次，外汇又必须是以外币表示的，任何本国货币的信用工具、支付手段、有价证券等对本国人来说都不能称其为外汇。

2. 充当外汇的货币必须具有较充分的可兑换性

可兑换性是指一种货币能够不受限制地兑换成其他国家的货币特性。货币按其可兑性程度，可分成以下三类：

（1）完全的可自由兑换货币。

（2）有限的或部分的可兑换货币。

（3）不可兑换货币。

三、汇率的概念与标价

1. 汇率

汇率（Exchange Rate）是一个国家的货币折算成另一个国家货币的比率，即用一国货币所表示的另一国货币的价格。换言之，汇率就是两种不同货币之间的比价，它反映一国货币的对外价值。汇率又称外汇牌价，简称汇价。

2. 汇率的表示

（1）直接标价法。直接标价法又称应付标价法，是指以一整数单位（如一、一百、一万等）的外国货币为标准，折算为若干数额的本国货币的标价法。在直接标价法下，外国货币数额固定不变，汇率涨跌都以相对的本国货币数额的变化来表示。一定单位的外币折算的本国货币增多，说明外汇汇率上升，或本币汇率下降；反之，一定单位的外币折算的本国货币减少，说明外汇汇率下跌，或本币汇率上升。由此可见，在直接标价法下，汇率数值的上下起伏波动与相应的外币的价值变动在方向上是一致的，而与本币的价值变动在方向上却是相反的。

美国自1978年9月1日起，除了对英镑（以及后来的澳元和欧元）继续采用直接标价法外，对其他货币一律改用间接标价法。我国的人民币汇率也采用直接标价法。

（2）间接标价法。间接标价法又称应收标价法，是指以一整数单位（如一、一百、一万等）的本国货币为标准，折算为若干数额的外国货币的标价法。间接标价法的特点正好同直接标价法相反，即本币金额不变，其折合成外币的数额则随着两种货币相对价值的变化而变动。如果一定数额的本币能兑换成更多的外币，说明本币汇率上升；反之，如果一定数额的本币兑换的外币数额减少，则说明本币汇率下跌。在间接标价法下，汇率数值的上下起伏波动与相应的外币的价值变动在方向上刚好相反，而与本币的价值变动在方向上却是一致的。英镑曾长期用作国际结算的主要货币，因此，伦敦外汇市场采用间接标价法。

在谈论某种货币汇率的变动时，必须说明具体的标价方法，或在汇率之前加上外汇或本币等限定词，说明外汇汇率或本币汇率的变动情况，否则就容易引起歧义。

四、外汇市场

不同国家间的贸易涉及不同货币的相互兑换，这种货币之间相互兑换的交易发生在外汇市场。外汇市场上的需求和供给，决定了货币兑换的比率，进而决定了购买外国商品和金融资产的成本。

第二节 汇率变动的影响因素及作用

一、影响汇率变动的主要因素

1. 利率

在资本市场开放情况下,一国的利率水平较高,就会吸引大量国外资金流入,在外汇市场上,外汇的供应就急剧增加,从而导致本币汇率上升。反之,一国若降低利率,就会使短期资本流向国外,该国对外国货币的需求增加,造成本币汇率下降。所以,各国利率的变化,尤其是国内外利差,是影响汇率的一个十分重要的因素。

2. 国际收支

国际收支的变化是影响汇率的重要的和直接的因素。在外汇市场上,汇率是外汇的价格,国际收支状况直接影响外汇市场的外汇供求状况。一国国际收支发生顺差,意味着外汇收入大于支出,亦即外汇供过于求,外汇汇率就会下跌;若为逆差,则该国对外国货币的需求增加,外汇供不应求,外汇汇率随之上升。

3. 商品价格水平

一国价格水平的上升,势必会削弱该国商品在国际市场上的竞争能力,对出口不利,同时却会鼓励进口,这样会造成进口增加、出口减少,使国际收支出现逆差,以至于外汇市场上出现外汇供不应求的现象,进而导致该国的货币汇率下降。

4. 中央银行的干预

当一国经济处于内外失衡,且难以通过市场自发调节实现均衡时,各国中央银行为了避免汇率变动,尤其是短期内的剧烈起伏波动对国内经济造成的冲击和不利影响,往往对汇率进行直接干预,使汇率变动有利于本国经济。

5. 重大意外事件

重大意外事件包括政治风险、国家间爆发战争、国际重大政治与外交事件、主要国家重大自然灾害等。外汇市场比股票、债券等市场受政治的影响要大得多,当某件重大国际事件发生时,外汇行情的涨落幅度会经常超过债券市场。其主要原因是外汇作为国际性流动的资产,在动荡的政治格局下面临的风险会比其他资产更大,加上外汇市场的流动速度快,又进一步促使外汇市场在政治局势动荡时更加剧烈地波动。

二、汇率变动对经济的影响

1. 汇率变动的贸易效应

当一国货币升值时,该国出口商品在国外就变得相对昂贵,而外国进口商品在该国就会变得相对便宜。相反,当一国货币贬值时,其商品在国外就会变得相对便宜,而外国商品在该国就会变得相对昂贵,进而影响两国商品市场的供求变化。

2. 汇率变动的资本流动效应

汇率变动对长期资本流动影响较小,但短期资本流动常常受到较大的影响。在汇率下跌条件下，投资者就不愿持有以贬值国货币计值的金融资产，而将其转兑成外汇，发生本国和外国投资资本外流现象；同时，由于纷纷挤兑外汇，加剧外汇供求紧张，会促使本币汇率更趋下跌。

3. 汇率变动对国内物价的效应

以本币汇率下跌为例，当本币汇率下跌，一方面，有利于本国商品出口，而出口扩大会使国内市场商品供应发生缺口，促使价格上涨；另一方面，进口商品的本币成本因汇率下跌而上升，促使进口消费资料和生产资料价格提高。通过这两个方面的影响，能够波及国内的物价总水平上升。

4. 汇率变动的利率效应

以本币贬值为例，货币贬值会鼓励出口，增加外汇收入，外汇收入增加的过程有本币投放增加机制效应。因此，货币贬值会扩大货币供应量，引起物价水平上升，促使利率水平下降，这会带来通货膨胀的效应。但通货膨胀又会引起货币需求的增加和利率的上升，对一般国家来说，随汇率贬值而来的总是利率的上升。

5. 汇率变动对外汇储备的效应

如果某种储备货币升值，持有该货币的国家就会增加收益，而发行该货币的国家就会增加债务；如果某种储备货币贬值，则持有该货币的国家就会遭受损失。因此，从长期来看，储备货币汇率的变动可以改变外汇储备资产的结构。

6. 汇率变动对国民收入、就业的效应

货币贬值有利于出口的增加，会带来国内投资、消费和储蓄的增加；同时，进口价格上涨，一些消费者把原要买进口商品的支出转向购买国内生产的商品上，这会产生出口增加同样的作用，即增加国民收入。这一效应的发生，需要该国不存在严重依赖进口或存在资源稀缺的条件，否则进口生产资料价格上涨，会使生产成本上涨，企业利润减少。生产成本上涨，企业利润减少会产生促使经济增长速度下降的效应。

7. 汇率变动对国际经济关系的影响

汇率变动是双向的，本币汇率下降就意味着其他国家货币汇率上升，会导致其他国家的国际收支逆差，经济增长减缓，由此招致其他国家的抵制和报复，掀起货币贬值和贸易保护主义。需要指出的是，一国货币对外贬值，只有在适度的范围内才可能产生正面效应。如果一国货币贬值幅度过大，反而会使投资者失去信心，从而产生负面影响，甚至引发货币危机。

三、汇率发挥作用的条件

汇率发挥作用的条件有以下几个：①一国对外开放的程度；②一国商品生产是否多样性；③与国际金融市场的联系程度；④通货的可接受性；⑤汇率制度的选择。

第三节 汇率制度

汇率制度是货币制度的重要组成部分，是指一个国家（一个经济体或一个经济区域）

或国际社会对于确定、维持、调整与管理汇率的原则、方法、方式和机构等所作出的系统性的规定。按照汇率的灵活程度和政府或货币当局对名义汇率的干预程度，可以将汇率制度分为：完全固定的汇率制度、自由浮动的汇率制度，以及中间的汇率制度类型。

一、固定汇率制度

固定汇率制度是指政府用行政或者法律手段确定公布本国货币与某种参考物之间的固定比价，政府或货币当局通过储备的变动进行干预维持名义汇率不动或微小变动。由于据此确定的汇率水平一般不轻易变动，故称为固定汇率制度。充当参考物的东西可以是黄金，也可以是某一种货币或一组货币。

从历史上看，固定汇率制度主要有两种类型：一是以黄金为参考物的固定汇率制度，即金本位制度下的固定汇率制度；二是第二次世界大战后建立的，纸币流通制度下的以美元为中心的固定汇率制度，即布雷顿森林体系下的汇率制度。

目前的固定汇率制主要表现为钉住汇率制。它是指一国采取使本国货币同某外国货币或一篮子货币保持固定比价关系的做法。

固定汇率制度的特例——货币局制度。货币局制度是指在法律中明确规定本国（或地区）货币与某外国可兑换货币之间保持固定的兑换比率，且本国（或地区）货币的发行受制于该国（或地区）外汇储备的一种汇率制度。由于这一制度中的货币当局被称作货币局，而不是中央银行，因此这一汇率制度也就相应地被称为货币局制度。我国香港特别行政区实行的是货币局制度，称为联系汇率制度。

二、浮动汇率制度

浮动汇率制度是指汇率的变动主要由外汇市场上的外汇供求决定，因而不受任何指标限制的汇率制度。在浮动汇率制度下，政府不规定本国货币与外国货币的法定比价，不规定汇率波动的上下幅度，中央银行也不承担通过外汇干预维持汇率稳定的义务，汇率根据外汇市场的供求情况自由波动。

三、两种汇率制度的利弊分析

（一）浮动汇率制度的优缺点

1. 浮动汇率制优点

第一，它具有自发调节国际收支的功能。第二，由于汇率不断调整，有助于遏制大规模的外汇投机风潮和国际游资的冲击，从而减少国际储备需求。第三，它使各国政府摆脱了固定汇率制对经济政策自主权的约束。当一国经济出现衰退，在固定汇率制下有着严格的货币纪律，使政府很难针对本国的需要采取相应的政策。在浮动汇率制度下，国际收支可由汇率来调节，从而实现对外均衡；而国内均衡则可依赖财政货币政策，内外均衡就不至于发生冲突。第四，减轻政府对各种直接管理措施的依赖，这有助于市场价格信号更有效地发挥资源配置功能，它有助于提高资源配置效率。

2. 浮动汇率制缺点

第一，在国际贸易和投资中，交易者有更高的风险管理成本和交易成本。第二，助长了外汇投机活动，加剧了国际金融市场的动荡与混乱。第三，可能引发竞相贬值。第四，诱发通货膨胀。在浮动汇率制度下，不存在所谓的"货币纪律约束"。货币当局可以采取扩张性政策来刺激国内的经济增长，而不必顾忌其对国际收支的不利影响。

（二）固定汇率制的优缺点

1. 固定汇率制优点

固定汇率制度为微观主体提供了汇率稳定的预期，大大降低了交易者的风险管理成本和交易成本，有利于国际贸易、国际信贷和国际投资；有利于强化国际"货币纪律"，在一定的条件下可控制通货膨胀的国际间传递。

2. 固定汇率制缺点

固定汇率制度下，汇率作为外汇市场的价格调节功能丧失。第一，汇率基本不能发挥调节国际收支的经济杠杆作用。第二，为维护固定汇率制将破坏内部经济平衡。第三，由于汇率缺乏弹性，易引起国际汇率严重失衡，累集风险进而引发国际汇率制度的动荡和混乱。

☞ **练习题**

一、填空题

1. 外汇主要包括以下几个方面：_____、_____、_____、_____、_____和_____。

2. 外汇具有如下特征：_____、_____、_____。

3. 货币按其可兑性程度，可分成以下三类：_____、_____、_____。

4. 汇率主要有以下两种标价法：_____和_____。

5. 对我国外汇汇率形成起关键性作用的市场是_____。

6. 国际收支通常包含_____、_____和_____账户。

7. 我国香港地区采取的汇率制度为_____。

8. 按照外汇交易交割期限划分，外汇交易通常包括_____和_____两种。

9. 汇率作为一个重要的经济杠杆，其作用程度的大小，还要取决于是否具备相应的条件：_____、_____、_____、_____和_____。

10. 根据一国货币是否与他国货币建立稳定关系，浮动汇率可分为_____、_____和_____。

二、单项选择题

1. 在对外汇特征的表达上，以下错误的是（　　）。
   A. 自由兑换性　　　　　　　　B. 内含价值性
   C. 普遍接受性　　　　　　　　D. 可偿性

2. 英镑对美元按（　　）计价。
   A. 直接标价法　　　　　　　　B. 间接标价法
   C. 美元标价法　　　　　　　　D. 应收标价法

3. 在货币局制度下，法律形式以明确方式承诺本币和某一特定的外币之间以（　　），同时要求本币发行机构确保履行自己的法律义务。

A. 固定的汇率进行兑换　　　　　　　　B. 不固定的汇率进行兑换
C. 浮动的汇率进行兑换　　　　　　　　D. 基准汇率进行兑换

4. 在直接标价法下，一定单位的外币折算的本国货币减少，说明本币汇率（　　）。
   A. 上升　　　　　　　　　　　　　　B. 下降
   C. 不变　　　　　　　　　　　　　　D. 不确定

5. 在间接标价法下，汇率数值的上下波动与相应的外币的价值变动在方向上（　　），而与本币的价值变动在方向上（　　），下列正确的是（　　）。
   A. 相反　一致　　　　　　　　　　　B. 一致　相反
   C. 无关系　　　　　　　　　　　　　D. 不确定

6. 在（　　）制度下，汇率作为外汇市场的价格调节功能丧失。
   A. 中间汇率　　　　　　　　　　　　B. 浮动汇率
   C. 固定汇率　　　　　　　　　　　　D. 基准汇率

7. 若一国利率水平较高，那么外汇市场中本币（　　），外币（　　）。
   A. 升值　升值　　　　　　　　　　　B. 升值　贬值
   C. 贬值　升值　　　　　　　　　　　D. 贬值　贬值

8. 当一国国内物价水平上升，会促进本国（　　），导致该国货币（　　）。
   A. 出口　升值　　　　　　　　　　　B. 进口　贬值
   C. 进口　升值　　　　　　　　　　　D. 出口　贬值

9. 在香港联系汇率制度安排下，港币发钞机构不包括（　　）。
   A. 金融管理局　　　　　　　　　　　B. 渣打银行
   C. 汇丰银行　　　　　　　　　　　　D. 中国银行

10. 在外汇市场上，国际收支状况直接影响外汇市场的外汇供求状况。一国国际收支发生顺差，意味着外汇收入（　　）支出，外汇汇率就会（　　）。
    A. 大于　上升　　　　　　　　　　　B. 小于　下跌
    C. 小于　上升　　　　　　　　　　　D. 大于　下跌

三、多项选择题

1. 根据通货膨胀因素，汇率可分为（　　）。
   A. 名义汇率　　　　　　　　　　　　B. 实际汇率
   C. 有效汇率　　　　　　　　　　　　D. 基础汇率

2. 在资本市场开放情况下，一国的利率水平较高，在该国表现为债权的金融资产。例如，存款、贷款、存单、债券、商业票据等的收益率也相对较高，这就会（　　）。
   A. 吸引国外资金流入　　　　　　　　B. 外汇供应增加
   C. 本币汇率上升　　　　　　　　　　D. 远期汇率水平变动

3. 在IMF对国际社会的实行的实际汇率制度的正确表述有（　　）。
   A. 无独立法定货币　　　　　　　　　B. 传统盯住
   C. 波幅盯住　　　　　　　　　　　　D. 波幅爬行盯住

4. 根据我国颁布的《中华人民共和国外汇管理条例》，外汇包括（　　）。
   A. 外国货币　　　　　　　　　　　　B. 特别提款权SDR

C. 外币支付凭证　　　　　　　　D. 外币有价证券

5. 下列影响汇率变动的主要因素正确的有（　　　）。

A. 国际收支　　　　　　　　　　B. 通货膨胀状况

C. 利率　　　　　　　　　　　　D. 失业率

四、重要概念

1. 外汇　2. 汇率　3. 直接标价法　4. 间接标价法　5. 外汇市场　6. 即期汇率　7. 远期汇率　8. 汇率制度　9. 货币局制度　10. 联系汇率制度

五、计算题

在中国市场上，1 美元 = 6.8371 人民币；在伦敦市场上，1 英镑 = 1.4765 美元。求人民币对英镑的套算汇率。

六、简答题

1. 简述外汇交易的两种形式及其使用的汇价。
2. 简述 2023 年美联储加息对各国汇率造成的直接影响。
3. 简述汇率变动对国内物价的效应。
4. 简述布雷顿森林体系及其内在缺陷。
5. 简述中国香港特别行政区联系汇率制度的内在自我调节机制。

七、论述题

1. 试比较固定汇率制度与浮动汇率制度的优缺点。
2. 试述影响一国货币汇率波动的因素。
3. 试述汇率波动对一国经济的影响。

八、深度思考题

我国人民币目前为什么还不能实行完全自由浮动的汇率制度和可兑换？

参考答案

一、填空题

1. 外国货币　外币支付凭证　外币有价证券　特别提款权　欧洲货币单位　其他外汇资产
2. 自由兑换性　普遍接受性　可偿性
3. 完全的可自由兑换货币　有限的或部分的可兑换货币　不可兑换货币
4. 直接标价法　间接标价法
5. 银行间外汇市场
6. 经常账户　资本与金融账户　净误差与遗漏

7. 联系汇率制度

8. 即期汇率　远期汇率

9. 一国对外开放的程度　一国商品生产是否多样性　与国际金融市场的联系程度　通货的可接受性　汇率制度的选择

10. 单独浮动　钉住浮动　联合浮动

二、单项选择题

1. B　2. B　3. A　4. A　5. A　6. C　7. B　8. B　9. A　10. D

三、多项选择题

1. AB　2. ABCD　3. ABCD　4. ABCD　5. ABC

四、重要概念

1. 外汇：是国际经济活动得以进行的基本手段。具有动态和静态两方面的含义。外汇的动态含义是指把一国货币兑换成另一国货币的国际汇兑行为和过程，即藉以清偿国际债权和债务关系的一种专门性经营活动。外汇的静态含义是指以外币表示的可用于对外支付的金融资产。

2. 汇率：又称汇价、外汇行市、外汇牌价，是一个国家的货币折算成另一个国家货币的比率，即用一国货币所表示的另一国货币的价格。

3. 直接标价法：又称应付标价法，是指一国以整数单位的外国货币为标准，折算为若干数额的本国货币的标价法。

4. 间接标价法：又称应收标价法，是指一国以整数单位的本国货币为标准，折算为若干数额的外国货币的标价法。

5. 外汇市场：外汇市场是指在国际间从事外汇买卖，调剂外汇供求的交易场所。

6. 即期汇率：又叫现汇汇率，指进行即期外汇交易时使用的汇率，即买卖成交后，在两个营业日内办理外汇交割时使用的汇率。这个汇率也就是现实外汇市场上的市场汇价。

7. 远期汇率：又叫期汇汇率，指进行远期外汇交易时使用的汇率，即买卖双方事先签订合约，约定在将来某个交割日按照协议交割时使用的汇率。

8. 汇率制度：是货币制度的重要组成部分，是指一个国家或国际社会对于确定、维持、调整与管理汇率的原则、方法、方式和机构等所作出的系统性的规定。

9. 货币局制度：货币局制度是指在法律中明确规定本国（或地区）货币与某外国可兑换货币之间保持固定的兑换比率，且本国（或地区）货币的发行受制于该国（或地区）外汇储备的一种汇率制度。

10. 联系汇率制度：中国香港特别行政区实行的一种货币局制度。发钞银行在发行港元现钞时，按 1 美元兑 7.8 港元的固定汇率向外汇基金缴纳美元作为发钞的法定准备金，其他银行向发钞银行取得港元时，按美元和港元市场汇率向发钞银行进行兑换。

五、计算题

因为美元对人民币是直接标价法，而英镑对美元是间接标价法。因此两者相乘，即：

USD/CNY = 6.8371　　GBP/USD = 1.4765

GBP/CNY = 6.8371 × 1.4765 = 10.0950

六、简答题

1. 简述外汇交易的两种形式及其使用的汇价。

外汇交易有两种形式。最主要的形式被称为即期交易，指的是交易的金融资产立即（2天内）交割。远期交易，指的是交易的金融资产在未来某个特定日期交割。

即期汇率是即期交易使用的汇率，而远期汇率则是远期交易使用的汇率。

2. 简述2023年美联储加息对各国汇率造成的直接影响。

通常情况下，一国的利率水平较高，在该国表现为债权的金融资产，如存款、贷款、存单、债券、商业票据等的收益率也相对较高。这就会吸引大量国外资金流入，用以投资这些金融资产。美元资产收益率上升导致外汇市场上，美元需求增加，外汇供应增加，从而导致美元汇率上升。

3. 简述汇率变动对国内物价的效应。

以本币汇率下跌为例，当本币汇率下跌，一方面，有利于本国商品出口，而出口扩大会使国内市场商品供应发生缺口，促使价格上涨；另一方面，进口商品的本币成本因汇率下跌而上升，促使进口消费资料和生产资料价格提高。通过这两个方面的影响，能够波及国内的物价总水平上升。

4. 简述布雷顿森林体系及其内在缺陷。

布雷顿森林体系是1944年在美国布雷顿森林召开的联合国货币金融会议建立的一个以美元为中心的固定汇率制度。其基本内容如下：美国承诺美元对黄金的可兑性，官价35美元兑1盎司黄金；参与国家的中央银行可用美元向美国兑换黄金；各国货币对美元的汇率，一般只能发生上下各1%的幅度内波动，各国的中央银行有义务在外汇市场上进行干预，以便保持外汇行市的稳定。

内在缺陷是指，一方面，由于美元成为国际货币，为了满足世界经济需求，必须通过国际收支逆差对外输出美元，持续逆差会导致美元汇率不稳，此外，随着美元的不断外流，美国的黄金储备量就不足以满足美元的兑付需要。一旦各国发现持有的大量美元不能全部转换成黄金，人们就不愿意接受美元，美元的末日也就来临了；另一方面，如果限制美元输出，国际货币体系就会面临国际货币的数量短缺。布雷顿森林体系的这种内在缺陷后来就被人们称作"特里芬难题"。

5. 简述中国香港特别行政区联系汇率制度的内在自我调节机制。

联系汇率制度下，中国香港特别行政区形成了两个平行的外汇市场：在外汇基金与发钞银行之间形成公开外汇市场，以及在发钞银行与其他挂牌银行之间形成的同业外汇市场。相应地，存在两种汇率：联系汇率（官方汇率）和市场汇率。当联系汇率与市场汇率不一致时，会通过银行的套汇和套利活动使市场汇率围绕官方汇率上下波动并趋于后者。例如，当市场汇率低于联系汇率（即港元贬值，如1美元=7.9港元）时，公众会抛售港元购买美元，此时发钞银行按1美元=7.8港元向外汇基金以港元换取美元，再到市场上以1美元=7.9港元抛售美元，导致市场上美元供给增加、美元汇率下跌、港元汇率上升，直至回到1美元=7.8港元的汇率水平（在这一过程中，发钞银行赚取了0.1港元的套利收入）。

七、论述题（要点）

1. 试比较固定汇率制度与浮动汇率制度的优缺点。

（1）固定汇率制度的优点：大大降低了国际经济交易者的汇率风险管理成本和交易成本，有利于国际贸易、国际信贷和国际投资的经济主体进行成本利润的核算，从而有利于世界经济的稳定发展。固定汇率制度的缺点：在固定汇率制度下，汇率作为外汇市场的价格调节功能丧失。主要表现有：第一，汇率基本不能发挥调节国际收支的经济杠杆作用。第二，为维护固定汇率制将破坏内部经济平衡。第三，由于汇率缺乏弹性，易引起国际汇率严重失衡，累集风险进而引发国际汇率制度的动荡和混乱。

（2）浮动汇率制度的优点：它具有自发调节国际收支的功能；有助于遏制大规模的外汇投机风潮和国际游资的冲击，减少国际储备需求；使各国政府摆脱了固定汇率制对经济政策自主权的约束；有助于市场价格信号更有效地发挥资源配置功能，提高资源配置效率。浮动汇率制度的缺点：在国际贸易和投资中，交易者有更高的风险管理成本和交易成本；助长了外汇投机活动，加剧了国际金融市场的动荡与混乱；可能引发竞相贬值；诱发通货膨胀。

2. 试述影响一国货币汇率波动的因素。

（1）利率。在资本市场开放情况下，一国的利率水平较高，会吸引大量国外资金流入，在外汇市场上，外汇的供应就急剧增加，从而导致本币汇率上升。反之，一国若降低利率，就会使短期资本流向国外，该国对外国货币的需求增加，造成本币汇率下降。所以，各国利率的变化，尤其是国内外利差，是影响汇率的一个十分重要的因素。

（2）国际收支。国际收支的变化是影响汇率的重要的和直接的因素。在外汇市场上，汇率是外汇的价格，国际收支状况直接影响外汇市场的外汇供求状况。一国国际收支发生顺差，意味着外汇收入大于支出，亦即外汇供过于求，外汇汇率就会下跌；若为逆差，则该国对外国货币的需求增加，外汇供不应求，外汇汇率随之上升。

（3）商品价格水平。一国价格水平的上升，势必削弱该国商品在国际市场上的竞争能力，对出口不利，同时却会鼓励进口，这样将造成进口增加、出口减少，使国际收支出现逆差，以至于外汇市场上出现外汇供不应求的现象，进而导致该国的货币汇率下降。

（4）中央银行的干预。当一国经济处于内外失衡，且难以通过市场自发调节实现均衡时，各国中央银行为了避免汇率变动，尤其是短期内的剧烈起伏波动对国内经济造成的冲击和不利影响，往往对汇率进行直接干预，使汇率变动有利于本国经济。

（5）重大意外事件。重大意外事件包括政治风险、国家间爆发战争、国际重大政治与外交事件、主要国家重大自然灾害等。外汇市场比股票、债券等市场受政治的影响要大得多，当某一件重大国际事件发生时，外汇行情的涨落幅度会经常超过债券市场。其主要原因是外汇作为国际性流动的资产，在动荡的政治格局下所面临的风险会比其他资产大，加上外汇市场的流动速度快，又进一步促使外汇市场在政治局势动荡时更加剧烈地波动。

3. 试述汇率波动对一国经济的影响。

（1）汇率变动的贸易效应。当一国货币升值时，该国出口商品在国外就变得相对昂贵，而外国进口商品在该国就会变得相对便宜。相反，当一国货币贬值时，其商品在国外就会变得相对便宜，而外国商品在该国就会变得相对昂贵，进而影响两国商品市场的供求变化。

（2）汇率变动的资本流动效应。汇率变动对长期资本流动影响较小，但短期资本流动常常受到较大的影响。在汇率下跌条件下,投资者就不愿持有以贬值国货币计值的金融资产,而将其转兑成外汇,发生本国和外国投资资本外流现象;同时,由于纷纷挤兑外汇,加剧外汇供求紧张,会促使本币汇率更趋下跌。

(3)汇率变动对国内物价的效应。以本币汇率下跌为例,当本币汇率下跌,一方面,有利于本国商品出口,而出口扩大会使国内市场商品供应发生缺口,促使价格上涨;另一方面,进口商品的本币成本因汇率下跌而上升,促使进口消费资料和生产资料价格提高。通过这两个方面的影响,能够波及国内的物价总水平上升。

(4)汇率变动的利率效应。以本币贬值为例,货币贬值会鼓励出口,增加外汇收入,外汇收入增加的过程有本币投放增加机制效应。因此,货币贬值会扩大货币供应量,引起物价水平上升,促使利率水平下降,这会带来通货膨胀的效应。但通货膨胀又会引起货币需求的增加和利率的上升,对一般国家来说,随汇率贬值而来的总是利率的上升。

(5)汇率变动对外汇储备的效应。如果某种储备货币升值,持有该货币的国家就会增加收益,而发行该货币的国家就会增加债务;如果某种储备货币贬值,则持有该货币的国家就会遭受损失。因此,从长期来看,储备货币汇率的变动可以改变外汇储备资产的结构。

(6)汇率变动对国民收入、就业的效应。货币贬值有利于出口的增加,会带来国内投资、消费和储蓄的增加;同时,进口价格上涨,一些消费者把原要买进口商品的支出转向购买国内生产的商品上,这会产生出口增加同样的作用,即增加国民收入。这一效应的发生,需要该国不存在严重依赖进口或存在资源稀缺的条件,否则进口生产资料价格上涨,会使生产成本上涨,企业利润减少。生产成本上涨,企业利润减少会产生促使经济增长速度下降的效应。

(7)汇率变动对国际经济关系的影响。汇率变动是双向的,本币汇率下降就意味着其他国家货币汇率上升,会导致其他国家的国际收支逆差,经济增长减缓,由此招致其他国家的抵制和报复,掀起货币贬值和贸易保护主义。需要指出的是,一国货币对外贬值,只有在适度的范围内才可能产生正面效应。如果一国货币贬值幅度过大,反而会使投资者失去信心,从而产生负面影响,甚至引发货币危机。

市场与机构篇

第五章 金融市场

☞ **学习目的和要求**

通过本章的学习,要求系统地了解金融市场基本理论与实务知识;理解金融市场的功能、构成要素、类型以及发展趋势;掌握货币市场、资本市场的内容;熟悉金融衍生工具市场。

☞ **要点提示**

第一节 金融市场概述

一、金融市场的概念

金融市场是指以金融资产为交易对象而形成的供求关系及其机制的总和。金融市场是储蓄向投资转化的关键环节,随着经济的金融化,金融市场成为市场机制的主导和枢纽。

二、金融市场的经济功能

(1)金融市场具有促进储蓄向投资转化功能。金融市场为储蓄者和投资者之间的交易建立了有效平台。

(2)金融市场引导经济资源合理流动功能。资金在价格信号的引导下迅速、合理地引导着经济资源向着合理的方向流动。

（3）金融市场的宏观经济调控功能。从经济系统运行的整体看，金融市场具有灵活的价格信息传递系统和竞争机制，从而使其成为政府宏观经济调控政策的最重要传导途径、成为宏观经济管理最重要的平台。金融市场往往被称为国民经济的"晴雨表"，宏观经济管理当局可以通过各种经济、政治、法律等政策工具，改变市场预期，进而传递宏观调控意图。

三、金融市场的主体与客体

（1）政府、工商企业、居民、各类金融机构都是金融市场的主体和参与者。基于金融活动特点，金融市场的主体大致可分为筹资者、投资者（储蓄者）、投机者、套期保值者、套利者和监管者六大类。

（2）金融市场的客体就是金融工具，大致分为基础性交易工具和衍生性交易工具，其中基础性交易工具包括货币头寸、票据、债券、股票、外汇等，衍生性交易工具包括远期合约、期货合约、互换合约、期权合约等。

四、金融市场的分类

（1）按金融市场交易的标的物划分，分为货币市场、资本市场、外汇市场、金融衍生品市场、黄金市场及其他投资品市场。

（2）按金融资产的发行和流通特征，分为发行市场和流通市场。资金需求者将金融资产首次出售给资金的供应者时所形成的交易市场称为发行市场或者一级市场。证券发行后在不同的投资者之间买卖、转让所形成的市场叫流通市场或者二级市场。

（3）按市场微观结构不同，划分为经纪商市场、交易商市场和拍卖市场。

（4）按地域划分，分为国内金融市场和国际金融市场。

此外，金融市场还可以根据中介机构的特征划分为直接金融市场和间接金融市场；根据成交和定价的方式划分为竞价（公开）市场和议价市场；根据有无固定的场所划分为有形市场和无形市场；根据交割方式的不同划分为现货市场和期货市场。

五、金融市场发展趋势

（1）金融全球化。具体包括金融交易的国际化和市场参与者的国际化。金融全球化的原因与国际经济交往的日益密切是分不开的。

（2）金融自由化。主要表现是减少或取消国与国之间对金融机构活动范围的限制，放松或解除外汇管制，放宽各种金融机构业务活动范围的限制，放宽或取消对银行的利率管制，鼓励金融创新活动。

（3）金融工程化。所谓金融工程是指将工程思维引入金融领域。综合采用各种工程技术方法（主要有数学建模、数值计算、网络图解、仿真模拟等）设计、开发新型的金融产品，创造性地解决金融问题。

（4）资产证券化。是指把流动性较差的资产，集中起来重新组合，以这些资产的未来现金流作抵押来发行证券，实现相关债权的流动化。

第二节 货币市场

一、货币市场的概念

货币市场是指 1 年期以内的短期金融工具交易所形成的供求关系和运行机制的总和。货币市场的基本功能是为暂时性的资金盈余者和资金短缺者提供资金融通渠道，还为中央银行实施货币政策提供场所和工具。

二、货币市场的特征

（1）货币市场的参与者特征：货币市场是一个虚拟市场，交易者们主要通过电话或计算机网络进行交易。货币市场上并不存在固定的借方或贷方。

（2）货币市场的风险特征：货币市场是个风险较小的市场，货币市场工具期限短，流动性强，多数货币市场属于固定收益类金融工具，因而其利率风险小并且易于规避。

（3）货币市场深度、广度和弹性特征：市场深度指市场交易的活跃程度；市场广度指市场参与者的多样化程度；弹性则指市场在应付突发事件或大额成交之后的价格迅速调整的能力。货币市场可称得上是世界上最有效率的金融市场。

三、货币市场的种类

（1）短期借贷市场。是指商业银行发放期限 1 年以内的短期贷款所形成的市场。在广大的发展中国家，金融市场落后，金融工具匮乏，这一市场的地位和作用更是重大。短期借贷市场的需求方一般是工商企业，供给方一般是商业银行。

（2）同业拆借市场。是指金融机构之间进行短期、临时性头寸调剂的市场。交易量大、能敏感地反应资金供求关系并且影响货币市场利率是其主要特点，市场的主要参与者是商业银行。

（3）回购市场。是指通过回购协议进行短期资金融通交易的场所。所谓回购协议，是指在出售证券的同时和证券购买者签订回购协议，约定在一定期限后，按原定价格或约定价格购回所卖证券，证券出售者由此或获得即时可用资金。从本质上说，回购协议是一种质押贷款，质押物即为交易的证券。

（4）商业票据市场。商业票据是大公司为筹措资金，一般以贴现方式出售给投资者的一种短期无担保承诺凭证。有资格和能力发行商业票据的一般都是规模巨大、信誉卓著的大公司。

（5）银行承兑票据市场。经银行承兑的汇票称银行承兑汇票，由于银行承兑汇票由银行承诺承担最后付款责任，实际上是银行将其信用出借给企业，以银行承兑汇票作为交易对象的市场即为银行承兑汇票市场。银行承兑汇票是为方便商业交易活动而创造的一种工具，在对外贸易中运用较多。

（6）大额可转让定期存单市场。大额可转让定期存单一般由较大的商业银行发行，主要是由于这些机构信誉较高，可以相对降低筹资成本，且发行规模大，容易在二级市场流通。此市场的特征是：可转让存单主要以固定利率的方式发行，存单上注明特定的利率，并在指定的到期日支付。

（7）短期政府债券市场。短期政府债券是政府部门以债务人身份承担到期偿付本息责任的，期限在1年以内的债务凭证。政府短期债券市场的特征是违约风险小、流通性强、面额小、收入免税等。一般来说，政府短期债券市场主要指的是国库券市场，该市场的最大投资者是个人、商业银行、外国投资者及中央银行。

第三节 资本市场

一、资本市场的概念

资本市场通常指的是期限在1年以上的长期金融工具交易所形成的供求关系和运行机制的总和。在资本市场上交易的金融工具主要有债券、股票、衍生证券和衍生产品等。在我国，一般指的是证券市场，主要由股票市场、债券市场和投资基金三个子市场所构成。

二、股票市场

（1）股票是股份公司发给股东作为其投资入股的证书和索取股息红利的凭证，也是持股人拥有公司股份的书面证明。股票一经发行，持有者即为发行股票的公司的股东，有权参与公司的决策，分享公司的盈利，同时也要分担公司的责任和经营风险；股票具有非返还性、高风险性、潜在的高收益性、强流通性等特点。

（2）股票发行市场也称一级市场，是指发行人直接或通过承销商向投资者出售新发行的股票，包括初始发行和增加发行两种情形，具体方式主要有包销和代销。

（3）股票二级市场也称交易市场或流通市场，是投资者之间买卖已发行股票的场所。二级市场最基本的功能是提供流动性便利，通常分为证券交易所和场外交易市场。

证券交易所本身不参与证券买卖，只提供交易场所和服务，同时也兼有监管证券交易的职能。证券交易所可以分为公司制证券交易所和会员制证券交易所。场外交易市场，是相对于交易所市场而言，凡是在证券交易所之外的股票交易活动都可以叫作场外交易。

（4）股票二板市场又称创业板，是相对于主板市场而言的，是为了促进中小型创新企业发展而专门设立的针对中小型企业尤其是创新型企业的股票市场。二板市场的特征是：风险较高、监管严格、具有明显的高新技术导向等。

（5）股票三板市场，又称"代办股份转让系统"，是中国的资本市场的创新。三板市场分为老三板和新三板，主要从事非上市企业或退市企业股份转让业务。

三、债券市场

1. 债券的概念

债券是一种表明债权债务关系的凭证，证明持券者有按约定的条件（如面值、利率和偿还期等）向发行人取得利息和到期收回本金的权利。债券作为一种有价证券，从投资者角度来看具有期限性、流动性高、安全性较好、收益性较高且稳定等特征。

2. 债券的种类

最基本的分类方法是按发行主体不同划分为政府债券、公司债券和金融债券三大类。

政府债券是指中央政府、政府机构和地方政府发行的债券，它以政府的信誉作保证，无需抵押品，风险在各种投资工具中是最小。主要种类有：中央财政债券，也称国家公债（简称国债）、政府机构债券和地方政府债券。

公司债券是公司为筹措营运资本而发行的债权债务凭证。公司债券的持有者是公司的债权人，公司债券的偿还顺序先于股票，因此其风险小于股票但高于政府债券。

金融债券是银行和非银行金融机构为筹集资金而发行的债权债务凭证。发行金融债券，表面看来同银行吸收存款一样，但由于债券有明确的期限规定，不能提前兑现，所以筹集的资金要比存款稳定得多。金融机构还可以根据经营管理的需要，主动选择适当时机发行必要数量的债券以吸引低利率资金。金融债券的信用风险要低于公司债券。

3. 债券市场的种类

债券一级市场是债券的发行市场，是发行新债券的市场。债券的发行存在债券发行合同书也称信托契约（是说明公司债券持有人和发行人双方权益的法律文书），需要进行信用评级。

债券的二级市场有证券交易所和场外交易市场两类，其中在证券交易所申请上市的主要是公司债，国债具有上市豁免权，而大多数的债券交易是在场外进行的。由于债券价格波动幅度较小，因而债券二级市场的风险小于股票二级市场。

四、投资基金

1. 投资基金的概念

投资基金是通过发行基金券，将众多投资者分散的资金集中起来，由专业的投资机构分散投资于股票、债券或其他金融资产，并将投资收益分配给基金持有者的投资制度。投资基金一般具有规模经营、分散风险、专家管理、服务专业化等特点。

2. 投资基金的种类

（1）根据组织形式可分为公司型基金和契约型基金。公司型基金是依据公司法成立的，以盈利为目的的股份公司形式的基金。投资者通过购买基金公司股份而成为其股东，享有基金收益的索取权。契约型基金是依据一定的信托契约组织起来的基金，其中作为委托人的基金管理公司通过发行受益凭证筹集资金，并将其交由受托人保管，基金公司负责基金的投资运营，投资者凭借收益凭证索取收益。

（2）根据基金能否增加或赎回可分为开放型基金和封闭型基金。开放型基金是指基金在设立时发行的基金总额不固定，可继续发行新的基金券，投资者可随时选择认购或赎回基金券，而购买或赎回的价格由当时基金净值决定。封闭型基金是指基金发行总额是固定的，且规定封闭期（一般为10—15年），在封闭期内不能发行新的基金券，投资者也不得向基金管理公司要求赎回，而只能采取在证券交易所上市的办法解决基金的流通问题，交易的价格由当时该基金的供求决定。

此外还有收入型基金、成长型基金和平衡型基金；国内基金、国家基金、区域基金和国际基金；股票基金、债券基金、货币市场基金、专门基金、衍生基金和杠杆基金、对冲基金与套利基金等。

3. 投资基金的参与主体

投资基金的参与主体有基金发起人与管理人、基金托管人、基金投资人。

（1）基金是由基金发起人发起设立的，基金发起人在基金设立后往往成为基金的管理人。基金管理人也称基金经理公司（契约型）或基金管理公司（公司型）。我国《证券投资基金管理暂行办法》规定，基金管理人的职责主要有：按照基金契约的规定运用基金资产投资并管理基金资产；及时、足额向基金持有人支付基金收益；保存基金的会计账册、记录15年以上；编制基金财务报告并及时公告，并向中国证监会报告；计算并公告基金资产净值及每一基金单位资产净值。

（2）托管人是基金保管公司，一般由投资银行、商业银行或保险公司等金融机构充当。基金托管人是对基金投资操作进行监督及保管基金资产、确保基金持有人利益的金融机构。

（3）基金投资人是基金的资产的投资者和所有者。在基金投资模式下，基金投资人委托基金托管人管理基金资产，委托基金管理人进行投资运作。

第四节 金融衍生工具市场

一、金融衍生工具的概述

金融衍生工具是由金融基础工具衍生出来的各种金融合约及其组合形式的总称。

按照基础工具种类的不同，金融衍生工具可分为：股权式衍生工具、货币衍生工具、利率衍生工具；按照金融衍生工具交易性质的不同可分为：远期类工具和选择权类工具；按照金融衍生工具自身交易的方式及特点可分为：远期合约，金融期货，金融期权和互换。

金融衍生工具的性质复杂，具有充分的弹性，能够满足使用者的特定需要；交易成本较低，深得保值者和投机者的偏爱；能够以较少的成本实现现货市场需较多资金才能完成的交易，具有高度的财务杠杆作用，是一种高风险的投资工具；易于形成所需要的资产组合，理论上讲，可以有无数种具体形式。

二、金融远期合约

金融远期合约是指交易双方约定在未来某一确定时间按照事先商定的价格，以预先确定的方式买卖一定数量的某种金融资产的合约。主要有远期外汇合约、远期利率协议和远期股票合约。

三、金融期货市场

金融期货合约是指协议双方在有组织的交易所以竞价的形式达成约定，在将来某一特定的时间按约定的条件买卖一定标准数量的某种特定金融工具的标准化协议。合约一般包括交易的标的、交易量、标准交割时间和交易价格等内容。金融期货交易的特点包括：间接清算制、合约标准化、灵活性和每日清算制。

金融期货交易的种类有：外汇期货、利率期货和股票指数期货等。

金融期货的功能有套期保值、价格发现和投机功能。所谓的套期保值是指在现货市场某一笔交易的基础上，在期货市场上做一笔价值相当、期限相同但方向相反的交易，以期保值。

四、金融期权市场

期权又称选择权，金融期权合约是指赋予期权购买者在规定期限内按双方约定的价格购买或出售一定数量某种金融资产的权利的合约。

期权的类型有：①按期权买者的权利划分，可有看涨期权和看跌期权。期权购买方到期有购买标的资产权利的合约称为看涨期权，即预计未来标的价格会上涨；期权购买方到期有出售标的资产权利的合约称为看跌期权，即预计未来标的价格会下降。②按照买者执行期权的时限划分，可有欧式期权和美式期权。③按照标的资产划分，可有利率期权、货币期权、股票指数期权、股票期权以及金融期货期权。

期权最显著的特征是，它交易的对象不是任何金融资产实物，而是一种买进或卖出金融资产的权利，这种权利有很强的时间性，只能在合约规定的有效期内行使，并且交易双方的权利义务不对等。

五、金融互换市场

金融互换是买卖双方在一定时间内，交换一系列现金流的合约。金融互换产生的理论基础是比较优势理论，互换交易正是利用交易双方在筹资成本上的比较优势而进行的。包括利率互换、货币互换等。

六、其他金融衍生工具市场

认股权证市场、可转换公司债券市场以及存托凭证市场等。

☞ 知识拓展

目前我国金融市场存在的主要问题可以归纳为：
（1）金融市场还不够成熟，深度和广度不够。
（2）利率和汇率尚未完成市场化改革。
（3）金融市场主体竞争力较弱。
（4）金融风险防范的机制不健全。
对此你有认识和建议吗？

☞ 练习题

一、填空题

1. 金融市场通常是指以_____为交易对象而形成的供求关系及其机制的总和。
2. 回购协议是一种_____贷款，贷款利息一般在证券的_____中体现。

3. 股票是股份公司发给股东作为_____，并借以取得_____的有价证券。
4. 根据金融工具的期限，金融市场可分为_____和_____。
5. 按金融交割的时间来划分，金融市场可分为_____和_____。
6. 一国_____市场的发展程度，通常用作衡量该国经济发展水平和社会现代化程度的标准。
7. 金融期货合约是指协议双方在有组织的交易所以_____形式达成约定，在将来某一特定的时间按约定的条件买卖一定标准数量_____的标准化协议。
8. 证券交易所有两种组织形式，即_____和_____。
9. 发行市场是有价证券由_____向_____转移的市场，又称为_____市场。
10. 期权价值包括_____价值和_____价值。
11. _____是由一些信用等级较高的大型工商企业及金融公司发行的短期无担保的期票。
12. _____是指承销商把公司发行的股票全部买进，再转卖给投资者。

二、单项选择题

1. （　　）是指市场交易的活跃程度。
   A. 市场深度　　　　　　　　　B. 市场广度
   C. 市场弹性　　　　　　　　　D. 市场规模
2. 金融机构之间发生的短期临时性借贷活动是（　　）。
   A. 贷款业务　　　　　　　　　B. 票据业务
   C. 同业拆借　　　　　　　　　D. 再贴现业务
3. 下列金融工具中无偿还期限的是（　　）。
   A. 债券　　　　　　　　　　　B. 股票
   C. CD 单　　　　　　　　　　 D. 商业票据
4. 货币市场相对于资本市场而言，其突出特点是（　　）。
   A. 安全性高，流动性低　　　　B. 流动性高，收益高
   C. 收益高，风险低　　　　　　D. 风险低，流动性高
5. 短期资金市场又称为（　　）。
   A. 初级市场　　　　　　　　　B. 货币市场
   C. 资本市场　　　　　　　　　D. 次级市场
6. 在证券交易所内进行的交易，称为（　　）。
   A. 场内交易　　　　　　　　　B. 场外交易
   C. 柜台交易　　　　　　　　　D. 无形交易
7. 基金管理人应编制财务报告并向（　　）报告。
   A. 银保监会　　　　　　　　　B. 中央银行
   C. 证监会　　　　　　　　　　D. 财政部
8. 二级市场是有价证券在（　　）之间流通的市场。
   A. 发行人与投资者　　　　　　B. 投资者
   C. 发行人与发行中介　　　　　D. 证券商

9. 以下不属于期货交易规则的是（　　）。
   A. 开仓　　　　　　　　　　　　　　B. 最小变动价值
   C. 无价位浮动限制　　　　　　　　　D. 保证金制度
10. 把流动性较差的资产打包集合并以这些资产作抵押发行证券的行为叫作（　　）。
    A. 资产抵押化　　　　　　　　　　　B. 资产证券化
    C. 资产打包化　　　　　　　　　　　D. 资产工程化
11. 股票是一种永久性证券，它是（　　）。
    A. 债权资本　　　　　　　　　　　　B. 使用权资本
    C. 所有权资本　　　　　　　　　　　D. 实物资本
12. （　　）在市场上同时提供买盘和卖盘的报价。
    A. 经纪商　　　　　　　　　　　　　B. 交易商
    C. 拍卖商　　　　　　　　　　　　　D. 政府机构
13. 最主要的金融市场主体是（　　）。
    A. 企业部门　　　　　　　　　　　　B. 政府部门
    C. 金融中介机构　　　　　　　　　　D. 中央银行
14. 一般而言，金融工具的流动性与风险性和收益之间分别成（　　）。
    A. 反比　反比　　　　　　　　　　　B. 正比　反比
    C. 反比　正比　　　　　　　　　　　D. 正比　正比
15. 金融市场的广度是指（　　）。
    A. 金融市场的地域范围　　　　　　　B. 金融市场上交易者类型的多样性
    C. 金融市场的交易规模　　　　　　　D. 金融市场价格反映程度
16. 小王购买了甲公司股票的欧式看涨期权，协议价格为每股 15 元，合约期限为 3 个月，期权价格为每股 1.5 元。若 A 公司股票市场价格在到期日为每股 19 元，则小王将（　　）。
    A. 不行使期权，没有亏损　　　　　　B. 行使期权，获得盈利
    C. 行使期权，亏损小于期权费　　　　D. 不行使期权，亏损等于期权费
17. 股指期货交易主要用于对冲（　　）。
    A. 信用风险　　　　　　　　　　　　B. 国家风险
    C. 股市非系统风险　　　　　　　　　D. 股市系统风险
18. 在代销方式中，证券销售的风险由（　　）承担。
    A. 经销商　　　　　　　　　　　　　B. 发行人
    C. 监管者　　　　　　　　　　　　　D. 购买者

三、多项选择题

1. 同业拆借市场的特点包括（　　）。
   A. 融资期限长　　　　　　　　　　　B. 拆借形式多样
   C. 拆借金额大　　　　　　　　　　　D. 无须担保
   E. 期限短
2. 世界上著名的二板市场有（　　）。

A. 上证主板 B. 上证科创板
C. 深圳科创板 D. 美国纳斯达克
E. 香港创业板

3. 金融市场的主体包括（   ）。
A. 政府 B. 居民
C. 金融机构 D. 债券
E. 股票

4. 货币市场的主要种类有（   ）。
A. 贴现市场 B. 同业拆借市场
C. 短期国债市场 D. CDs 市场
E. 回购协议市场

5. 按交易标的物，金融市场可分为（   ）。
A. 货币市场 B. 外汇市场
C. 发行市场 D. 经纪商市场
E. 国际市场

6. 我国两大交易所，都在（   ）的交易时段中使用连续竞价。
A. 9:15 - 9:25 B. 9:30 - 11:30
C. 13:00 - 14:57 D. 14:58 - 15:00
E. 15:05 - 15:30

7. 期权交易的用途是（   ）。
A. 减少交易费用 B. 减少实物流动
C. 套期保值 D. 投资
E. 创造价值

8. 债券与股票相比，其特点有（   ）。
A. 它是一种债权证书 B. 它是一种所有权证书
C. 享有经营管理权 D. 不享有经营管理权
E. 风险相对较低

9. 资本市场的主要特点有（   ）。
A. 交易期限长
B. 交易的目的主要是解决长期投资性资金
C. 资金借贷量大
D. 作为交易工具的有价证券收益率高，流动性差，风险大
E. 交易工具期限均在 1 年以内

10. 资本市场的主要种类有（   ）。
A. 股票市场 B. 同业拆借市场
C. 债券市场 D. 商业票据市场
E. 回购市场

11. 金融期货的功能包括（   ）。
A. 筹集资金 B. 套期保值

C. 提高流动性 D. 价格发现
E. 投机

12. 金融市场的功能包括（　　）。
A. 价格发现 B. 资源按需分配
C. 提供流动性 D. 保证盈利
E. 减少搜寻和信息成本

四、重要概念

1. 投资者 2. 金融市场 3. 商业票据 4. 债券 5. 投资基金 6. 货币市场 7. ETF
8. 一级市场 9. 期货合约 10. 二板市场 11. 看涨期权 12. 看跌期权 13. 交易商市场
14. 金融互换

五、简答题

1. 金融市场有哪些功能？
2. 货币市场有哪些特征？
3. 场外交易市场相对于场内市场有什么区别？
4. 股票二板市场的功能有哪些？
5. 什么是证券交易所？有何职能？
6. 金融衍生工具的特征是什么？
7. 简述套期保值的做法和目的。
8. 试说明股票新三板市场的特征。
9. 简述开放型基金和封闭型基金的区别。

六、论述题

1. 试述金融市场主体包括哪些，其中的投资者和投机者有什么主要区别？
2. 站在企业角度，试述债券融资相对于股票融资的好处与局限。
3. 试比较金融期货与金融期权的区别。

☞参考答案

一、填空题

1. 金融资产
2. 质押　买卖差价
3. 入股凭证　股息收入
4. 货币市场　资本市场
5. 现货市场　期货市场
6. 货币
7. 竞价　金融工具

8. 会员制　公司制
9. 发行者　投资者　一级
10. 内在　时间
11. 商业票据
12. 包销

二、单项选择题

1. A　2. C　3. B　4. D　5. B　6. A　7. C　8. B　9. C　10. B
11. C　12. B　13. C　14. A　15. B　16. B　17. D　18. B

三、多项选择题

1. CDE　2. BDE　3. ABC　4. ABCDE　5. AB　6. BC　7. CD　8. ADE
9. ABCD　10. AC　11. BDE　12. ACE

四、重要概念

1. 投资者：是指围绕价值基于长期收益进行投资决策的人。
2. 金融市场：是指以金融资产为交易对象而形成的供求关系及其机制的总和。
3. 商业票据：是大公司为筹措资金，一般以贴现方式出售给投资者的一种短期无担保的承诺凭证。
4. 债券：是一种表明债权债务关系的凭证，证明持券者有按约定的条件（如面值、利率和偿还期等）向发行人取得利息和到期收回本金的权利。
5. 投资基金：是通过发行基金券（包括基金股份和受益凭证），将众多投资者分散的资金集中起来，由专业的投资机构分散投资于股票、债券或其他金融资产，并将投资收益分配给基金持有者的投资制度。
6. 货币市场：指1年期以内的短期金融工具交易所形成的供求关系和运行机制的总和。
7. ETF：又称"交易型开放式指数证券投资基金"。是一种跟踪"标的指数"变化，且在证券交易所上市交易的基金。
8. 一级市场：资金需求者将金融资产首次出售给资金的供应者时所形成的交易市场称为发行市场或者一级市场。
9. 期货合约：是指协议双方在有组织的交易所以竞价的形式达成约定，在将来某一特定的时间按约定的条件买卖一定标准数量的某种特定金融工具的标准化协议。
10. 二板市场：二板市场是相对于主板市场或者一板市场而言的市场。是为了促进中小型创新企业发展而专门设立的针对中小型企业尤其是创新型企业的股票市场。
11. 看涨期权：期权购买方到期有按约定价格购买标的资产权利的合约称为看涨期权，即预计未来标的价格会上涨。
12. 看跌期权：期权购买方到期有按约定价格出售标的资产权利的合约称为看跌期权，即预计未来标的价格会下降。
13. 交易商市场：交易商市场是指投资者不能直接互相交易，所有交易都是与交易商进行的市场。

14. 金融互换：是指两个或两个以上当事人按照商定的条件，在约定的时间内，交换金融工具的一系列支付款项或收入款项的合约。

五、简答题

1. 金融市场有哪些功能？
（1）金融市场具有促进储蓄向投资转化功能。
（2）金融市场引导着经济资源合理流动功能。
（3）金融市场的宏观经济调控功能。

2. 货币市场有哪些特征？
（1）货币市场的参与者特征。货币市场上并不存在固定的借方或贷方，参与者可以是有真实的资金供求的交易者，也可以是为了套利或防范风险而参与市场交易的交易者。同一机构经常同时操作于市场的两个方面，即既作为借款方同时又作为贷款方。
（2）货币市场的风险特征。货币市场是个风险较小的市场。由于货币市场工具期限短，流动性强，易变现，价格稳定，再投资风险小；市场极注重参与者声誉因而违约风险小。
（3）货币市场深度、广度和弹性特征。由于货币市场进入障碍小、工具庞杂，交易途径多，吸引了众多机构及个人投资者以及筹资者；而货币市场工具价格稳定、流动性强、易变现，市场交投异常活跃，交易频繁不断；市场上充斥着各类的证券交易商、投资银行家和基金管理者，他们日夜不眠地守在屏幕之前搜寻套利机会，一旦良机出现，巨额资金即刻蜂拥而至，价格瞬息间就得到调整，货币市场可称得上是世界上最有效率的金融市场。

3. 场外交易市场相对于场内市场有什么区别？
（1）场内市场，是依照各国家有关法律规定，经政府主管机关批准设立的证券集中竞价交易的有形场所，一般大公司的股票都是在场内市场交易的。
（2）场外交易市场又称柜台交易或店头交易市场，它是在证券交易所之外进行证券买卖的市场，分处不同地点的场外交易商通过计算机网络相互联系交易，场外交易市场一般是针对未上市的证券或其他金融工具交易提供服务的，受到的监管相对场内市场较少。

4. 股票二板市场的功能有哪些？
（1）为中小企业提供融资便利。二板市场为中小企业的可持续发展提供资金支持，它从风险投资家的手中接过"接力棒"，帮助企业发展壮大。
（2）为风险投资提供退出渠道。通过二板市场，风险投资企业向社会公开发行股票，风险投资家可以得到增值数倍的资本回报，创业人员也能得到较高的报酬。

5. 什么是证券交易所？有何职能？
证券交易所是依据国家有关法律，经证券管理部门批准设立的证券集中竞价交易的有形场所，是二级市场的主体。证券交易所本身不参与证券买卖，其职能包括：①提供交易场所和服务；②兼有监管证券交易的职能。

6. 金融衍生工具的特征是什么？
（1）金融衍生工具的性质复杂，具有充分的弹性，能够满足使用者的特定需要。
（2）交易成本较低，深得保值者和投机者的偏爱。
（3）能够以较少的成本实现现货市场需较多资金才能完成的交易，具有高度的财务杠杆作用。

（4）具有高度的财务杠杆作用，是一种高风险的投资工具。

（5）易于形成所需要的资产组合。

7. 简述套期保值的做法和目的。

（1）所谓的套期保值是指在现货市场某一笔交易的基础上，在期货市场上做一笔价值相当、期限相同但方向相反的交易，以期保值。

（2）进行期货交易可以利用套期保值交易把价格风险转嫁出去，以实现规避风险的目的。

8. 试说明股票新三板市场的特征。

（1）挂牌门槛和挂牌成本显著低于交易所市场。

（2）对挂牌公司的行业包容性较强。

（3）限售和转让条件较为宽松。

（4）灵活、弹性的信息披露制度给企业取舍、平衡的选择权。

（5）做市转让方式带动流动性逐步改善。

9. 简述开放型基金和封闭型基金的区别。

（1）开放型基金是指基金在设立时发行的基金总额不固定，可继续发行新的基金券，投资者可随时选择认购或赎回基金券，而购买或赎回的价格由当时基金净值决定。

（2）封闭型基金是指基金发行总额是固定的，且规定封闭期（一般为10—15年），在封闭期内不能发行新的基金券，投资者也不得向基金管理公司要求赎回，而只能采取在证券交易所上市的办法解决基金的流通问题，交易的价格由当时该基金的供求决定。一般情况下封闭型基金的市场价格要低于其基金单位净值。

六、论述题（要点）

1. 试述金融市场主体包括哪些，其中的投资者和投机者有什么主要区别？

（1）金融市场的主体指的是金融市场的参与者，政府、工商企业、居民、各类金融机构都是金融市场的参与者。基于金融活动特点，金融市场的主体大致可分为筹资者、投资者（储蓄者）、投机者、套期保值者、套利者和监管者六大类。

（2）投资者和投机者的主要区别在于，投资者往往是围绕价值基于长期收益进行投资决策的，而投机者是以短期低买高卖为主要投资策略的。但在实际中这两者也经常会出现角色转换甚至角色并存，并没有明确地区分，比如有些投资者会把大部分仓位放在长期投资标的上的同时在短期用小仓位进行投机。

2. 站在企业角度，试述债券融资相对于股票融资的好处与局限。

（1）降低筹资成本。债券发行费用一般低于股票，且债券投资者索要的利息总体上低于股东要求的权益回报率。

（2）减轻企业税负。债券利息在税前支付，而股票股息在税后支付。

（3）企业能利用债务融资的财务杠杆效应。

（4）企业股东能够维持对公司的控制权。

（5）避免发行新股带来的"稀释效应"。发债企业也面临到期偿债的流动性压力和财务风险，而且发债规模受企业当前负债率水平的限制。

3. 试比较金融期货与金融期权的区别。

（1）期权交易双方的权利和义务不对等。期权买方拥有决定是否行使其买权或卖权的选择权，期权卖方只有应买方要求履行合约的义务，无选择权。期货合约双方的权利和义务是对等的。

（2）期权交易双方的风险和收益不对称。期权买方承担的风险仅限于损失期权费，其盈利可能是无限的，也可能是有限的。期权卖方可能获得的盈利仅限于期权费，而亏损风险可能是无限的，也可能是有限的。期货交易双方的盈亏风险一致，一方获利就是另一方亏损。

（3）期权合约可以在交易所或场外市场。期货交易集中于交易所，且都是标准化合约。

（4）期权合约在交易所进行交易时，卖方要按交易所的规定交纳保证金（出售有担保看涨期权的情况除外），期权买方无须交纳保证金。在期货交易中，双方都必须交纳保证金。

第六章

金融中介机构体系

☞ **学习目的和要求**

通过本章的学习，要求理解金融中介机构的概念、功能和类型；掌握西方发达国家以及我国现行的金融中介机构体系状况与发展趋势；掌握主要国际金融中介机构体系状况。

☞ **要点提示**

第一节 金融中介机构体系概述

一、金融中介机构体系的概念

金融中介机构是指从事金融活动以及为金融活动提供相关服务的各类机构。早期金融中介机构的出现是与商品经济和对外贸易发展联系在一起的，最早的金融中介机构是商业银行。

金融中介机构体系就是由各种金融中介机构组成的整体体系，呈现出银行和非银行金融中介机构并存的格局。

二、金融中介机构体系的分类

按所从事业务的类型划分，可将金融中介机构区分为融资类金融中介、投资类金融中介、保障类金融中介和金融信息咨询服务类金融中介四大类。

按业务特征及创造货币、交换媒介和支付手段的能力划分，可将金融中介机构分为银行类金融中介机构和非银行类金融中介机构。由于银行类金融中介又是最重要融资类金融中介，按照其重要性，本书对应教材设置了专门的篇章，故本章不作详细介绍。

按机构经营目的划分，可将金融中介结构分为商业性金融机构和政策性金融机构。

三、金融中介机构存在性和功能分析

金融中介是专门为实质经济部门提供金融服务的机构。金融中介产生于经济社会发展中的各种需求，其发展与经济社会的发展也紧密相关，金融中介的各项功能极大地推动和引导着经济社会的发展。格利和肖是现代金融中介理论研究的创立者。

金融中介的功能包括：
(1) 便利支付结算功能。
(2) 资金融通功能。
(3) 专业化服务功能。
(4) 风险管理功能。
(5) 信息服务功能。

第二节 西方发达国家金融中介机构体系

本节以美国为例，按照商业性金融中介和政策性金融中介的划分来简要介绍西方发达国家各种类型的金融中介机构。

金融界中介机构体系的存在是以满足经济社会客观需求为基础，各个国家的金融中介机构体系也体现了这一特征。本节主要介绍除中央银行和商业银行以外的其他金融中介机构。

一、政策性金融机构

(一) 政策性金融机构的定义与特征

政策性金融机构是指那些由政府出资参股或保证成立，不以盈利为目的，为了贯彻和配合国家经济政策，在特定领域内从事金融业务的金融机构。

与商业银行等一般商业性金融机构相比，政策性金融机构的特征主要有：

(1) 经营目标是为了实现政府的政策目标，不以盈利为目标。政府创立政策性金融机构，把社会效益摆在首位，为宏观经济社会发展目标融资。政策性金融机构的亏损由政府给予补贴或担保其债务。

(2) 政策性金融机构由政府创立、参股或担保。大多数政策性银行是由政府直接出资创立的，也有政府参与部分资本，联合其他金融机构共同设立，也有政府通过另一间机构间接的持有。总之，政策性银行均以政府作为后盾。

(3) 政策性金融结构有特定的资金来源渠道。①政府预算拨款提供全部或部分资本金；②借入资金，主要的借入渠道有财政资金、中央银行资金、其他政府部门资金、公共资金，甚至有向世界银行和各大洲开发银行等金融机构的借款；③发行债券。另外，政策性金融机构的资金来源还有特许存款、社会福利、社会保险基金和职工住房公积金等。

(4) 政策性金融机构具有特定的业务领域和业务对象。政策性金融机构的业务领域多为对国民经济发展有较大现实意义的产业，或属于国家重点扶植的产业。例如，农业、住

房、中小企业、对外贸易等。

（5）政策性金融机构的资金运用有贷款、投资和担保，主要以发放中长贷款为主。利率明显低于商业性金融机构的同期同类贷款利率，有的甚至低于筹资成本，如果出现政策性亏损，则由政府予以补贴。政策性金融机构贷款业务的种类有普通贷款和特别贷款、直接贷款、间接贷款和直间并举贷款，还有独家贷款和联合或协议贷款。

（二）政策性金融机构的分类

（1）按业务经营覆盖的范围可划分为全国性和地方性政策性金融机构。

（2）按组织结构可划分为单一型和金字塔型政策性金融机构。

（3）按业务范围可划分为开发性政策金融机构、农业政策性金融机构、进出口政策性金融机构、住房政策性金融机构以及中小企业政策性金融机构等。

（三）政策性金融机构的职能

1. 政策性金融机构的一般性职能

政策性金融机构通过其负债业务，吸收资金，再通过资产业务把资金投放出去。它与其他金融机构一样，作为货币资金借贷者的中介人来实现资金从贷出者到借入者的融通。不同之处在于它一般不接受社会公众的活期存款，其资金来源多为政策资金或在金融市场筹集的资金，少部分接受外国资金，资金运用多为中长期的贷放或资本投放。并且，在发挥金融中介职能时，政策性金融机构不具备其他商业性金融机构的信用创造能力。

2. 政策性金融机构的特殊职能

与一般商业性金融机构相比，政策性金融机构的特殊职能体现现在它特有的政策性职能上。

（1）引导性职能。政策性金融是直接体现政策意图，并由财政负责贴息的金融业务活动。在产业融资活动中，存在着政策性金融机构首倡性先行投资，商业性金融机构跟随投资，一旦市场成熟，政策性金融机构再转移投资方向，并开始另一轮循环，形成一种政策性金融机构对商业性金融机构资金运用方向的诱导机制。

（2）选择性职能。政策性金融机构依据国家的产业政策、国民经济均衡发展的要求，选择国家的重点产业项目进行融资。在某些重要产业或部门依靠市场机制的自发作用，得不到应有的发展时，政策便以行政机制来选择。

（3）补充性职能。政策性金融机构的金融活动，对商业性金融机构不愿融资的，技术、市场风险较高的领导进行倡导性投资；对投放回收期过长、收益率低的项目进行融资补充；在以间接的融资活动或提供担保来引导商业性金融机构的资金流向。因此，政策性金融机构不是替代而是补充商业性金融机构，进而完善金融机构体系的整体功能，增强其在经济社会发展中的作用。

（4）服务性职能。是指政策性金融机构为企业和政策提供的金融与非金融服务。

（四）美国主要的政策性金融机构

（1）互助合作性质的农业信贷机构体系。

（2）政府农业信贷机构。

（3）进出口银行。

（4）联邦住房贷款银行体系。

（5）小企业管理局。

(6) 学生贷款市场协会。

二、投资类金融机构

(一) 投资类金融机构的定义与作用

1. 投资类金融机构的定义

投资类金融中介机构是以提供投资服务为主的金融中介机构,主要服务于资本市场包括证券公司、投资基金管理公司、证券交易所等类型的机构。

2. 投资类金融机构的作用

(1) 促进证券投资活动的顺利进行。

(2) 降低交易成本。

(3) 提供规避风险工具。

(二) 主要投资类金融机构

1. 证券公司

(1) 证券公司的定义:证券公司是由政府主管机关依法批准设立的证券市场上经营证券业务的金融机构,是现代金融中介适应金融和经济发展的需要而形成的,是发达证券市场和成熟金融体系的重要主体。

(2) 证券公司的作用:作为资金需求和资金供应者相互结合的中介,以最低成本实现资金所有权与经营权的分离。具体表现为资金的中介和资金的运作两个方面。

(3) 证券公司的业务:①证券承销。证券承销是证券公司最本源、最基础的业务活动。通常的承销方式有四种:包销、投标承销、代销和赞助推销。

②证券经纪交易。证券经纪交易是证券公司在二级市场代理客户买卖有价证券的行为。具体可分为:做市商有义务创造活跃的二级市场、维护市场稳定;经纪商按客户要求价代理买卖;交易商受托管理大量资产,需要自营买卖证券。

③证券私募发行。私募发行是面向特定投资人进行的,不受公开发行规章限制,有可能给证券公司和投资人带来较高收益,但其流动性差。

④兼并与收购。证券公司通过寻找兼并与收购对象,向猎手公司和猎物公司提供有关买卖价格或非价格条款的咨询,帮助安排融资等方式参与企业收购活动。

⑤项目融资。证券公司在项目融资中的主要工作是:项目评估、融资方案设计、有关法律文件的起草、有关的信用评级等。

除上述业务外,证券公司还从事公司理财、基金管理、投资咨询、资产证券化、金融创新、风险投资等业务。

2. 投资基金管理公司

(1) 投资基金的概念。投资基金是通过专门的投资管理机构,把具有相同投资目标的众多投资者资金集中起来,根据证券组合投资原理将基金分数投资于各种有价证券和其他金融工具,投资者按出资比例分享收益和承担风险。

(2) 投资基金的分类。按投资基金的组织形态分类,可分为公司型和契约型;按投资基金能否赎回分类,可分为开放式和封闭式。

(3) 投资基金的运作和管理。主要体现为投资基金的募集和基金资产的管理两个方面。投资基金的募集和基金资产的管理都受到监管部门的严格监管。

3. 证券交易所

（1）证券交易所的概述。证券交易所是依法设立，不以盈利为目的，证券集中和有组织交易的场所，是证券流通市场的核心。证券交易所本身不从事证券买卖业务，只为证券交易提供场所和各项服务，并履行对证券交易的监管职能。

证券交易所的组织形式有会员制和公司制。会员制是证券交易所是传统形式，它只为会员提供交易服务，会员按"一个会员一票"集体决策，交易佣金和上市费用较低。公司制证券交易所以盈利为目的，提供交易场所和服务人员，以便利证券商的交易与交割，并允许非会员成为客户。

（2）证券交易所的功能。证券交易所有以下功能：①筹集资金功能；②形成公开竞价功能；③提供有效经济信息功能；④配置资源功能。

4. 其他投资类金融机构

（1）共同基金。

（2）金融公司。

（3）货币市场共同基金。

（4）按揭证券公司。

（5）投资咨询公司。

（6）证券结算公司。

（7）信息咨询服务中介机构。

（三）拥有部分银行功能的非银行金融中介

（1）储蓄银行，是指办理居民储蓄并以吸收居民个人储蓄存款为主要资金来源的银行。

（2）储蓄与贷款协会。

（3）互助储蓄银行。

（4）信用合作社。

三、保险类金融中介机构

1. 保险类金融中介机构概述

现代社会的科学水平已取得飞跃发展，但各经济主体在生产、生活中会遇到和市场经济相关的各种风险及其其他意外风险，为确保生产和生活的顺利进行，各类主体和个人都十分关注风险的防范、转移以及损失补偿问题，由此产生了关于保险和保障的话题。

保险公司集中投保人特定范围的风险，为投保人提供风险损失补偿的同时，还必须对保险基金进行运作，即通过一定的方式向外融通资金，以期获得资金增值，这样就促进了储蓄资金向投资的转化，发挥了金融中介功能，具有了金融中介机构的属性。

2. 保险公司存在的基础

保险公司是拥有专业化风险管理技术的机构组织，具体表现在：①具有独特的风险管理技术，通过掌握出险概率来确定分推补偿方法和赔付计划；②符合大数法则，少数人的风险损失由具有同种风险的大群人共同分担；③通过对保险基金的投资运作保险公司有利可图。基于以上特性使得保险得以存在和发展，并在社会经济生活中发挥重要功能。

（1）保险公司的社会功能。①在被保险人发生保险事故时，按照保险合同规定给予一定的经济补偿，体现了少数人的损失由多数人分担的社会保障功能；②为被保险人提供了精神上的支撑作用，保证了生产、生活的正常进行；③强化了人们的风险意识，引导人们更多关注风险、积极防范风险。

（2）保险公司在经济运行中的功能。①积聚风险、分散风险、降低个体损失；②融通长期资金、促进资本形成、重新配置资源；③提供经济保障、稳定社会生活。

3. 保险公司的基本业务运作

（1）筹集资本金。

（2）出售保单，收取保费。

（3）给付赔偿款。

（4）运作保险资金。

四、社会保障机构

1. 社会保险和社会保障基金

社会保险是政府利用制度手段，聚集和动员社会资金，在职工因退休、生病、失业或遭遇其他不测而减少或丧失经济来源的情况下，所给予的满足其基本生活需要的经济援助。包括养老保险金、医疗保险、失业保险、工伤保险等，在我国还包括住房公积金制度，共同构成社会保障体系的核心。

社会保险基金是由国家强制征缴的单位、职工个人所交纳的费用，以及政府补充部分在未作开支前形成的社会保险基金，以及用于社会救济、社会福利、优抚安置等方面的专项资金组成。

2. 全国社保基金的来源与运用

全国社保基金主要由四部分构成：①国有股减持划入的资金和股权资产；②中央财政拨入资金；③经国务院批准以其他方式筹集的资金；④投资收益。

全国社保基金的投资运作方式可以由理事会直接运作或理事会委托投资管理人运作相结合，因此全国社保基金理事会具有了金融中介机构的属性。

第三节 中国的金融中介机构体系的发展与现状

一、新中国金融中介机构体系的建立

新中国的金融机构体系的建立是通过组建中国人民银行，合并解放区银行，没收官僚资本银行，改造私人银行与钱庄，以及建立农村信用社等途径实现的。

我国社会主义金融体系的创建有自己的特点，其演变过程可分为两个阶段：①1953—1978年，金融机构形成"大一统"的银行体系模式；②1979年以后，金融机构朝向多元化的现代金融体系方向改进。

二、市场化金融中介机构体系的创建

（1）建立独立经营、实行企业化管理的国有银行体系，组建工、农、中、建四家商业银行。

（2）建立中央银行体制，中国人民银行专门行使中央银行职能。

（3）组建政策性银行，1993年年底开始先后组建了国家开发银行、中国农业发展银行和中国进出口银行三家政策性银行。

政策性银行一般是指由政府设立，以贯彻国家产业政策、区域发展政策为目的，不以盈利为目的的金融机构。

（4）新建投资信托类型金融机构。信托投资公司是一种以委托人的身份，代人理财的金融机构，具有收益高、责任重、风险大、管理复杂的特点。主要业务有：①信托投资业务，包括信托投资和委托投资；②代理业务，包括代理保管、代理收托、代理有价证券的发行和买卖、信用担保等；③融资性租赁业务；④咨询业务等。

（5）设立其他商业银行。

（6）农村信用社的发展和改革。

（7）保险公司。

（8）投资类金融中介机构。

（9）其他金融机构。①金融资产管理公司。2000年国务院决定设立担负收购国有银行不良贷款、管理和处置国有银行不良贷款的这一特殊历史使命的政策性资产管理公司。经营目标是"最大限度保全国有资产，减少损失"，不以商业盈利为目的。②财务公司。我国的财务公司是由企业集团内部各成员单位入股，向社会募集中长期资金，为本企业集团内部各成员单位提供融资服务，一般不得在企业集团外部吸收存款，在业务上受中国人民银行领导和管理，在行政上则隶属于各企业集团。主要业务有：人民币存贷款投资业务、信托和融资性租赁业务、发行和代理发行有价证券等。

除上述商业性金融中介机构外，我国金融体系中还有其他商业性金融中介机构，如期货交易所、黄金交易所、中国银联、证券评级机构、证券投资咨询公司、典当行、信用担保公司等多种类型的金融机构及其分支机构。

三、多层次金融中介机构体系改革的新进展

1. 政策性金融中介机构体系优化与发展

（1）国家开发银行（简称"国开行"）。

（2）中国农业发展银行（简称"农发行"）。

（3）中国进出口银行。

（4）金融资产管理公司。

2. 金融监督管理体系改革与优化

经过一系列的改革和发展，我国原有的金融监管与管理体系格局由"一行三会"转变为"一行一局一会"（参见第十六章相关内容）。

第四节　国际金融中介机构体系

一、国际金融中介机构的形成和发展

第二次世界大战以后，美国建立了布雷顿森林货币体系，为了保证这一货币体系的顺利

实施，建立了几个全球性的国际金融中介机构，包括国际货币基金组织（IMF）、国际复兴开发银行也称世界银行、国际开发协会（IDA）、国际金融公司（IFC）。它们目前也是最重要的全球性国际金融中介机构。

20 世纪中期至 20 世纪 70 年代，欧洲、亚洲、非洲、拉丁美洲、中东等地区的国家为了发展本地经济，同时也为抵制美国对国际金融事务的控制，需要通过互助合作的方式，先后建立起区域性的国际金融中介机构。

二、国际金融中介机构简介

1. 国际货币基金组织
2. 世界银行
3. 亚洲开发银行
4. 非洲开发银行
5. 金砖国家新开发银行
6. 亚洲基础设施投资银行

☞ 知识拓展

金融机构体系的建立是否合理科学，不仅关系到其能否有效的服务实体经济，还关系到其自身的安全。你认为我国目前的金融机构体系还有哪些不足，应该怎样改进？

☞ 练习题

一、填空题

1. 金融中介机构是为实体经济部门提供_____、_____等服务的金融机构，在现实金融活动中发挥着重要的作用，处于金融体系中心环节。

2. 金融中介机构体系是由_____组成的整体体系。发达的市场经济国家都有一个规模宏大、分工精细的金融体系，并呈现出_____和_____并存的格局。

3. 投资基金从组织形式上分为_____和_____两类。

4. 金融公司的三种类型分别是_____、_____和_____。

5. _____和_____是美国保险公司的两个主要类型。

6. 最早的金融中介机构是_____，最早出现在中世纪的欧洲，它的形成与_____的发展有密切的关系，主要提供_____和_____服务。

7. 新中国金融体系的诞生以_____的建立为标志。

8. 1994 年起，中国金融机构改革的目标是建立适应_____需要的，以_____为领导，_____和_____相分离，以_____为主体，_____并存的现代金融体系。

9. _____和_____是现代金融中介理论研究的创立者，他们的主要贡献是：首次提出金融中介具有_____功能，首次构造出对金融中介进行研究的语言范式。

10. 1979 年以来，我国金融机构体系的改革向着构建_____金融机构体系方向前进。

二、单项选择题

1. 下列不属于合约性储蓄机构的是（　　）。
   A. 人寿保险公司　　　　　　　　B. 基金型保险公司
   C. 共同基金　　　　　　　　　　D. 私人养老基金

2. 为我国重点建设贷款和办理贴息业务的政策性银行是（　　）。
   A. 中国进出口银行　　　　　　　B. 中国农业发展银行
   C. 国家开发银行　　　　　　　　D. 中国建设银行

3. 一国金融机构的核心和领导是（　　）。
   A. 财政部　　　　　　　　　　　B. 中央银行
   C. 商业银行　　　　　　　　　　D. 专业银行

4. 下列银行中，（　　）与其他几家的性质不同。
   A. 中国工商银行　　　　　　　　B. 交通银行
   C. 中国农业银行　　　　　　　　D. 中国进出口银行

5. 在各国银行体系中，哪种银行的机构数量最多，业务量最大（　　）。
   A. 中央银行　　　　　　　　　　B. 专业银行
   C. 商业银行　　　　　　　　　　D. 投资银行

6. 下列不属于货币市场共同基金（$MMMF_s$）投资对象的是（　　）。
   A. 商业票据　　　　　　　　　　B. 可转让 CD
   C. 回购协议　　　　　　　　　　D. 国债

7. 以下对我国金融资产管理公司特征表述错误的是（　　）。
   A. 政策性的金融机构　　　　　　B. 完全意义上的公司
   C. 非银行金融机构　　　　　　　D. 不以盈利为目的

8. （　　）股份相对固定，一般不向投资者增发新股或赎回旧股。
   A. 公司型基金　　　　　　　　　B. 契约型基金
   C. 封闭型基金　　　　　　　　　D. 开放型基金

9. 信用合作社属于（　　）。
   A. 存款型金融机构　　　　　　　B. 契约型金融机构
   C. 投资型金融机构　　　　　　　D. 政策型金融机构

10. 亚洲开发银行总部设立在（　　）。
    A. 北京　　　　　　　　　　　　B. 马尼拉
    C. 新加坡　　　　　　　　　　　D. 东京

三、多项选择题

1. 非银行金融机构有（　　）。
   A. 信托公司　　　　　　　　　　B. 证券公司
   C. 租赁公司　　　　　　　　　　D. 财务公司
   E. 保险公司

2. 下列属于存款机构的有（　　）。

A. 信用社 B. 投资公司
C. 商业银行 D. 储蓄贷款协会
E. 互助储蓄银行

3. 我国的政策性银行包括（　　）。
A. 中国投资银行 B. 中国农业银行
C. 国家开发银行 D. 中国农业发展银行
E. 中国进出口银行

4. 保险公司的功能包括（　　）。
A. 分散风险 B. 保值
C. 削减损失 D. 聚集资金
E. 增强安全保障

5. 信托投资业务的特点有（　　）。
A. 收益高 B. 责任重
C. 期限长 D. 风险大
E. 管理复杂

6. 按所从事业务的类型，金融中介机构区分为（　　）。
A. 融资类金融中介 B. 投资类金融中介
C. 保障类金融中介 D. 金融信息咨询服务类金融中介
E. 银行类金融中介

7. 金融中介机构是与市场经济和货币信用的发展密切相关的，其功能包括（　　）。
A. 便利支付结算 B. 资金融通
C. 专业化服务 D. 风险管理
E. 信息服务

8. 保险公司运作保险基金的主要方式有（　　）。
A. 银行存款 B. 证券投资
C. 投资不动产 D. 发放抵押贷款
E. 发放信用贷款

9. 政策性银行的资金来源主要有（　　）。
A. 财政拨款 B. 发行金融债券
C. 金融市场上借款 D. 吸收存款
E. 向中央银行借款

10. 全球性国家金融机构主要包括（　　）。
A. 国际贸易组织 B. 国际货币基金组织
C. 世界银行 D. 亚太经合组织
E. 国际清算银行

四、重要概念

1. 金融中介机构体系　2. 公司型投资基金　3. 契约型投资基金　4. 按揭证券公司
5. 储蓄银行　6. 政策性金融机构　7. 便利支付结算功能

五、简答题

1. 简述金融中介机构的分类。
2. 金融中介机构便利支付结算功能对国民经济运行有什么影响？
3. 金融中介功能资金融通功能对经济社会发展产生怎样的影响？
4. 简述政策性金融机构的主要特征。
5. 简述投资类金融机构的作用。
6. 简述保险公司在经济运行中的功能。

六、论述题

1. 试述金融中介机构体系在社会经济体系中的作用。
2. 试述政策性金融机构的特殊功能。

七、深度思考题

1. 从所有制的角度看，你认为我国目前是否要大力发展民营金融机构，为什么？
2. 为什么我国有庞大的金融机构体系，还广泛存在着民间借贷？

参考答案

一、填空题

1. 融资　投资
2. 各种金融中介机构　银行　非银行金融中介机构
3. 公司型　契约型
4. 销售金融公司　消费者金融公司　企业金融公司
5. 人寿保险公司　火灾和意外伤害保险公司
6. 商业银行　对外贸易　贸易结算　融资
7. 中国人民银行
8. 社会主义市场经济　中央银行　政策性金融　商业性金融　国有独资商业银行　多种金融机构
9. 格利（John G・Gurley）　肖（Edward S・Shaw）　资产转换
10. 多元化

二、单项选择题

1. C　2. C　3. B　4. D　5. C　6. D　7. B　8. C　9. A　10. B

三、多项选择题

1. ABCDE　2. ACDE　3. CDE　4. ACDE　5. ABDE　6. ABCD　7. ABCDE
8. ABD　9. ABC　10. BCE

四、重要概念

1. 金融中介机构体系：是指由各种金融中介机构组成的整体体系。
2. 公司型投资基金：是依据公司法组成以盈利为目的，投资于有价证券的股份投资公司，一般投资者购买公司股份后就成为公司股东。
3. 契约型投资基金：是通过订立信托契约，发行受益凭证将资金筹集起来，交由管理人根据信托契约进行投资。
4. 按揭证券公司：是专门从事购买商业银行房地产按揭贷款，并通过发行按揭证券募集资金的中介机构。
5. 储蓄银行：是指办理居民储蓄并以吸收个人储蓄存款为主要资金来源的银行。
6. 政策性金融机构：是指那些由政府出资参股或保证成立，不以盈利为目的，为了贯彻和配合国家经济政策，在特定领域内从事金融业务的金融机构。
7. 便利支付结算功能：是指金融中介通过一定的技术手段和流程设计，为客户之间完成货币收付或清偿因交易引起的债权债务关系提供服务，实现货币资金的转移。

五、简答题

1. 简述金融中介机构的分类。
（1）按业务特征及创造货币、交换媒介和支付手段的能力划分，有银行金融中介机构和非银行金融中介机构。
（2）按所从事业务的类型，将金融中介机构区分为融资类金融中介、投资类金融中介、保障类金融中介和金融信息咨询服务类金融中介四大类。
（3）按是否承担国家政策性金融任务，可分为商业性金融机构和政策性金融机构。

2. 金融中介机构便利支付结算功能对国民经济运行有什么影响？
金融中介机构便利支付结算的功能，对国民经济高效运行产生着重要的影响力。
（1）保证资金在经济各部门的顺畅转移，使债权债务得以清偿，维护了信用链条。
（2）资金的快速、有序流动，缩短了经济运行周期，提高了经济运行效率。
（3）金融中介机构承担了经济运行中巨额资金支付交割以及最终顺利流转的重任，其支付结算能力和效率以及支付系统运行的安全性对经济运行具有至关重要的作用。

3. 金融中介机构资金融通功能对经济社会发展产生怎样的影响？
（1）金融中介机构通过规模经营与专业化操作，为资金供给者提供既盈利又能保证安全性和流动性的金融工具、交易方式和金融服务，有效的动员和筹集社会闲散资金。
（2）金融机构通过选择贷款或投资对象、确定贷款或投资条件、制定差别化的利率、影响有价证券的价格、提供差别化的服务等，能够引导资金流向最需要的地方。
（3）金融中介机构通过多种形式的金融交易形式，纵横交错的融资活动，为客户提供改善资金转移质量的服务，包括改善金融资产的期限限制，增加金融资产的分割性、分散金融资产的风险、提高金融资产的流通性等。

4. 简述政策性金融机构的主要特征。
（1）经营目标是实现政府的社会经济目标，不是盈利。
（2）政策性金融机构由政府创立、参股或担保。

(3) 政策性金融结构有特定的资金来源渠道。①政府预算拨款提供全部或部分资本金；②借入资金；③发行债券。

(4) 政策性金融机构具有特定的业务领域和业务对象。

(5) 政策性金融机构的资金运用有贷款、投资和担保，主要以发放中长期贷款为主。

5. 简述投资类金融机构的作用。

(1) 促进证券投资活动的顺利进行（可略简释之）。

(2) 降低交易成本（可略简释之）。

(3) 提供规避风险工具（可略简释之）。

6. 简述保险公司在经济运行中的功能。

(1) 积聚风险、分散风险、降低个体损失。保险公司作为风险的管理者，将众多个体的风险集中，然后运用特有的风险管理技术将其分散和转移，并通过签约对在约定范围内出险的投保人进行一定的经济补偿。

(2) 融通长期资金、促进资本形成、创新配置资源。保险公司通过在资本市场上运作保险基金，为金融市场提供大量资金来源，为资本市场的繁荣作出贡献。

(3) 提供经济保障、稳定社会生活。保险公司为投保的个人、家庭和企事业单位提供了预期的生产和生活保障，使其能保持健康、有序地发展。

六、论述题（要点）

1. 试述金融中介机构体系在社会经济体系中的作用。

(1) 便利支付结算功能。金融中介机构便利支付结算的功能，对国民经济高效运行产生着重要的影响力。①保证资金在经济各部门的顺畅转移，使债权债务得以清偿，维持了信用链条；②资金的快速、有序流动，缩短了经济运行周期，提高了经济运行效率；③金融中介机构承担了经济运行中巨额资金支付交割以及最终顺利流转的重任，其支付结算能力和效率以及支付系统运行的安全性对经济运行具有至关重要的作用。

(2) 资金融通功能。资金融通功能满足了经济主体资金需求，对经济社会发展产生重要影响。①金融中介机构通过规模经营与专业化操作，为资金供给者提供既盈利又能保证安全性和流动性的金融工具、交易方式和金融服务，有效地动员和筹集社会闲散资金；②金融机构通过选择贷款或投资对象、确定贷款或投资条件、制定差别化的利率、影响有价证券的价格、提供差别化的服务等，能够引导资金流向最需要的地方，流向那些经营管理好、产品畅销、有发展前景的经济单位，合理地分配和引导资金；③金融中介机构通过多种形式的金融交易形式，纵横交错的融资活动，为客户提供改善资金转移质量的服务，包括改善金融资产的期限限制，增加金融资产的分割性、分散金融资产的风险、提高金融资产的流通性等。

(3) 专业化服务功能。专业化服务功能满足了经济发展中的金融投资需求。收入和财富的增加，使人们产生投资的愿望，以债券、股票等有价证券为工具的投资性金融活动日益活跃，这样产生了专门投资服务的投资公司和专司有价证券发行与流通业务的证券公司。金融中介机构通过规模化经营和专业化运作，在为投融资双方提供资金融通服务的同时，降低交易的单位成本。规模化的经营可以合理控制利率、费用、时间和机会成本等，使拥有闲置资金的经济各部门愿意向金融中介提供资金；各种金融机构的专业化运作，可以实现各自领域内的价格优势、服务优势或产品优势，使资金需求者愿意获取金融中介的融资支持。专业化服务功能使金融中介在发展中提高。

（4）风险管理功能。风险管理功能满足了降低经济活动的不确定性的需求。经济活动中风险的存在和发生具有客观性，风险事故一旦造成损失，单个经济主体很难独自承担，需要有效地管理回避和防范风险，便产生了专门从事风险转移和管理的保障类金融中介机构。

（5）信息服务功能。信息服务功能满足了改善不对称信息的需求。投融资活动的成功关键是获取与交易相关的真实、完整信息，否则可能造成逆向选择或道德风险。金融中介机构在信息处理和监督方面具有其他机构无法超越的优势。金融中介机构通过专业分工在搜集、加工、分析、研究信息等方面形成优势，满足金融活动参与者的各种信息需求。

2．试述政策性金融机构的特殊功能。

（1）引导性职能。政策性金融是直接体现政策意图，并由财政负责贴息的金融业务活动。政府通过控制政策性金融的资金投向，即对某些领域、某些部门提供贷款，表明政策对这些产业的支持以及对这些领域在资金上的倾斜，同时更重要的是反映了国民经济发展的目标和侧重点。

（2）选择性职能。政策性金融机构是有选择地进行融资活动，其依据是国家的产业政策、国民经济均衡发展的要求。因而，政策性金融机构所选择的融资项目都是国家的重点产业，需要扶持的产业和项目等，以便使产业结构合理。

（3）补充性职能。政策性金融机构的金融活动，补充完善了金融机构的金融职能，表现在对商业性金融机构不愿融资的，技术、市场风险较高的领导进行倡导性投资，对投放回收期过长、收益率低的项目进行融资补充等；还表现在以间接的融资活动或提供担保来引导商业性金融机构的资金流向，并针对商业性金融机构主要以提供短期资金通而产生的长期资金融通不足这一缺陷予以补充。

（4）服务性职能。是指政策性金融机构为企业和政策提供的金融与非金融服务。政策性金融机构的专业性较强，在某一领域积累了丰富的经验和专业技能，并聚集了一批精通业务的专业人才，可以为企业提供各方面的金融与非金融服务，如分析财务结构、诊断经常情况，提供经济信息等；可以成为政策在某方面的顾问，参与有关规划的制定，甚至代表政策组织实施。

第七章

商业银行

☞ 学习目的和要求

通过本章的学习，要求全面掌握商业银行及其业务；理解商业银行经营原则和管理理论，并能学以致用。

☞ 要点提示

第一节 商业银行概述

一、银行业的起源

在金融机构体系中处于主体地位的是商业银行。现代银行的先驱是历史上的货币经营业。货币经营业是经营货币商品的商业，其职能主要是从事货币兑换、保管和汇兑。货币经营业者最初只从事货币兑换，后来办理货币保管与汇兑，由于保管业务和汇兑业务的扩展，在他们手中聚集起大量的货币资金，这些货币资金就成为他们放款生息的基础。当他们不是依靠保管业务所集聚的货币资金来贷款，而是主要靠向货币所有者以提供服务和支付利息为条件吸收存款来扩展贷款业务时，货币经营业就发展成为经营存款、放款、汇兑业务的银行业了。

二、现代商业银行的产生和发展

现代银行是随着资本主义生产方式的产生和发展而产生和发展起来的。早期银行具有高利贷性质，不能适应资本主义需要，客观上需要建立资本主义现代银行。资本主义现代银行基本上是通过两条途径建立起来的。一条途径是高利贷性质的旧式银行逐渐适应新的经济条件而转变为资本主义银行，另一条途径是按照资本主义经营原则组织的股份银行。起主导作用的是后一条途径。1694年，在英国建立起来的英格兰银行是世界上第一家股份制商业银行。

中国的现代银行发展较晚。直到1845年英国资本在香港、广州开设丽如银行（后称东方银行），中国领土上才有了第一家新式银行。1897年在上海设立的中国通商银行是中国自办的第一家新式银行。它的成立标志着中国现代银行事业的创始。

三、商业银行的性质

从性质上说，商业银行是以经营公众存款、放款、汇兑（各种转账结算方式的概称）为主要业务，并以利润为主要经营目标的金融机构，是一种特殊的企业。

商业银行与一般工商企业一样，依法设立，依法活动，自主经营、自负盈亏，以盈利为核心目标，体现了其企业特征。与一般工商企业不同的是它经营的对象不是普通商品，而是货币资本这种特殊商品；它的活动领域是货币信用领域，信用业务是其经营活动的特征。

四、商业银行的职能

商业银行的职能可以概括为充当信用中介和支付中介、把货币转化为资本、创造信用流通工具四个方面。

充当信用中介是指商业银行通过自身的信用活动，充当货币资金借贷的中介人。这是银行最基本的、最能表现其经营特征的职能。银行一方面以吸收存款等形式动员和集中社会上一切闲散的货币资金，另一方面通过贷款或投资等方式将这些货币资金提供给暂时需要补充资金的企业、单位使用，从而银行成为货币资金贷出者与借入者之间的中介人，其实质是在资金盈余与资金短缺的企业、单位之间融通资金。

充当支付中介是银行通过为客户开立账户办理转账结算而成为货币收付的中介人。这是由于银行信誉高，拥有大量的分支机构和代理行关系，通过银行办理货币结算安全、快捷。

把货币转化为资本职能指银行通过开展储蓄等业务，把社会各阶层居民个人的货币收入和积蓄集中起来，贷放给企业使用，把非资本的货币就转化为货币资本。

创造信用流通工具职能。在上述各项职能发挥的基础上，商业银行成为银行券和存款货币的创造者。商业银行创造存款货币的意义是在于满足流通中对流通手段和支付手段的需要，同时也节约了与现金流通相关的费用。这对经济发展也是有重要意义的。

五、商业银行的组织制度

（1）单一银行制，是指银行业务完全由一个独立的银行经营而不设或限设分支机构的制度。

（2）分支行制也称为总分行制度，是指银行机构除总行外，还在国内外各地设立分支机构，总行一般设在大城市，所有分支行由总行统一领导指挥。

（3）银行持股公司制度也叫作集团银行制，一般是指由某一集团成立一个股权公司或叫持股公司，再由该公司收购和控制两家以上的银行股票。在法律上，这些银行是独立的，但其业务和经营政策，统属于同一持股公司控制。

（4）连锁银行制度是指由某个人或某些个人集团购买两家以上独立银行的股权，其数量足以起控制作用。它不以股权公司的形式出现，成员银行在法律上是独立的，但受控于某一个人或个人集团。

第二节 商业银行的业务

商业银行的业务总体上可以分为三类：负债业务、资产业务、中间业务和表外业务。

一、商业银行的负债业务

商业银行负债业务是形成其资金来源的业务。商业银行资金来源包括自有资本和外来资金。外来资金主要是存款，此外还有其他非存款负债。

1. 银行自有资本

银行资本代表了银行股东的所有者权益，或者说银行所有者的净财富，是银行实力的象征，它代表补偿损失的能力，是风险的最后承担者，是防止亏损的最终防线。所以，银行自有资本越充足，破产可能性就越小。严格讲，自有资本不属于负债。

银行自有资本包括：①股本；②公积金；③未分配利润；④补偿性准备金，指银行为应付意外损失而从税前收益中预先提留的资金；⑤从属债务，指商业银行破产清算时，偿还顺序靠后的长期债务。后两项不是核心资本。

根据我国《商业银行资本充足率管理办法》，商业银行资本包括核心资本和附属资本。核心资本包括实收资本或普通股、资本公积、盈余公积、未分配利润和少数股权。附属资本包括重估储备、一般准备、优先股、可转换债券和长期次级债务。

2. 存款负债

存款业务是银行接受客户存入货币资金，存款人可按规定支取款项的一种业务。存款是银行吸收外来资金的主要渠道，是负债业务的主要内容。

活期存款指没有期限上的规定，存款人可开支票随时提取或支付的存款，也有往来账户或支票账户存款之称。这类存款，银行要发给存款人支票簿，存款人须签发支票才能提取现金或者向他人支付。定期存款。是指在存入时预先约定期限，到时才能提取的存款。定期存款存入时，银行要向存户出具存单，存单不能流通，只是到期取款的凭证。储蓄存款。这是针对个人积蓄货币而开办的存款。通常由银行发给存户存折或存单，作为存款和提款的凭证。一般不能据以签发支票，支用时只能提取现金或者先转入存户的活期存款账户。储蓄存款有活期和定期之分，而以定期储蓄居多，但不论活期和定期，都支付利息。

3. 非存款负债

同业拆借是指银行之间相互提供的短期资金融通，即需要准备金的银行向有剩余准备金的银行借款。借入资金的银行主要是用以解决本身临时资金周转的要求，但也可以是为了获得发放额外贷款所需要的资金。同业拆借一般是短期的。

回购协议即银行在卖出证券的同时承诺在未来某日购回，实际上是银行以证券作为担保品借入资金。大多数回购协议以政府债券做担保。

向中央银行借款是商业银行在必要时可向中央银行借款。这有两种形式：再贴现和直接借款。

此外还有发行金融债券和境外借款、临时资金占用等。

二、商业银行资产业务

商业银行的资产业务是运用资金的业务。商业银行的资金运用一般有：现金资产、贷款（包括贴现）、证券投资、其他资产。

1. 现金资产

这是指商业银行占用在现金形态上的资产，在所有资产中具有最强的流动性，属于一级准备资产。一般包括四部分：①库存现金；②在中央银行的存款；③存放同业；④应收现金。

2. 贷款

贷款也称放款，是银行将资金按一定的利率贷放给客户并约期归还的业务。贷款种类包括：

（1）按贷款方式以及保障程度划分，可分为信用贷款、担保贷款和票据贴现。

信用贷款是指银行完全凭借客户的信誉而发放的贷款。担保贷款是指银行对具有一定的财产作还款保证而发放的贷款。根据担保方式的不同，具体可分为保证贷款、抵押贷款和质押贷款。

票据贴现是指银行买进未到期商业票据的方式对票据持有人进行的融资。它是贷款的一种特殊方式。在票据贴现业务中，银行不是按票面额付款，而是要扣除贴现利息，即是从贴现日起至票据到期日止这段时间的利息，然后以票面余额付款给客户。所扣的利息要根据票面额、贴现率以及贴现天数来计算。贴现率是贴现利息与票面额的比率，一般是事前规定的。贴现天数是指票据从贴现之日起到票据上载明的到期之日为止的时间。票据到期时，银行持票据向票面载明的付款人按票面额索取款项。票据贴现付款额的计算公式是：

$$贴现付款额 = 票据面额 \times \left(1 - 年贴现率 \times \frac{贴现天数}{360 \, 天}\right)$$

（2）按贷款对象，可分为工商业贷款、不动产贷款、消费者贷款、农业贷款等。

（3）按贷款期限，可分为活期贷款（通知放款）和定期贷款。定期贷款又有短、中、长之分。

（4）按还款方式，可分为一次偿还的贷款和分期偿还的贷款。

（5）按贷款风险大小可分为正常贷款、关注贷款、次级贷款、可疑贷款和损失贷款。

正常贷款：借款人能够履行合同，没有足够理由怀疑贷款本息不能按时足额偿还。

关注贷款：尽管借款人目前有能力偿还贷款本息，但存在一些可能对偿还产生不利影响的因素。

次级贷款：借款人的还款能力出现明显问题，完全依靠其正常营业收入无法足额偿还贷款本息，即使执行担保，也可能会造成一定损失。

可疑贷款：借款人无法足额偿还贷款本息，即使执行担保，也肯定要造成较大损失。

损失贷款：在采取所有可能的措施或一切必要的法律程序之后，本息仍然无法收回，或只能收回极少部分。

（6）按贷款的规模和对象可分为批发贷款和零售贷款。批发贷款指银行对规模较大的借款人（如大中型企业）发放的金额较大的贷款。零售贷款指银行对小客户和个人发放的金额较小的贷款。

3. 证券投资

证券投资是商业银行在金融市场上购买有价证券的业务。银行购买的有价证券主要是国库券、公债、政府机构证券、地方政府证券，以及少量的大公司债券。因为这类证券安全可靠，期限较短，变现能力强。银行证券投资的目的主要是增强资产的流动性和增加收益，此外还可降低风险。但是证券投资本身也是有风险的。

三、商业银行的中间业务和表外业务

（一）中间业务

商业银行的中间业务也称中介业务、居间业务，它是指银行不运用或较少运用自己的资金，以中间人的身份替客户办理收付或其他委托事项，为客户提供各类金融服务并收取手续费的业务。按照我国《商业银行中间业务暂行管理办法》中的解释，中间业务是指不构成商业银行表内资产、表内负债，形成银行非利息收入的业务。中间业务具有成本低、收益高、风险小、收入稳定、安全可靠等特点，已成为商业银行业务拓展的主要方向。常见的中间业务有结算、信托、租赁、代理、咨询等。

1. 结算业务

银行办理结算业务是指受客户委托将款项从付款人账户划转到收款人账户完成货币收付的行为。我国习惯称为转账结算。结算业务的方式，同城的主要是支票结算，异地的主要是汇兑、托收、信用证结算。

2. 信托业务

信托是信用委托的意思，是指一方委托另一方代为管理、经营和处理某项经济事务的行为。银行经营的信托是金融信托，即银行作为受托人受客户的委托，代为管理、经营、处理有关钱财方面的事项。

信托业务一般具有三个关系人：①委托人，是资金或财产的原所有者，他是最初提出信托要求的人。②受托人，是接受并承办信托要求的人。③受益人，是享受到信托财产本身及其收益的人。

3. 租赁业务

租赁是出租人以收取租金为条件，将财产出租给承租人使用的经济行为。租赁业务一般有金融租赁和经营租赁两大类。银行经营的是金融租赁。

金融租赁，又叫融资性租赁，是由出租人出资购买承租人选定的设备，并按协议将设备出租给承租人使用。金融租赁的出租人一般只负责提供资金，所有关于设备的安装、保养维修、保险、纳税等均由承租人负责。

4. 代理业务

代理业务是指银行（代理人）接受客户（被代理人）委托，代为办理指定的经济事项。银行代理业务有两个特点：一是综合性的服务业务，具有代客服务的性质；二是以收取手续费为收益来源。主要的有：代理证券发行业务，代客买卖业务，代保管业务，代理收付款项，其他代理，如代理保险，代理清理债务等。

5. 代理融通业务

代理融通又叫代收账款或收买应收账款，指银行或专业代理融通公司代企业收取应收账

款,并向企业提供资金融通的一种业务方式,又有保理业务之称。

6. 银行卡业务

银行卡指由各商业银行(含邮政金融机构)向社会发行的具有消费信用、转账结算、存取现金等全部或部分功能的信用支付工具。银行卡一般有借记卡和信用卡之分。借记卡是一种不具备透支功能的银行卡。信用卡是指由银行或非银行金融机构向其客户提供具有消费信用、转账结算、存取现金等功能的信用支付工具。

7. 咨询业务。商业银行通过资金运动的记录,以及相关资料的收集整理,可以为企业提供多种咨询服务。

(二) 表外业务

表外业务可分为广义和狭义两种。狭义的表外业务即这里所讨论的表外业务,是指商业银行所从事的按国际会计准则不计入资产负债表内因而不影响资产负债总额,但在一定条件下会转变为表内资产或负债的业务,即狭义的表外业务构成了商业银行的或有资产和或有负债。广义的表外业务,除了包括狭义的表外业务,还包括商业银行从事的不需要列入资产负债表中的金融服务类表外业务。

通常所说的表外业务是指狭义的表外业务,一般包括以下四类:①担保或类似的或有负债;②承诺;③金融衍生工具交易;④投资银行业务。

第三节 商业银行的经营原则与管理

一、商业银行的经营原则

商业银行的经营要遵照三个原则:盈利性原则、安全性原则、流动性原则。

盈利性原则,追求盈利是商业银行经营总目标的要求,是银行改进服务、不断开拓业务经营的内在动力。也只有在保持理想盈利的水平上,商业银行才能不断充实资本,加强经营实力,巩固信誉,在竞争中发展壮大,这一原则占有核心地位。

安全性原则,是指避免经营风险,保证资金安全的要求。银行自有资本所占的比重很少,主要靠负债经营,这要求银行妥善地安排资产。

流动性原则,是指银行应有能够随时应付客户提取存款,满足必要贷款等方面要求的能力。其关键是在必要时能满足用款要求。保持流动性的必要,来自银行资金来源的性质和资金运用的特点。

三个原则有统一的一面,也有矛盾的一面。一般说来,安全性与流动性正相关,流动性较强的资产,安全有保障,风险较小。但它们与盈利性往往有矛盾,流动性强,安全性好,盈利率一般较低。银行经营管理的艺术就是要在各方面进行权衡和协调,在保证安全和流动的前提下,追求最大限度的利润。

二、商业银行的经营管理理论

西方商业银行的经营理论经历了资产管理、负债管理、资产负债管理的演变过程。

1. 资产管理理论

资产管理是商业银行的传统管理理论。资产管理的重点是流动性管理。资产管理理论经历了三个不同发展阶段。

第一阶段：商业贷款理论，又称真实票据理论。它产生于 200 多年前。即认为银行放款应该是短期商业性的，并有真实商业票据为凭。在此理论影响下，银行只发放短期易变现的贷款。

第二阶段：可转换理论。它产生于第一次世界大战之后。这一理论认为，银行能否保持流动性，关键在于资产的变现能力。把可用资金的一部分投放于能在二级市场出售的证券上，是可以满足银行流动性需要的。可转换理论的实际应用把银行的资产业务拓展到了证券上。

第三阶段：预期收入理论。产生于第二次世界大战以后，这种理论强调的是借款人的预期收入。它认为，放款的偿还是以借款人未来收入为基础的，银行根据借款人的预期收入或现金流量，确定放款计划，安排放款的到期日，银行就能保持规律性的现金流入，维持高度的流动性。预期收入理论推动了商业银行业务经营向中长期设备贷款、分期付款的不动产贷款和消费贷款以及设备租赁等方面的扩展。

资产管理的各种理论也不是相互排斥的，而是相互补充的关系，反映了一种不断完善和发展的演进过程。

2. 负债管理理论

该理论产生于 20 世纪 60 年代。核心思想是把保证银行流动性的重点从资产方面转到负债方面，主张以借入资金的办法来保持银行流动性。负债管理开创了保持银行流动性的新途径，它使银行不再单纯地依靠吸收存款的被动型负债，而是发展了向外借款的主动型负债。它存在着明显的缺陷：①提高了银行的融资成本；②增加了经营风险；③不利于银行稳健经营。

3. 资产负债管理理论

该理论产生于 20 世纪 80 年代。认为只有通过资产结构和负债结构的共同调整，通过资产负债的统一协调管理，才能实现盈利性、安全性、流动性的均衡，为银行谋取最大利润。

三、资产负债（综合）管理方法

1. 缺口管理法

缺口管理法，是根据期限或利率等指标将资产和负债分成不同的类型，然后对同一类型的资产和负债之间的差额，即缺口，进行分析和管理。

2. 资产负债比例管理

资产负债比例管理是通过一系列资产负债比例指标来对商业银行的资产和负债进行监控和管理的办法。它既可以作为商业银行自身的一种业务管理方式，也可以作为监管当局对商业银行实施监管的一种手段。

我国当前主要实行比例管理办法。中国人民银行于 1994 年起对商业银行实施资产负债比例管理，并提出了应遵循的原则和具体指标体系。这一管理办法的基本原则是：①以资金来源制约资金运用的原则；②结构对应原则；③风险分散及防范原则。

四、风险管理

1. 风险管理的含义

风险管理是指通过对风险的认识、衡量和分析，选择最有效的方式，主动地、有目的地、有计划地处理分析,争取以最小成本获得最大安全保证的管理。

2. 风险管理与内部控制

风险管理不只是风险的计量和据以进行经营决策的问题,更值得关注的是商业银行内部控制失效所引发的风险。商业银行内部控制是指商业银行为实现经营目标,通过制定和实施一系列制度、程序和方法,对风险进行事前防范、事中控制、事后监督和纠正的动态过程和机制。

3. 风险管理原则

风险管理原则有以下四个方面:

(1) 全面性。银行的内部控制不是只针对某一方面进行的,而应当渗透到商业银行的各项业务过程和各个操作环节,覆盖所有的部门、岗位和人员。不能留有死角和空白,要做到无所不控。

(2) 审慎性。内部控制应当以防范风险、审慎经营为出发点,商业银行的经营管理,尤其是设立新的机构或开办新的业务,都应当体现"内控优先"的要求。

(3) 有效性。内部控制应当具有高度的权威性,真正落到实处,任何人不得拥有不受内部控制约束的权力;内部控制存在的问题应当得到及时反馈和纠正。

(4) 独立性。内部控制的检查、评价部门应当独立于内部控制的建立和执行部门,并有直接向董事会和高级管理层报告的渠道。

五、我国现行的资产负债管理及风险管理

中国人民银行于1994年起对商业银行实施资产负债比例管理,并提出了应遵循的原则和具体指标体系。这一管理办法的基本原则是:

(1) 以资金来源制约资金运用的原则。各银行均应根据资本和负债的数量合理确定贷款规模,防止超负荷经营。

(2) 结构对应原则。即资产与负债的偿还期应保持一定的对称关系,安排长期性资金运用要以长期性资金来源为基础,流动性资产要与流动性负债相适应。

(3) 风险分散及防范原则,即银行在进行资产分配时,应尽量将贷款与证券投资的种类和对象分散开来,避免过分集中,以分散资产风险。同时,银行还要加强资产风险管理,不断降低资产风险含量,提高经营效益。

在风险管理方面,20世纪90年代中期以前,我国商业银行整体上几乎没有专门的风险管理,随着《巴塞尔协议》以及资产负债比例管理的推行,我国商业银行才逐步建立了专门的风险管理。

第四节 商业银行的发展趋势

一、商业银行的综合经营

伴随着经济全球化的发展和人类社会科技的进步,商业银行的一个重要发展趋势是走向

综合经营。当代以新型化、多样化、电子化为特征的金融创新,改变了传统的金融运作模式,银行与非银行金融机构之间的业务界限愈来愈模糊不清,金融机构业务交叉呈现自由化、综合化、国际化的新趋势。

二、商业银行的资产证券化

商业银行综合经营趋势的日益明显,与资本市场的联系更加广泛,商业银行的主要业务更多地通过证券方式来运作,不仅负债业务的证券化(如发行股票、债券等)愈发重要,资产的证券化趋势也日益明显。

三、商业银行经营的信息数据化

网络银行又称网上银行或在线银行,是指银行利用因特网技术提供银行服务的活动,是因特网技术与现代银行业相结合的产物。网络银行存在于电子空间中的金融活动,其存在形态是虚拟化的、运行方式是网络化的。网络银行具有大金融、虚拟性和开放性的特点,同时又具有提高银行业的经营效率和降低经营成本的优点。网络银行的发展对传统银行业产生了重大影响。

☞知识拓展

2019年年初《金融时报》专家委员会成员、中国银行首席研究员宗良就中国银行业的改革提出了几点意见,即商业银行更好地服务高质量发展应重视以下三个方面:

一是把握好信贷投向,确保资金流向实体经济。围绕国家重大战略规划和供给侧结构性改革主线,支持好乡村振兴战略、创新驱动发展战略、区域协调发展战略、先进制造业和民营小微企业等。抓住实体经济融资链条中的薄弱环节,解决好小微企业融资难和农村金融服务不足等问题。二是加强金融科技的应用。实现精准营销、精细管理、专业运营和有效风控,不断提升服务实体经济的质效。三是处理好"防风险"与"促发展"之间的关系。商业银行应在风险防控上加大创新力度,推广存货、应收账款、专利权等动产或权益质押,降低小微企业贷款门槛,压缩小微企业融资成本。对此你有何理解?

☞练习题

一、填空题

1. 银行业是随着_____的发展而发展起来的。现代银行的先驱是历史上的_____。
2. 资本主义现代银行基本是通过两条途径建立起来的,一条途径是_____性质的旧式银行转变而来,另一条途径是按资本主义经营原则组织的_____银行。
3. 世界上第一家股份制商业银行是_____银行,它建立于_____年。
4. 1987年在上海设立的_____银行是中国自办的第一家新式银行。
5. 信用卡按是否向发卡银行交存备用金分为_____和_____两类。
6. 个人住房贷款的种类,从放贷利率分为_____和_____两种。

7. 我国商业银行是以_____组织制度为主。
8. 商业银行经营目的是_____，是经营_____的特殊企业。
9. 巴塞尔协议把银行资本划分为两大类，一类是_____，另一类是_____。
10. 商业银行自有资本通常主要包括发行股票筹集起来的_____、_____，以及_____。
11. 按是否固定期限可将贷款分为_____贷款和_____贷款。
12. 按还款方式可将贷款划分为_____贷款和_____贷款。
13. 商业银行的业务大体上可以分为三类：_____、_____、_____。
14. 商业银行的资金来源可以分为_____和_____两大类。

二、单项选择题

1. 在金融机构体系中，处于主体地位的是（　　）。
   A. 中央银行　　　　　　　　B. 商业银行
   C. 投资银行　　　　　　　　D. 专业银行
2. 最早设立股份制银行的是（　　）。
   A. 英国　　　　　　　　　　B. 美国
   C. 德国　　　　　　　　　　D. 法国
3. 单一银行制比较典型的国家是（　　）。
   A. 英国　　　　　　　　　　B. 美国
   C. 中国　　　　　　　　　　D. 日本
4. 商业银行以（　　）为主要资金来源。
   A. 资本金　　　　　　　　　B. 发行金融债券
   C. 向中央银行借款　　　　　D. 存款负债
5. （　　）业务是商业银行收益最多的经营活动，是商业银行利润的最大来源。
   A. 存款　　　　　　　　　　B. 贷款
   C. 投资　　　　　　　　　　D. 现金资产
6. 最基本的、最能表现商业银行经营特征的职能是（　　）。
   A. 信用中介　　　　　　　　B. 支付中介
   C. 把货币转化为资本　　　　D. 创造信用流通工具
7. 商业银行的性质是（　　）。
   A. 国家机关　　　　　　　　B. 事业单位
   C. 具有国家机关和企业双重性质　　D. 企业
8. 下列银行资产中流动性最高而收益最低的是（　　）。
   A. 票据贴现　　　　　　　　B. 短期证券
   C. 现金　　　　　　　　　　D. 活期贷款
9. 下列不属于商业银行中间业务的是（　　）。
   A. 结算业务　　　　　　　　B. 租赁业务
   C. 承诺　　　　　　　　　　D. 银行卡业务
10. 在（　　）理论的影响下，商业银行的资产业务拓展到了证券上。

A. 预期收入理论 B. 可转换理论
C. 负债管理理论 D. 资产负债综合管理理论

11. 信用卡透支属于银行的（　　）业务。
A. 贴现业务 B. 放款业务
C. 汇兑业务 D. 中间业务

12. 存款保险制度要求商业银行按存款额的大小和一定的比例缴纳（　　）给存款保险机构。
A. 保险费 B. 准备金
C. 黄金 D. 风险基金

13. 一张差半年到期的面额2000元的票据，到银行得1900元的贴现金额，年贴现率为（　　）。
A. 5% B. 10%
C. 2.56% D. 5.12%

14. 在银行存款时间长、支取频率小，具有投资的性质并且是银行最稳定的外界资金来源的存款是（　　）。
A. 储蓄存款 B. 定期存款
C. 支票 D. 活期存款

15. 商业银行为维持日常性资金周转，解决短缺资金余缺、调剂法定准备头寸而相互融通资金的重要方式是（　　）。
A. 同业拆借 B. 再贴现
C. 再贷款 D. 回购协议

16. 为客户提供支票服务属于商业银行的（　　）职能。
A. 信用中介 B. 支付中介
C. 信用创造 D. 金融服务

17. 下列不属于担保贷款的是（　　）。
A. 保证贷款 B. 抵押贷款
C. 质押贷款 D. 信用贷款

18. 关于商业银行中间业务的说法错误的是（　　）。
A. 中间业务不需要直接动用自己的资金
B. 发达国家银行收入主要来自中间业务的收入
C. 开展中间业务商业银行需要承担较大的风险
D. 我国中间业务发展的前景广阔

三、多项选择题

1. 历史上的货币经营业的主要职能是从事（　　）。
A. 货币兑换 B. 货币保管
C. 汇兑 D. 存款
E. 贷款

2. 商业银行的传统职能包括（　　）。

A. 信用中介 B. 支付中介
C. 把货币转化为资本 D. 创造信用流通工具
E. 调控经济

3. 商业银行组织制度包括（　　）。
A. 单一银行制 B. 分支行制
C. 银行持股公司制度 D. 连锁银行制度
E. 跨国银行制度

4. 以下属于商业银行资金来源的有（　　）。
A. 存款 B. 同业拆借
C. 贷款 D. 中央银行借款
E. 证券投资

5. 以下属于商业银行资金运用的有（　　）。
A. 贷款 B. 证券投资
C. 自有资本 D. 库存现金
E. 贴现

6. 商业银行现金资产一般包括（　　）。
A. 库存现金 B. 在中央银行存款
C. 存放同业 D. 应收现金
E. 证券投资

7. 按贷款对象划分，商业银行贷款有（　　）。
A. 工商业贷款 B. 不动产贷款
C. 消费者贷款 D. 抵押贷款
E. 信用贷款

8. 商业银行在经营中要遵照的原则包括（　　）。
A. 盈利性 B. 安全性
C. 公共性 D. 政策性
E. 流动性

9. 下列属于商业银行中间业务的有（　　）。
A. 承兑业务 B. 代理业务
C. 结算业务 D. 贷款业务
E. 信用卡业务

10. 我国传统的银行转账结算方式有（　　）。
A. 支票结算 B. 汇兑结算
C. 托收 D. 信用证结算
E. 现金结算

11. 商业银行的贷款可按偿还的保障性分为（　　）。
A. 信用贷款 B. 票据贴现
C. 担保贷款 D. 消费贷款
E. 不动产贷款

12. 商业银行资产负债管理的具体理论很多，但是归纳起来可以概括为（　　）。
    A. 资产管理理论　　　　　　　　　B. 商业贷款理论
    C. 资产负债综合管理理论　　　　　D. 预期收入理论
    E. 负债管理理论

13. 商业银行的非存款负债来源包括（　　）。
    A. 同业拆借　　　　　　　　　　　B. 回购协议
    C. 向中央银行借款　　　　　　　　D. 发行金融债券和境外借款
    E. 临时资金占用

14. 商业银行替客户办理中间业务可能获得的好处有（　　）。
    A. 控制企业经营　　　　　　　　　B. 与客户分成
    C. 手续费收入　　　　　　　　　　D. 暂时占用客户的资金
    E. 获得稳定的客户，增加其资金来源的稳定性

15. 商业银行借入资金应考虑的因素包括（　　）。
    A. 借入资金的规模　　　　　　　　B. 借入资金的期限
    C. 借入资金的相对成本　　　　　　D. 借入资金的风险
    E. 借入资金的法规限制

16. 下列属于商业银行"主动型负债"的有（　　）。
    A. 存款　　　　　　　　　　　　　B. 同业拆借
    C. 再贴现　　　　　　　　　　　　D. 金融债券
    E. 转贴现

17. 商业银行中间业务的主要风险有（　　）。
    A. 信用风险　　　　　　　　　　　B. 流动性风险
    C. 市场风险　　　　　　　　　　　D. 操作风险
    E. 利率风险

18. 个人住房贷款的风险种类包括（　　）。
    A. 信用风险　　　　　　　　　　　B. 利率风险
    C. 汇率风险　　　　　　　　　　　D. 提前偿付风险
    E. 抵押物风险

四、重要概念

1. 损失贷款　2. 同业拆借　3. 回购协议　4. 票据贴现　5. 结构性存款　6. 抵押贷款　7. 信用贷款　8. 保证贷款　9. 透支　10. 中间业务　11. 支票　12. 托收　13. 信托　14. 表外业务　15. 风险管理　16. 网络银行

五、简答题

1. 商业银行主要经营哪些业务？
2. 贴现与一般贷款有何异同？
3. 简述中间业务和表外业务之间的区别。
4. 商业银行的经营原则之间有什么关系？

5. 网络银行的发展对传统银行业产生了什么影响？

6. 什么是资产证券化？为什么说资产证券化对发行者、投资者、借款者和投资银行各方都是一种有益的融资方式？

六、论述题

1. 试论商业银行的经营原则。
2. 试述商业银行的经营理论的发展。
3. 为什么综合经营是商业银行发展的必然趋势？
4. 试述存款保险制度对我国商业银行的影响。

七、计算题

1. A 企业持一张票面额 100 万元，尚有 120 天到期的商业票据到银行贴现，银行规定的贴现率为 6%，银行应付款是多少？

2. 甲公司以延期付款 3 个月方式向乙公司销售 8000 元的商品。甲公司签发商业汇票，经乙公司承兑后，送交某商业银行办理贴现，设贴现率为 8%。计算：贴现利息是多少？甲公司实得现金是多少？

八、深度思考题

1. 目前我国商业银行的中间业务种类还不够丰富，你认为主要原因是什么？
2. 你是否同意在不久的将来"商业银行会消亡"的观点？

参考答案

一、填空题

1. 商品货币关系　货币经营业
2. 高利贷　股份
3. 英格兰　1694
4. 中国通商
5. 准贷记卡　贷记卡
6. 固定利率　浮动利率
7. 分支行制
8. 盈利　货币信用业务
9. 核心资本　附属资本
10. 股份资本　公积金　未分配利润
11. 活期　定期
12. 一次偿还　分期偿还
13. 负债业务　资产业务　中间业务与表外业务
14. 自有资本　吸收外来资金

二、单项选择题

1. B 2. A 3. B 4. D 5. B 6. A 7. D 8. C 9. C 10. B
11. B 12. A 13. B 14. B 15. A 16. B 17. D 18. C

三、多项选择题

1. ABC 2. ABCD 3. ABCD 4. ABD 5. ABDE 6. ABCD 7. ABC
8. ABE 9. ABCE 10. ABCD 11. ABC 12. ACE 13. ABCDE 14. CDE
15. ABCE 16. BCDE 17. ACD 18. ABDE

四、重要概念

1. 损失贷款：按照贷款风险划分，损失贷款是在采取所有可能的措施或一切必要的法律程序之后，本息仍然无法收回，或只能收回极少部分。

2. 同业拆借：是指银行之间相互提供的短期资金融通，即需要准备金的银行向有剩余准备金的银行借款。同业拆借通常是通过各商业银行在中央银行的存款账户进行，即通过中央银行把款项从拆出行账户划转到拆入行账户。

3. 回购协议：即银行在卖出证券的同时承诺在未来某日购回，实际上是银行以证券作为担保品借入资金。大多数回购协议以政府债券做担保。

4. 票据贴现：是指银行买进未到期商业票据的方式对票据持有人进行的融资。它是贷款的一种特殊方式。

5. 结构性存款：又称收益增值产品，是指投资者将合法持有的本外币资金存入银行，银行通过在普通存款的基础上嵌入金融衍生工具，从而使存款人在承担一定风险的前提下获得较高预期回报的存款类产品。

6. 抵押贷款：是指按《中华人民共和国民法典》规定的抵押方式，以借款人或第三者的财产作为抵押物发放的贷款。

7. 信用贷款：是指完全凭借客户的信誉而发放的贷款。通常仅由借款人出具签字的文书。由于信用放款只凭借款人的信用，因而一般是贷给那些资信良好且与银行往来密切的客户。

8. 保证贷款：是指按《中华人民共和国民法典》规定的保证方式，以第三人承诺在借款人不能偿还贷款时，按约定承担一般保证责任或者连带责任而发放的贷款。

9. 透支：一种特殊的放款形式，它是与存款联系在一起的，银行允许客户在彼此约定的限额内超过存款金额支出款项，客户对透支款项应支付利息并随时归还，具有活期放款的特点。

10. 中间业务：也称中介业务、居间业务，是指银行不运用或较少运用自己的资金，以中间人的身份替客户办理收付或其他委托事项，为客户提供各类金融服务并收取手续费的业务。

11. 支票：是付款人签发的，委托其开户银行向持票人或指定人支付款项的一种票据。有现金支票和转账支票之分。

12. 托收：是债权人开立汇票，委托银行转托其分支行或代理行向债务人收取款项的结算方式。

13. 信托：信托是信用委托的意思，是指一方委托另一方代为管理、经营和处理某种经济事务的行为。

14. 表外业务：表外业务可分为广义和狭义两种。狭义的表外业务是指商业银行所从事的按国际会计准则不计入资产负债表内因而不影响资产负债总额，但在一定条件下会转变为资产或负债的业务。广义表外业务除了包括狭义的表外业务，还包括商业银行从事的所有不需要列入资产负债表中的业务。

15. 风险管理：是指通过对风险的认识、衡量和分析，选择最有效的方式，主动地、有目的地、有计划地处置风险，争取以最小成本获得最大安全保证的系统的制度和方法。

16. 网络银行：又称网上银行或在线银行，是指通过互联网或其他电子传送渠道，提供各种金融服务的新型银行，是因特网技术与现代银行业相结合的产物。

五、简答题

1. 商业银行主要经营哪些业务？

商业银行的业务有三类：负债业务，资产业务，中间业务和表外业务。

（1）商业银行的负债业务是形成其资金来源的业务。商业银行的负债业务包括：①自有资本；②存款负债；③其他负债。

（2）商业银行的资产业务是指将资金通过负债业务所聚集的货币资金加以运用的业务。商业银行的资金运用一般有四个方面：①现金资产；②贷款（包括贴现）；③证券投资；④其他资产。

（3）中间业务也称中介业务、居间业务，是指银行不运用或较少运用自己的资金，以中间人的身份替客户办理收付或其他委托事项，为客户提供各类金融服务并收取手续费的业务。

（4）表外业务可分为广义和狭义两种。表外业务是不计入资产负债表内因而不影响资产负债总额，但在一定条件下会转变为资产或负债的业务。

2. 贴现与一般贷款有何异同？

银行办理票据贴现业务即是应客户的要求，买进其未到期的票据。贴现与一般的贷款不同之处是：①贷款一般是到期后收取利息，贴现则是在业务发生时即预扣利息；②贷款的债务人即借款人，而贴现的债务人不是来贴现的客户，而是票据的付款人；③贴现的期限一般较短。

3. 简述中间业务和表外业务之间的关系。

中间业务和表外业务是银行业务的两个重要组成部分，它们之间的区别主要体现在以下几个方面：

（1）业务性质：两者都是银行在传统业务之外提供的服务，目的在于增加收入来源和满足客户的多元化金融需求。

（2）财务表现：它们通常不直接体现在银行的资产负债表上，但会对银行的收入和风险状况产生影响。

（3）风险管理：两者都涉及风险管理，银行在进行这些业务时需要评估和控制信用风险、市场风险、操作风险等。

（4）监管要求：中间业务和表外业务都需要遵守相关的监管规定，确保业务的合规性和稳健性。

（5）潜在风险：表外业务由于其隐蔽性和复杂性，可能带来更高的潜在风险，需要银行有更为严格的风险管理和内部控制。

4. 商业银行的经营原则之间有什么关系？

商业银行的经营要遵照三个原则：盈利性原则、安全性原则、流动性原则。

三个原则有统一的一面，也有矛盾的一面。一般来说，安全性与流动性正相关，流动性较强的资产，安全有保障，风险较小。但它们与盈利性往往有矛盾。流动性强，安全性好，盈利率一般较低。比如现金资产的流动性最强，也最安全，但不生利；反之，盈利性较高的资产，往往流动性较差，风险较大。

5. 网络银行的发展对传统银行业产生了什么影响？

（1）商业银行和非银行金融机构之间的界限愈来愈模糊。

（2）金融机构和非金融机构之间的界限愈来愈模糊。

（3）银行业将从"分业经营"转向"综合经营"。

（4）传统银行和金融机构的作用受到削弱。

（5）加剧了金融机构的兼并。

6. 什么是资产证券化？为什么说资产证券化对发行者、投资者、借款者和投资银行各方都是一种有益的融资方式？

资产证券化是指将缺乏流动性的资产转化为在金融市场上可以出售的证券的行为。资产证券化对发行者、投资者、借款者和投资银行各方都是一种有益的融资方式。

（1）发行者通过它可获得较低的筹资成本，更高效运用资本，更好地进行资产负债管理，实现资金来源多样化。

（2）投资者则获得了信用风险较低的、流动性较高的证券；为借款者创造了更有利的筹资环境。

（3）资产证券化还极大地加强了投资银行和工商企业的联系，促进了其证券业务的发展。

六、论述题（要点）

1. 试论商业银行的经营原则。

商业银行的经营要遵照三个原则：盈利性原则、安全性原则、流动性原则。

盈利性原则，是指银行在经营活动中要追求盈利。这是商业银行经营总目标的要求，是银行改进服务、不断开拓业务经营的内在动力。这一原则占有核心地位。

安全性原则，是指避免经营风险，保证资金安全的要求。银行与一般工商企业不同，它的自有资本所占的比重很少，主要靠负债经营。如果存户要求提款，银行必须予以满足，否则就会触发挤兑风潮，造成银行倒闭。这要求银行妥善地安排资产。从贷款和投资看，由于种种不可确定的原因，存在着拖欠和呆账风险、利率风险、流动性风险等，风险一旦发生，必然影响银行存款的兑付和资金周转，影响银行结益，甚至危及银行本身的存亡。所以，安全性历来都是银行家高度重视的事情。

流动性原则，是指银行应有能够随时应付客户提取存款、满足必要贷款等方面要求的能力。其关键是在必要时能满足用款要求。保持流动性的必要，来自银行资金来源的性质和资金运用的特点。银行的资金来源大部分是客户的存款和借入款，它们或者是要按时提取或者是要随时兑付。流动性的要求也来自于资产运用方面，贷款和投资有收有放，它们也有一定的不确定性，这也有要求银行保持流动性。

以上三个原则有统一的一面，也有矛盾的一面。一般来说，安全性与流动性正相关，流动性较强的资产，安全有保障，风险较小。但它们与盈利性往往有矛盾。流动性强、安全性好的资产，盈利率一般较低。银行经营管理的艺术就是要在各方面进行权衡和协调，在保证安全和流动的前提下，追求最大限度的利润。

2. 试述商业银行的经营理论的发展。

西方商业银行的经营理论经历了资产管理、负债管理、资产负债管理的演变过程。

（1）资产管理理论。资产管理是商业银行的传统管理理论。在20世纪60年代以前，银行资金来源比较单一，大多是吸收活期存款，主动权在客户手上，银行管理起不了决定影响，而资金运用的主动权却在银行手上，这样，银行经营管理的重点就放在资产方面。资产管理的重点是流动性管理。资产管理理论经历了三个不同发展阶段。

第一阶段是商业贷款理论，又称真实票据理论。即认为银行放款应该是短期商业性的，并有真实商业票据为凭。因为这种贷款具有自动清偿性质，既符合流动性要求，又能带来适当的收益。在此理论影响下，银行只发放短期易变现的贷款。

第二阶段是可转换理论。这一理论认为，银行能否保持流动性，关键在于资产的变动能力。把可用资金的一部分投放于能在二级市场出售的证券上，是可以满足银行流动性需要的。这种理论是以金融工具和金融市场的发展为背景的。可转换理论的实际应用把银行的资产业务拓展到了证券上。

第三阶段是预期收入理论。这种理论强调的是借款人的预期收入。它认为，放款的偿还是以借款人未来收入为基础的，所以，银行根据借款人的预期收入或现金流量，确定放款计划，安排放款的到期日，银行就能保持规律性的现金流入，维持高度的流动性。预期收入理论强调了贷款偿还与未来收入的关系，推动了商业银行业务经营向中长期设备贷款、分期付款的不动产贷款和消费贷款以及设备租赁等方面的扩展。

以上三种资产管理理论不是相互排斥的，而是相互补充的关系，各种理论都为银行的资产管理提供了新的思路，推动了资产业务的不断发展。

（2）负债管理理论。负债管理理论的核心思想是把保证银行流动性的重点，从资产方面转到负债方面，主张以借入资金的办法来保持银行流动性。负债管理理论认为，银行流动性不仅可以通过资产管理来获得，也可以通过向外借款来得到。银行无须经常保持大量的准备资产，完全可以将资金更多地投放到高收益的资产上去，而一旦需要周转资金，则可向外筹借。

这种理论的运用改变了银行过去按照已有的负债来调整资产以适应之的做法，银行开始根据资产的需要来调整负债，让负债去适应和支持资产。

但是这一理论存在着明显的缺陷：①提高了银行的融资成本，因为借款成本通常要比存款利率高；②增加了经营风险，当银行不能从市场借到相应的资金时，就可能陷入困难，而市场是变幻难测的；③不利于银行稳健经营，短期资金来源比重增大，借短放长的问题日趋严重，银行不注意补充自有资本，风险增加了。

（3）资产负债管理理论。资产负债管理理论是目前流行的理论。这种理论认为，只有根据经济的变化，通过资产结构和负债结构的共同调整，通过资产、负债两方面的统一协调管理，才能实现盈利性、安全性、流动性的均衡，为银行谋取最大利润。而单纯的资产管理过于偏重安全和流动，往往以牺牲盈利为代价，不利于鼓励银行家进取经营；单纯的负债管理过于强调依赖外部借款，增大了银行经营风险。它们都带有一定的偏向。一种把资产和负债两个方面结合起来的管理才是更有效率的管理。

3. 为什么综合经营是商业银行发展的必然趋势？

综合经营是商业银行发展的必然趋势，主要原因包括：

（1）客户需求多样化。随着经济的发展，客户对金融服务的需求日益多样化，商业银行通过综合经营可以更好地满足客户需求，增强客户黏性。

（2）分散风险。综合经营可以帮助银行分散风险，通过在不同的业务领域、市场、客户群体中平衡收益和风险，减少对单一业务或市场的依赖，提高整体的风险抵御能力。

（3）提高盈利能力。综合经营可以拓宽银行的收入来源，通过提供多元化服务增加手续费和佣金收入，提高非利息收入在总收入中的比重，从而提高银行的盈利能力和竞争力。

（4）应对市场竞争。通过综合经营，银行可以扩大业务范围，提升服务能力，更好地应对金融市场发展而带来的同业和非银金融机构的剧烈竞争。

（5）促进金融创新。综合经营可以促进银行内部的资源整合和协同效应，激发金融创新，推动新产品、新服务的研发，提升银行的核心竞争力。

（6）监管环境的变化。随着金融监管体系的完善和监管政策的调整，商业银行在合规的前提下开展综合经营能够更好地适应监管环境的变化，把握监管政策带来的机遇。

4. 试述存款保险制度对我国商业银行的影响。

存款保险制度是一种金融安全网的重要组成部分，旨在保护存款人的利益，维护金融体系的稳定。我国自2015年5月1日起正式实施存款保险制度，这一制度对我国商业银行产生了以下方面的影响：

（1）增强存款人信心。存款保险制度的建立，增强了公众对银行体系的信任，即使银行出现经营问题，存款人的资金也能得到一定程度的保障，这有助于维护金融市场的稳定。

（2）促进公平竞争。存款保险制度要求所有参保银行按照其存款规模缴纳保险费，这有助于减少银行间的道德风险，促使银行更加注重风险管理，避免过度冒险行为。

（3）提高银行透明度。为了有效实施存款保险制度，银行需要提高其经营和财务信息的透明度，这有助于监管机构和社会公众对银行的监督，促进银行改善公司治理。

（4）风险定价能力。存款保险制度可能会影响银行的资金成本，因为保险费率可能会根据银行的信用风险水平进行调整。银行需要更加精确地评估和管理风险，以避免支付更高的保险费用。

（5）金融稳定与危机管理。存款保险制度为金融稳定提供了支持，当银行面临流动性危机时，存款保险机构可以提供必要的资金支持，防止银行挤兑现象的蔓延。

（6）对银行经营的影响。存款保险制度的实施可能会对银行的经营策略产生影响，银行可能需要调整资产和负债结构，优化产品设计，以适应新的监管要求。

（7）国际合作与协调。随着全球金融一体化的发展，存款保险制度的建立有助于我国与其他国家金融监管机构的合作与协调，提升我国银行业在国际金融市场上的竞争力。

总的来说，存款保险制度的实施有助于保护存款人的权益，维护金融市场的稳定，促进银行业的健康发展。同时，商业银行也需要适应存款保险制度带来的变化，加强风险管理，提高服务质量和效率。

七、计算题

1. 银行应付款 = 100 × (1 − 6% × 120/360) = 98 （万元）
2. 贴利息是 160 元，实得现金 7840 元。

第八章 中央银行

☞ **学习目的和要求**

通过本章的学习,要求了解中央银行的产生与发展、中央银行制度的类型、机构设置;熟练掌握中央银行的性质、职能;了解中央银行的业务;理解和掌握中央银行业务活动的原则。

☞ **要点提示**

第一节 中央银行概述

一、中央银行的产生与发展

1. 中央银行产生的客观原因
(1) 银行券的发行问题。
(2) 票据交换和清算问题。
(3) 最后贷款人问题。
(4) 向政府融资问题。
(5) 金融业监管问题。
2. 中央银行的历史演进

中央银行的建立主要是通过两条途径:一是从众多的商业银行中逐渐分离出一家银行,专门执行中央银行职能,其典型代表是英格兰银行;二是由政府出面组建中央银行,其典型代表是美国中央银行。

中央银行的发展,第一阶段是从 19 世纪中叶到第一次世界大战爆发前,是初创时期。第二个阶段是从第一次世界大战结束到第二次世界大战结束,是扩展时期。第三个阶段是第二次世界大战以后,是强化时期。第二次世界大战后,各国政府不断强化和完善中央银行制

度。其主要表现是:
(1) 实行中央银行的国有化。
(2) 加强国家对中央银行的控制。
(3) 中央银行调控宏观经济的职责得到强化。

二、我国中央银行的产生与发展

(一) 旧中国的中央银行

我国的中央银行萌芽于20世纪初,由于清朝末年货币流通及其混乱,政府财政极度亏空,为了整理币制,满足财政需要,清政府户部于1905年在北京成立户部银行,1908年改为大清银行。清政府垮台以后,大清银行改组为中国银行。

1908年,清政府邮传部又成立交通银行,中国银行和交通银行部分地承担了中央银行职责。

1924年,广东国民政府在广州设立中央银行,1927年解散。武汉国民政府于1927年1月成立中央银行,同年9月停业。

1928年11月,南京国民政府在上海成立"中央银行"。但是,"中央银行"并不是唯一的发行银行。

1937年,国民党政府成立中央、中国、交通、农民四行联合办事处总处,负责办理政府战时金融政策及有关业务。

1942年7月1日起,国民党政府的中央银行制度基本形成。

1949年,这家银行随国民党迁往台湾,成为中国台湾地区的中央银行。

(二) 新中国的中央银行

新中国的中央银行是中国人民银行,它是在革命根据地银行的基础上于1948年12月1日正式成立的。中华人民共和国建立后,一直到1978年年末,长期内实行的是"大一统"的银行体制,全国基本上只有中国人民银行一家,它既行使中央银行的职能,又办理普通银行业务,一身二任。

1979—1983年,中国人民银行仍然一身二任。

1984年1月1日起,中国人民银行正式专门行使中央银行职能。至此,新中国真正意义上的中央银行制度得以确立。

1995年3月18日,第八届全国人民代表大会第三次会议通过了《中华人民共和国中国人民银行法》,为把中国人民银行建成真正的、规范的中央银行提供了有力的法律保障。此后,我国中央银行制度逐步走向完善。

三、中央银行制度的类型

1. 单一的中央银行制度

单一的中央银行制度是指一国单独建立中央银行机构,由它执行中央银行的全部职能,并领导全国金融事业的制度。单一的中央银行制度又有两种情况:

(1) 一元式中央银行制度。这种体制是在一个国家内只设立一家中央银行,其机构设置一般采取总分行制。世界上大多数国家实行这种中央银行制度,我国也实行这种制度。

（2）二元式中央银行制度。这种体制是指在全国设立中央一级的中央银行机构和相对独立的地方一级的中央银行机构，按规定分别行使权力，中央级与地方级的机构共同构成一个体系的中央银行制度。采取二元式中央银行制度的主要是一些联邦制国家，如美国、德国等。

2. 复合式中央银行制度

复合式中央银行制度是指一个国家没有专司中央银行职能的银行，而是由一家大银行集中央银行职能和商业银行职能于一身的银行体制。这种体制主要存在于实行计划经济体制的国家，如苏联、东欧国家，我国1983年以前也实行这种银行制度。

3. 跨国的中央银行制度

跨国的中央银行制度是指由参加某一货币联盟的所有成员国联合设立的中央银行制度。跨国中央银行的主要职能是：发行货币，为成员国政府服务，执行共同的货币政策以及有关成员国政府一致决定的事项。其最大的特点是：跨国行使中央银行的职能。欧洲中央银行是一个典型的跨国中央银行。

4. 准中央银行制度

准中央银行制度也称类似中央银行制度，它是指某些国家或地区只设置类似中央银行的货币管理机构或授权商业银行行使部分中央银行职能的制度。实行准中央银行制度的国家和地区有新加坡、中国香港、斐济等。

四、中央银行的资本组成类型

1. 全部资本为国家所有的中央银行

全部资本为国家所有的中央银行有两种情况，一种是由国家直接出面投资建立，另一种是将私人所有或者部分国家所有的中央银行，通过国有化改组成立的全部资本归国家所有的中央银行。

2. 国家和私人共同拥有股份的中央银行

国家和私人共同拥有股份的中央银行也被称为混合所有制的中央银行，其资本金的一部分为国家所有，另一部分为私人所有，一般国家持股占资本总额的一半以上。

3. 全部股份由私人所有的中央银行

全部股份由私人所有的中央银行，即全部股份非国家所有的中央银行，由政府赋予私人银行执行中央银行职能，但是在执行职能过程中某些职能会受到限制。

4. 无资本金的中央银行

无资本金的中央银行指的是在建立之初根本就没有资本金，由国家授权执行中央银行职能。

5. 资本为多国共有的中央银行

多国共有是指跨国中央银行的资本不为某一国家所独有，是由共同组建中央银行的各成员国按照一定比例认缴中央银行资本，各国以认缴比例拥有对中央银行的所有权。

五、中央银行的机构设置

1. 中央银行最高权力机构的设置

（1）决策权、执行权、监督权合一型。

（2）决策、执行、监督权分开型。

2. 中央银行总行内部职能机构设置

大致分为：行政办公机构，业务机构，金融管理机构，经济金融调研机构。

3. 中央银行分支机构的设置

（1）按经济区域设置分支机构。

（2）按行政区划设置分支机构。

（3）注意经济区域的同时，兼顾行政区划。

第二节 中央银行的性质和职能

一、中央银行的性质

中央银行是代表国家制定和执行货币金融政策，管理金融的国家机关，是特殊的金融机构，或者说它是具有银行特征的国家机关。

二、中央银行的职能

1. 发行的银行

所谓发行的银行，是指中央银行垄断了银行券（货币）的发行权，成为全国唯一的现钞发行机构。

货币的发行是中央银行重要的资金来源，为中央银行调节货币流通、干预经济提供了资金力量。同时，中央银行作为发行银行，必须承担保持货币流通顺畅、稳定货币的责任。

2. 银行的银行

所谓银行的银行，是指中央银行只同商业银行和其他金融机构发生业务往来关系，而不与工商企业和个人发生直接的信用关系。这一职能具体表现在三个方面：

（1）集中存款准备。通常是由法律规定，商业银行及有关金融机构必须向中央银行交存一部分存款准备金。目的在于：一方面保证存款机构的清偿能力，以备客户提现，从而保障存款人的资金安全以及银行等金融机构本身的安全；另一方面是有利于中央银行调节货币信用，控制货币供应量。

（2）组织全国的清算。各商业银行及金融机构相互之间应收应付的票据，通过中央银行组织的票据交换所进行交换。票据交换后的差额通过在中央银行的账户进行最后清算。

（3）最后贷款人。当商业银行资金周转不灵时，可以向中央银行融通资金，所以，中央银行成为全国银行业的最后贷款者。商业银行从中央银行融通资金的方式主要有：①将其持有的票据、国库券向中央银行办理再贴现；②以其持有的票据或有价证券作为担保品向中央银行办理再抵押；③回购协议；④直接取得信用贷款。

3. 国家的银行

所谓国家的银行，亦称政府的银行，是指中央银行代表国家制定和执行货币金融政策，

代理国库收支以及为国家提供各种金融服务。作为政府的金融代理人,办理政府在金融方面的事务。这一职能的具体表现是:

代理国库,代理发行国家债券,对国家给予信贷支持,代国家持有、管理和经营黄金和外汇储备,制定和实施货币政策,代表政府管理和监督全国的金融活动,是政府国际金融活动的代表,充当政府金融政策的顾问和参谋。

第三节 中央银行的业务

一、中央银行的资产负债表

中央银行的业务活动可以从资产负债表得到比较概括的反映。世界各国中央银行的资产负债表不尽相同,但其基本结构是相同的,概括起来有这样一些项目。

中央银行的负债项目主要有:
(1) 流通中的现金或现金发行。
(2) 金融机构存款。
(3) 财政和公共机构存款。
(4) 其他负债。

中央银行的资产项目主要有:
(1) 贴现和放款。
(2) 政府债券和财政借款。
(3) 黄金、外汇储备等。
(4) 其他资产。

二、中央银行的中间业务

中央银行的中间业务,主要是指中央银行为商业银行和其他金融机构办理资金的划拨清算和资金转移。中央银行清算业务具体包括同城票据清算和异地资金汇兑。

三、中央银行业务活动的原则

中央银行的业务活动不同于一般的商业银行,具有较大的特殊性,必须遵循一定的原则。
(1) 不以盈利为目的。
(2) 经营对象限于金融机构和政府。
(3) 资产应具有最大的流动性。
(4) 定期公布业务状况。
(5) 分支机构设置要适当。
(6) 业务活动的相对独立性。

知识拓展

中国人民银行货币政策委员会2023年第四季度（总第103次）例会于12月27日在北京召开。

会议分析了国内外经济金融形势。会议认为，今年以来宏观政策坚持稳字当头、稳中求进，稳健的货币政策精准有力，强化逆周期和跨周期调节，综合运用利率、准备金、再贷款等工具，切实服务实体经济，有效防控金融风险，为经济回升向好创造适宜的货币金融环境。贷款市场报价利率改革成效显著，存款利率市场化调整机制作用有效发挥，货币政策传导效率增强，社会融资成本明显下降。外汇市场供求基本平衡，经常账户顺差稳定，外汇储备充足，人民币汇率双向浮动、预期趋稳，在合理均衡水平上保持基本稳定，发挥了宏观经济稳定器功能。

会议指出，稳健的货币政策要灵活适度、精准有效。当前外部环境更趋复杂严峻，国际经济贸易投资放缓，通胀出现高位回落趋势，发达国家利率保持高位。我国经济回升向好、动力增强，高质量发展扎实推进，但仍面临有效需求不足、社会预期偏弱等挑战。要稳中求进、以进促稳，加大宏观政策调控力度，不断巩固稳中向好的基础。精准有效实施稳健的货币政策，更加注重做好逆周期和跨周期调节，更好发挥货币政策工具的总量和结构双重功能，着力扩大内需、提振信心，推动经济良性循环。

会议认为，要加大已出台货币政策实施力度。保持流动性合理充裕，引导信贷合理增长、均衡投放，保持社会融资规模、货币供应量同经济增长和价格水平预期目标相匹配。增强政府投资和政策激励的引导作用，提高乘数效应，有效带动激发更多民间投资。促进物价低位回升，保持物价在合理水平。完善市场化利率形成和传导机制，发挥央行政策利率引导作用，释放贷款市场报价利率改革和存款利率市场化调整机制效能，推动企业融资和居民信贷成本稳中有降。积极盘活被低效占用的金融资源，提高资金使用效率。深化汇率市场化改革，引导企业和金融机构坚持"风险中性"理念，综合施策、校正背离、稳定预期，坚决对顺周期行为予以纠偏，坚决防范汇率超调风险，防止形成单边一致性预期并自我强化，保持人民币汇率在合理均衡水平上的基本稳定。

会议指出，要深化金融供给侧结构性改革，构建金融有效支持实体经济的体制机制。引导大银行服务重心下沉，推动中小银行聚焦主责主业，支持银行补充资本，共同维护金融市场的稳定发展。做好科技金融、绿色金融、普惠金融、养老金融、数字金融"五篇大文章"，实施好存续结构性货币政策工具，落实好再贷款再贴现额度，继续加大对普惠金融、绿色转型、科技创新、数字经济、基础设施建设等支持力度，综合施策支持区域协调发展。落实好加大力度支持科技型企业融资行动方案，引导金融机构增加制造业中长期贷款，支持加快建设现代化产业体系。坚持"两个毫不动摇"，持续做好支持民营经济发展壮大的金融服务。以促进实现碳达峰、碳中和为目标完善绿色金融体系。优化大宗消费品和社会服务领域消费金融服务，继续加大对企业稳岗扩岗和重点群体创业就业的金融支持力度。因城施策精准实施差别化住房信贷政策，更好支持刚性和改善性住房需求，一视同仁满足不同所有制房地产企业合理融资需求，促进房地产市场平稳健康发展。加大对保障性住房建设、"平急两用"公共基础设施建设、城中村改造的金融支持力度，推动加快构建房地产发展新模式。

落实促进平台经济健康发展的金融政策措施。切实推进金融高水平双向开放，提高开放条件下经济金融管理能力和防控风险能力。

你能深刻领会货币政策委员会会议的内容吗？

☞ **练习题**

一、填空题

1. 我国的中央银行是_____，成立于_____年。
2. 中央银行的制度形式划分为四种类型，分别是_____制度、_____制度、_____制度和_____制度。
3. 新中国建立以来制定的第一部金融大法是_____。
4. 中央银行的资本组成类型主要有_____、_____、_____、_____。
5. 中央银行的职能是_____、_____和_____。
6. 中国香港地区的中央银行制度类型是_____。
7. 中央银行向财政提供资金支持的方式是_____和_____。
8. 中央银行的业务包括_____、_____和_____。
9. 商业银行缴存中央银行的存款准备金包括_____和_____两部分。
10. 中央银行的负债业务包括_____、_____、_____和_____。
11. 中央银行的资产业务主要包括_____、_____和_____等。
12. 中央银行作为银行的银行，这一职能表现在_____、_____和_____。
13. 单一的中央银行制度包括_____和_____。

二、单项选择题

1. 中央银行的产生（　　）商业银行。
   A. 早于　　　　　　　　　　　B. 晚于
   C. 同时　　　　　　　　　　　D. 无法比较
2. 最早全面发挥中央银行职能的是（　　）。
   A. 瑞典银行　　　　　　　　　B. 中国银行
   C. 英格兰银行　　　　　　　　D. 法兰西银行
3. 中央银行最重要的负债业务是（　　）。
   A. 货币发行　　　　　　　　　B. 代理国库
   C. 集中存款准备金　　　　　　D. 国际金融机构负债
4. 每张投入市场的纸币是每个持有人对中央银行的（　　）。
   A. 债权　　　　　　　　　　　B. 债务
   C. 负债　　　　　　　　　　　D. 交换关系
5. 下列不属于中央银行业务对象的是（　　）。
   A. 城市商业银行　　　　　　　B. 政府

C. 国有商业银行 D. 国有大中型企业

6. 属于准中央银行体制的国家或地区是（   ）。
   A. 马来西亚 B. 印度尼西亚
   C. 缅甸 D. 新加坡

7. 下列国家或地区的中央银行所有制形成属于无资本金类型的是（   ）。
   A. 韩国 B. 日本
   C. 加拿大 D. 瑞士

8. 中央银行组织全国的清算职能属于中央银行的（   ）。
   A. 资产业务 B. 负债业务
   C. 中间业务 D. 公开市场业务

9. 中央银行是具有银行特征的（   ）。
   A. 一般企业 B. 特殊企业
   C. 国家机关 D. 中介机构

10. 中央银行负债业务不包括（   ）。
    A. 发行货币 B. 代理国库
    C. 集中存款准备金 D. 外汇储备

11. 我国目前实行的中央银行制度属于（   ）。
    A. 单一的中央银行制度 B. 复合的中央银行制度
    C. 跨国的中央银行制 D. 准中央银行制度

12. 垄断货币发行权，是中央银行作为（   ）的职能的体现。
    A. 银行的银行 B. 发行的银行
    C. 国家的银行 D. 监管的银行

13. 拥有垄断的货币发行权是（   ）特有的权利和最基本、最重要的标志。
    A. 财政部 B. 商业银行
    C. 中央银行 D. 投资银行

三、多项选择题

1. 目前各国的中央银行制度的类型有（   ）。
   A. 单一的中央银行制度 B. 复合式中央银行制度
   C. 联合型中央银行制度 D. 跨国的中央银行制度
   E. 准中央银行制度

2. 实行二元式中央银行制度的国家有（   ）。
   A. 美国 B. 德国
   C. 瑞士 D. 新加坡
   E. 意大利

3. 下列采取复合式中央银行制度的国家包括（   ）。
   A. 瑞士 B. 日本
   C. 美国 D. 苏联
   E. 1983年以前的中国

4. 中央银行的资产业务包括（   ）。
   A. 再贴现   B. 贷款
   C. 证券买卖   D. 黄金、外汇储备
   E. 金融机构存款

5. 中央银行的存款主要包括（   ）。
   A. 财政存款   B. 企业存款
   C. 储蓄存款   D. 金融机构的准备金存款
   E. 外汇储备

6. 中央银行清算业务包括（   ）。
   A. 再贴现   B. 同城票据清算
   C. 异地资金汇兑   D. 出售有价证券
   E. 代理国库

7. 中国人民银行的职责有（   ）。
   A. 制定和执行货币政策   B. 发行人民币，管理人民币流通
   C. 经理国库   D. 国务院规定的其他职责
   E. 代表国家从事有关的国际金融活动

8. 中央银行的货币发行通过（   ）投入市场，从而形成流通中的货币。
   A. 再贴现   B. 再贷款
   C. 购买有价证券   D. 收购黄金外汇
   E. 给政府公务员发工资

9. 中央银行作为国家的银行，其职能体现在（   ）。
   A. 国库存款   B. 企业存款
   C. 代理政府发行债券   D. 银行存款
   E. 最后贷款人

10. 中国人民银行在公开市场上买卖的有价证券包括（   ）。
    A. 中央银行票据   B. 企业债券
    C. 国债   D. 政策性金融债
    E. 股票

四、重要概念

1. 中央银行 2. 发行的银行 3. 银行的银行 4. 国家的银行 5. 最后贷款人 6. 单一的中央银行制度 7. 复合式中央银行制度 8. 跨国的中央银行制度 9. 准中央银行制度 10. 中央银行的资产业务 11. 中央银行的负债业务 12. 中央银行的中间业务

五、简答题

1. 中央银行产生的原因有哪些？
2. 第二次世界大战后，各国政府是如何强化和完善中央银行制度的？
3. 为调节货币流通和资金供求，中央银行怎样操作有价证券买卖？
4. 中央银行集中存款准备金的作用。

5. 商业银行从中央银行融资方式有哪些？

6. 中央银行银行的银行职能表现在什么地方？

六、论述题

1. 试述中央银行的性质与职能。

2. 中央银行业务活动的原则是什么？怎样理解？

3. 中央银行为什么要垄断货币发行？

七、深度思考题

1. 我国中央银行独立性与美联储的独立性有何不同？

2. 你怎样看待各国中央银行开展的数字货币试验？

参考答案

一、填空题

1. 中国人民银行   1948

2. 单一的中央银行   复合式中央银行   跨国的中央银行   准中央银行

3. 《中华人民共和国中国人民银行法》

4. 全部资本为国家所有   国家和私人共同拥有股份   全部股份由私人所有   无资本金   资本为多国共有

5. 发行的银行   银行的银行   国家的银行

6. 准中央银行制度

7. 直接贷款或透支   购买国家债券

8. 资产业务   负债业务   中间业务

9. 法定存款准备金   超额准备金

10. 货币发行业务   代理国库   集中存款准备金   自有资本

11. 再贴现和贷款   政府债券和财政借款   黄金、外汇储备

12. 集中存款准备金   组织全国的清算   最后贷款人

13. 一元式中央银行制度   二元式中央银行制度

二、单项选择题

1. B   2. C   3. A   4. A   5. D   6. D   7. A   8. C   9. C   10. D
11. A   12. B   13. C

三、多项选择题

1. ABDE   2. AB   3. DE   4. ABCDE   5. AD   6. BC   7. ABCDE
8. ABCD   9. AC   10. ACD

四、重要概念

1. 中央银行：中央银行是代表国家制定和执行货币金融政策、管理金融的国家机关，是特殊的金融机构；或者说它是具有银行特征的国家机关。

2. 发行的银行：是指中央银行垄断了银行券（货币）的发行权，成为全国唯一的现钞发行机构。

3. 银行的银行：是指中央银行垄断了银行券（货币）的发行权，成为全国唯一的现钞发行机构。

4. 国家的银行：又称政府的银行，是指中央银行代表国家制定和执行货币金融政策，代理国库收支以及为国家提供各种金融服务；作为政府的金融代理人，办理政府在金融方面的事物。

5. 最后贷款人：是指当商业银行资金周转不灵时，可以向中央银行融通资金。

6. 单一的中央银行制度：是指一国单独建立中央银行机构，由它执行中央银行的全部职能，并领导全国金融事业的制度。包括一元式中央银行制度和二元式中央银行制度两种类型。

7. 复合式中央银行制度：是指一个国家没有专司中央银行职能的银行，而是由一家大银行集中央银行职能和商业银行职能于一身的银行体制。

8. 跨国的中央银行制度：是指由参加某一货币联盟的所有成员国联合设立的中央银行制度。最大的特点是跨国行使中央银行的职能。

9. 准中央银行制度：也称类似中央银行制度，是指某些国家或地区只设置类似中央银行的货币管理机构或授权商业银行行使部分中央银行职能的制度。

10. 中央银行的资产业务：是指其资金运用的业务。中央银行资产业务主要包括再贴现和贷款业务、有价证券买卖业务、黄金外汇储备业务等内容。

11. 中央银行的负债业务：是指其形成资金来源的业务。中央银行负债业务主要包括货币发行、代理国库、集中存款准备金等内容。

12. 中央银行的中间业务：主要是指中央银行为商业银行和其他金融机构办理资金的划拨清算和资金转移。其中清算业务包括同城票据清算和异地资金汇兑。

五、简答题

1. 中央银行产生的原因有哪些？

（1）银行券的发行问题。许多商业银行同时发行不同的银行券，既不利于货币流通与稳定，也不利于商品经济的发展。因而，客观上要求在全国范围内由一家信誉较高的银行来集中发行货币。

（2）票据交换和清算问题。随着银行业务的不断发展，银行间结算的需求使得建立一个全社会统一而有权威的、公正的清算机构成为必然。

（3）最后贷款人问题。商业银行业务扩张，而银行自身抗风险能力有限，银行的倒闭势必带来社会的动荡，因此需要一家银行能为商业银行提供资金支持。

（4）向政府融资问题。为弥补政府的财政赤字问题，从银行融资成为政府获取资金的主要渠道。即使不发生财政赤字问题，由于政府在实行相关职能时出现的先支后收问题，也会造成财政短缺,但是政府和银行的关系并不能保持长久稳定,当政府需要大额资金时,很难在第一时间获取,这就需要有一家专门的机构对政府的收支账户、资金往来和融资问题等进行专门管理。

(5) 金融监管问题。为了追求利润的最大化,银行间竞争日趋激烈,银行联系着千家万户利益。为防止经济危机,化解风险,需要一个代表政府意志的专门机构专事金融监管。

2. 第二次世界大战后,各国政府是如何强化和完善中央银行制度的?

(1) 实行中央银行的国有化。为了使中央银行更好地代表国家管理金融,许多国家把原先私人拥有的中央银行股份收归国有,战后新建国家的央行从一开始就由国家出资建立。

(2) 加强国家对中央银行的控制。中央银行最高首脑由政府任命,业务活动不能脱离国家经济发展的总目标。

(3) 中央银行调控宏观经济的职责得到强化。各国政府通过制定银行法,授予中央银行调控宏观经济的任务和权力。

3. 为调节货币流通和资金供求,中央银行怎样操作有价证券买卖?

(1) 中央银行若想收紧银根,减少市场货币供应量,就出售持有的有价证券,回笼货币;

(2) 中央银行若想扩张信贷,增加市场货币供应量,可以买入有价证券,向市场投入货币。

4. 简述中央银行集中存款准备金的作用。

(1) 保证存款机构的清偿能力,以备客户提现,从而保障存款人的资金安全以及银行等金融机构本身的安全;

(2) 有利于中央银行调节货币信用,控制货币供应量,中央银行有权根据调节货币信用的需要,调整各种不同类型存款准备金上缴比率。

5. 商业银行从中央银行融资方式有哪些?

(1) 将其持有的票据、国库券向中央银行办理贴现。

(2) 以其持有的票据或有价证券作为担保品向中央银行办理再抵押。

(3) 回购协议。

(4) 直接取得信用贷款。

6. 中央银行银行的银行职能表现在什么地方?

(1) 集中存款准备。法律规定,商业银行及有关金融机构必须向中央银行交存一部分存款准备金。这些既可保证存款机构的清偿能力,又可便于中央银行调节货币信用,控制货币供应量。

(2) 组织全国的清算。各商业银行及金融机构相互之间应收应付的票据,通过中央银行组织的票据交换所进行交换,然后对差额部分进行最后清算。

(3) 最后贷款人。作为最后贷款人,目的是对资金周转发生临时困难的商业银行和其他金融机构给予支持,保护银行免于倒闭,以防止金融危机的发生。

六、论述题(要点)

1. 试述中央银行的性质与职能。

中央银行是代表国家制定和执行货币金融政策,管理金融的国家机关,是特殊的金融机构，也可以说中央银行是具有银行特征的国家机关。

首先，中央银行是国家机关。中央银行是全国金融事业的最高管理机构，是政府在金融领域内的代理人，负责制定和组织执行货币金融政策，监督管理全国金融机构和金融市场的活动，履行着国家管理经济的部分职能，因而是政府的组成部分，具有国家机关的性质。

其次，中央银行具有银行的一些特征。中央银行的业务包括办理存款、贷款和结算业务等。中央银行的日常金融管理是通过自身拥有的经济力量，对金融和经济活动进行调节和控制来实现的。

中央银行的性质特征决定了其职能的特殊性，具体职能有：

（1）发行的银行。发行的银行是指中央银行垄断了银行券的发行权，成为全国唯一的货币发行机构。货币的发行是中央银行重要的资金来源，为中央银行调节货币流通、干预经济提供了资金力量。同时，作为发行的银行，中央银行必须保持货币流通顺畅与稳定。

（2）银行的银行。银行的银行是指中央银行只同商业银行和其他金融机构发生业务往来关系，而不与工商企业和个人发生直接的信用关系。中央银行把普通的金融机构作为自己的客户，为它们提供"存、放、汇"，中央银行在为普通金融机构提供服务的同时，还能对它们的活动施加影响，具体表现在：集中存放款准备金、组织全国的清算和最后贷款人。

（3）国家的银行。又称政府的银行，是指中央银行代表国家制定和执行货币金融政策，代理国库收支以及为国家提供各种金融服务。具体包括：代理国库，代理发行国家债券，对国家给予信贷支持，代理国家持有、管理和经营黄金和外汇储备，制定和实施货政策，代表政府管理和监督全国的金融活动以及作为政府国际金融活动的代表参加组织、会议，充当顾问和参谋。

2. 中央银行业务活动的原则是什么？怎样理解？

（1）不以盈利为目的。中央银行的目标是维护币值的稳定，并代表国家来管理、调节金融，保证整个金融体系的稳定，由此决定了其一切活动要以整个社会的利益为主要目标，而不是以其自身的盈利为目的。

（2）经营对象限于金融机构和政府。中央银行拥有特权，如果允许其从事与商业银行相同的业务，势必形成不公平竞争，这样中央银行的超然地位会受损，也不利于其金融监管工作的开展。

（3）资产应具有最大的流动性。中央银行只有使资产保有最大的流动性，才能满足其调节资金供求、稳定金融体系、促进经济增长的需要。因此，中央银行要避免买期限太长、流动性弱的证券，也应尽量不发放长期贷款，并持有一定数量的黄金、外汇储备。

（4）定期公布业务状况。中央银行必须定期公布自己的业务状况，向社会提供有关的统计资料，这些利于提高中央银行的信誉，增加制定、执行货币政策的透明度，同时也利于国内外有关方面准确、及时了解政策，调整经营，进而实现央行预定目标。

（5）分支机构调协要适当。由于中央银行职能的特殊性、地位的特殊性，在分支机构设置上，一般总行设于首都或重要经济发达城市，按经济需要设置分支机构，为加强国际间交流与合作，也可以在国外设立代表处。

（6）业务活动的相对独立性。中央银行为实现对宏观经济的调整，对金融业的监督管理和维护良好的货币金融环境目标，在业务活动上必须享有相对的独立性，可以不受干预地进行活动。

3. 中央银行为什么要垄断货币发行？

中央银行产生的推动力之一就是统一银行券发行的需要。因为，由商业银行发行银行券存在严重的缺陷：

（1）不利于保证货币流通的稳定，尤其在危机时期，不能兑现的情况非常普遍，从而使货币流通陷入混乱局面。

（2）不同银行的银行券的优劣不同使银行券流通受到限制，不利于商品流通范围的进一步扩大。

在现代社会下，由中央银行垄断货币发行具有以下好处：

（1）可避免货币分散发行时带来的银行倒闭，金融混乱事件的发生，便于商品的流通，保持经济稳定发展。

（2）有利于国家对货币流通的管理，使货币发行便于控制，以保持市场货币流通量与国民经济发展的适当比例，保证通货的稳定。

（3）有利于中央银行加强自身的经济实力。

（4）有利于推行国家货币金融政策，便于政府利用中央银行手中的货币工具来管理和调节国民经济，实现国家的宏观经济目标。

货币需求与供给篇

第九章 货币需求

☞ **学习目的和要求**

通过本章的学习,要求了解马克思的货币必要量公式,古典货币数量论;掌握凯恩斯和弗里德曼的货币需求理论的内容、弗里德曼货币需求理论与凯恩斯货币需求理论的区别和弗里德曼货币需求理论的政策含义。

☞ **要点提示**

第一节 货币需求概述

一、货币需求与货币需求理论

1. 货币需求的涵义

所谓货币需求,它是指在一定时期内,社会各阶层(个人、企业单位、政府)愿以货币形式持有财产的需要,或社会各阶层对执行流通手段、支付手段和价值贮藏手段的货币需求。

2. 货币需求理论的研究内容

货币需求理论是一种关于对货币需求的动机影响因素和数量决定的理论,是货币政策选择的理论出发点。货币需求理论所研究的内容是一国经济发展在客观上需要多少货币量,货币需要量由哪些因素组成,这些因素相互之间有何关系,以及一个经济单位(企业、家庭或个人)在现实的收入水平、利率和商品供求等经济背景下保持多少货币的机会成本最小、收益最大等问题。

二、与货币需求相关的几对概念

1. 微观货币需求与宏观货币需求

从货币需求主体的角度来看，货币需求可分为微观货币需求与宏观货币需求。微观货币需求是指个人、家庭或企业（或称各经济主体）在既定的收入水平、利率水平和其他经济条件下，从自己的利益、动机、持有货币的机会成本考虑保持多少货币在手边最合算或称效用最大（即机会成本最小，所得效用最大）。宏观货币需求则是指一个国家或地区根据一定时期内经济发展的要求考虑的货币需要量。

2. 名义货币需求与实质货币需求

名义货币需求与实质货币需求是西方经济学家主要是货币学派的经济学家在说明货币数量变动对经济活动的影响过程时使用的一对概念。

所谓名义货币需求是指个人、家庭或企业等经济单位或整个国家或地区对名义货币数量的需求，即不考虑价格变动时的货币持有量即 Md。所谓实质货币需求是指对名义货币数量除以物价水平的货币数量的需求，即各经济主体所持有的名义货币量（Md）扣除物价因素之后的余额，即 Md/P。货币主义的代表人物弗里德曼非常强调这个货币需求。

第二节 马克思的货币需求理论

为了分析方便，马克思是以完全的金币流通为假设条件。以这个假设条件为背景，他的论证过程是：①商品价格取决于商品的价值和黄金的价值，而价值取决于生产过程，所以商品是带着价格进入流通的；②商品价格有多大，就需要有多少金币来实现它，比如值 5 克金的商品就需要 5 克金来购买；③商品与货币交换后，商品退出流通，黄金却留在流通之中可以使另外的商品得以出售，从而一定数量的金，流通几次，就可使相应倍数价格的商品出售。因此，有：

$$\text{执行流通手段职能的货币量} = \frac{\text{商品价格总额}}{\text{同名货币的流通次数}}$$

$$\text{单位纸币代表的金属货币量} = \frac{\text{流通中需要的金属货币量}}{\text{流通中的纸币总额}}$$

第三节 古典货币数量论

一、现金交易说之交易方程式

美国耶鲁大学教授费雪在 20 世纪 20 年代提出了著名的"交易方程式"，也被称为费雪方程式。假设 M 表示一定时期内流通中货币的平均数量，V 表示货币的流通速度，P 表示各类商品价格的加权平均数，T 表示各类商品的交易数量，则可写出如下等式：

MV = PT 或 P = MV/T

由于 V 和 T 是常数，因此只有 P 和 M 的关系最重要。特别是 P 的值取决于 M 数量变化。但反过来，从这一方程式中已能引导出在一定的价格水平和其他因素不变的条件下的名义货币需求量。也就是说，由于 MV = PT，则 M = PT/V = 1/V · PT。这说明从货币的商品交易媒介功能来考察，全社会在一定时期和一定价格水平下的总交易量 PT 与所需名义货币量具有一定的比例关系，即所需名义货币量是总交易量的 1/V。

二、现金余额说之剑桥方程式

现金余额说是由英国剑桥大学教授、剑桥学派的代表马歇尔和庇古提出。他们在研究货币需求问题时强调探讨什么是决定个人希望保有货币的因素。

由于个人持有货币的限制条件是不可能超过总财富，持有货币虽然有其便利性，但持有其他资产如债券、股票等可得到利息收入，因此任何要进行财富分配的人，在作出多少财富以货币来保持之前，都会考虑上面的情况。所以人们持有货币的数量是由：个人财富水平、利率、持有货币所带来的便利以及对未来事务的期望等诸多因素决定的。这派经济学家认为在其它条件不变的情况下，对每个人来说，名义货币需求与名义收入水平之间保持着一个较稳定的比例关系。对整个经济体系来说也是如此。所以，他得出的货币需求方程式是：

Md = kPy

其中 Md 为名义货币需求，k 为以货币形式保有的财富占名义总收入的比例，P 为平均价格水平，y 为实际国民收入。

这就是剑桥方程式，该方程式表示人们意愿持有的货币存量 M（实际上是人们的货币需求量），与国民收入保持一固定的或稳定的比例。式中 Py 相当于交易方程式中的 PT，k 表示国民收入中以货币形式持有的比例，它是货币流通速度 V 的倒数。剑桥学派采用 k，而不采用 V，是与剑桥方程式强调货币需求有关的。因为研究 k，就要研究人们持有货币的动机，即研究决定人们货币需求的因素，因此，k 的引入开创了对货币需求理论的研究。

第四节 凯恩斯的货币需求理论

一、凯恩斯的流动性偏好理论

凯恩斯认为，货币具有完全流动性，而人们在心理上具有对流动性的偏好，即人们总是偏好将一定量的货币保持在手中，以应付日常的、临时的和投机的需求。因此，人们的货币需求就取决于人们心理上的"流动性偏好"。

凯恩斯进一步分析，人们心理上的"流动性偏好"或人们的货币需求是由三个动机所决定的：①交易动机，即由于收入与支出的时间不一致，人们必须持有一部分货币在手中，以满足日常交易活动的需要；②预防动机，即人们为应付意外的、临时的或紧急需要的支出而持有的货币；③投机动机，即由于未来利率的不确定性，人们便根据对利率变动的预期，为了在有利的时机购买证券进行投机而持有的货币。其中，交易动机和预防动机的货币需求主要取决于收入，是收入的增函数，与利率没有直接的关系。若以 L_1 表示这两种动机的货币需求，Y 表示收入，则其函数式为：

$$L_1 = L_1(Y), \frac{dL_1}{dY} > 0$$

投机动机的货币需求主要取决于利息率，是利率的减函数。若以 L_2 表示投机动机的货币需求，r 表示利率，则其函数式为：

$$L_2 = L_2(r), \frac{dL_2}{dr} < 0$$

这样，基于这三种动机的货币总需求为：

$$L = L_1(y) + L_2(r)$$

这就是凯恩斯根据他对人们持有货币的动机的分析所提出的货币需求函数。

凯恩斯认为，自己的货币理论的一个重大突破就是提出了投机动机的货币需求。

凯恩斯认为，投机动机产生的关键在于未来利率的不确定性。当利率高时，人们预期利率在将来会下降，由于债券价格与利率的变动成反比，即人们预期债券价格会上升，那么，现在以低价买进债券将来就会获利。为了投机盈利，人们就会抛出货币，购买债券，即人们的货币需求减少；反之，当利率低时，人们预期利率今后会上升，即人们预期债券价格会下降，为了避免资本损失，人们就不愿持有债券，而愿持有货币，即人们的货币需求增加。因此，投机动机的货币需求是利率的减函数。由于在短期内，收入是相当稳定的，因此，决定货币需求量的主要因素是利息率的变动。由于利息率的变动是经常的，所以经济社会对货币的需求量是不稳定的。当利率提高时，货币需求会减少，即人们抛出货币，结果加快了货币流通速度；反之，当利率下降时，货币需求增加，人们就持有更多的货币，结果减缓了货币流通速度。因此，货币流通速度 V 或其倒数 K 都极不稳定，它们并非传统货币数量论所设想的常数。这样，凯恩斯就将传统货币数量论中的 V 或 K 从假定为常数变换成取决于利息的变数，从而直接将利息率列入影响货币需求的因素中。

二、凯恩斯货币理论的政策含义

在凯恩斯的货币理论中，利息率是由货币的供应与需求所共同决定的。在流动性偏好一定的条件下，中央银行增加货币供应会使利息率下降；反之，中央银行减少货币供应应会使利息率上升。

凯恩斯得出的结论：如果中央银行通过增加货币供应量、降低利息率、使利息率低于资本边际效率，就会刺激投资的增加，并通过投资乘数的作用，提高有效需求，使就业量与国民收入成倍增长。这也就是凯恩斯所提出的解决失业问题的政策措施。

但凯恩斯又指出，当货币供应量大量增加，使利率降到某一低限以后，货币需求会变得无限大。这是因为在某一低利率情况下，人们一致认为未来利率会上升，债券价格会降低，这时，无人再愿意持有债券，而只愿意持有货币，如图 9-1 所示。

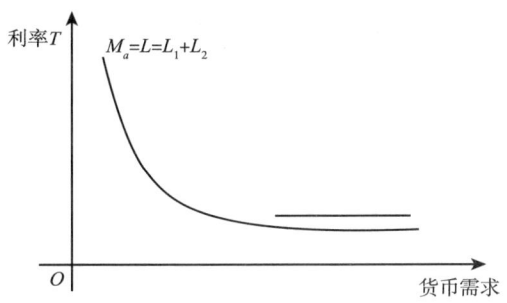

图 9-1 货币需求曲线图

图 9-1 表示，在某种很低的利率水平下，货币需求曲线变成与横轴相平行的直线，该直线部分称为"流动性陷阱"（Liquidity trap），也就是说，在该直线部分，货币需求的利率弹性为无限大。同时，还有另一种情况，即由于资本家悲观情绪严重，对资本边际收益率的预期极低，这就导致投资对利率缺乏弹性，即使降低利率，资本家也不增加投资或者减少投资。

上述两种情况的存在都可能使货币政策完全失效，从而不能成为实现充分就业的有效工具。因此，解决的办法是采取财政政策。正是在这个基础上，凯恩斯主张，为了医治失业和经济危机，国家必须对经济进行直接的调节和干预，这就是凯恩斯整个经济理论的基本论点。

第五节 弗里德曼的现代货币数量论

一、弗里德曼的货币需求理论

1956 年，弗里德曼发表了题为《货币数量论——一种新表述》的论文，这标志着货币数量论的重新复活。弗里德曼将货币看作是资产（财富）的一种形式，也就是说货币同债券、股票、耐用消费品、房屋及机器一样都是资产。因此，人们在考虑如何保有自己的财富时，就要在持有的资产是用货币形式，还是用其他形式中作选择。这样，弗里德曼运用消费者需求和选择理论，来分析人们对货币的需求。

货币需求函数可表达为：

$$\frac{m}{p} = f\left(y, w; r_m, r_b, r_e; \frac{1}{P}\frac{dp}{dt}; u\right)$$

式中：m 为财富持有者个人持有的名义货币量；

P 为一般物价水平；

$\frac{m}{p}$ 为实际货币需求，即持有的货币所能支配的实物量；

y 为恒久性收入，即长期收入的平均数，表示总财富；

w 为非人力财富占总财富的比率；

r_m 为货币的预期名义收益率；

r_b 为债券的预期名义收益率,包括债券价格的变动;

r_e 为股票的预期名义收益率,包括股票价格的变动;

$\frac{1}{P}\frac{dp}{dt}$ 为预期物价变动率,因而是实物资产的预期名义收益率;

u 为表示主观偏好以及其他影响货币服务效用的非收入变量。

以上是指财富持有者个人的货币需求函数。至于企业对货币的需求,弗里德曼认为,只需将 w 排除在外(将财富区分为人力财富和非人力财富对企业来说没有什么意义,因为企业均需通过市场购买这两种财富,因此 w 对企业的货币需求没有影响),则上述的函数同样适用于企业。弗里德曼还认为,如果略去 y,w 在分配上的影响,而 m,y,w 分别视为人均货币持有量、人均实际收入和人均财产收入,那么,上述函数也可适用于整个社会。

二、弗里德曼货币数量论的政策含义

在其货币数量论的基础上,弗里德曼分析了各国面临的主要经济问题——通货膨胀,并提出了自己的政策建议。

弗里德曼认为,由于货币供应量的变动是物价水平发生变动的最根本的决定因素,通货膨胀是物价水平持续、普遍的上升,因而通货膨胀始终且处处是一种货币现象。当货币数量的增加明显快于产量的增加时,通货膨胀便会发生。引起物价全面上涨和持续性通货膨胀的根本原因,只能是货币供应量的过度增长。

弗里德曼指出,货币供应量过度增长的主要原因是政府所实行的凯恩斯主义的财政与货币政策,具体归结于两个方面:①政府实行赤字财政和廉价货币政策;②政府推行充分就业政策。弗里德曼认为,这些政策非但没有从根本上解决失业问题,反而加剧了通货膨胀。

弗里德曼认为,不能像凯恩斯主义的货币政策那样,把限定利率作为货币政策的目标。因为这种政策的短期作用与长期作用正好相反。它在短期会获得成功,但在长期会遭到失败。因此,弗里德曼认为:"货币政策无法限定利息率",利率不宜作为货币政策的目标。

能否把限制失业率作为货币政策的目标呢?弗里德曼认为也不能。货币当局无力做到这一点。

弗里德曼认为,既然不能以限制利息率和失业率作为货币政策的目标,而导致通货膨胀的根本原因又是货币供应量的过度增长,因此,货币政策的目标应放在控制货币供应量上。

弗里德曼指出,要医治通货膨胀,并实现经济的稳定增长,唯一有效的措施就是控制货币供应量的增长率,使它与经济增长率相适应。这种单一地控制货币供应量,使货币供应量始终不变地以一种固定的比率增加,并大致与经济增长率相适应的政策,就称为"单一规则"的货币政策。

弗里德曼认为,只要实行他所主张的"单一规则"的货币政策,就能够保证经济稳定,这样,价格机制就能充分发挥其合理配置资源的作用,以实现在经济增长的同时,又不引起通货膨胀,经济就能稳定而协调地发展。

三、弗里德曼与凯恩斯货币需求理论的联系与区别

费里德曼的货币需求函数虽然复杂,但如经简化,就与 MV = PT 或 M = kPy 相似,只不过弗里德曼并不将 k 或 V 当作一个固定的常数,而是当作某些变量的一个稳定函数。另外,

y 也不是当期收入，而是指恒久性收入，并作为财富的代表。同时，弗里德曼的货币需求函数又是在凯恩斯的货币需求函数 Md = L(Y,r) 的基础上进一步发展，只不过弗里德曼货币需求函数中的 r 不只限于债券利息率，而是包括各种金融资产以及实物资产的收益率。由此可见，弗里德曼的货币需求函数是传统货币数量论与凯恩斯流动性偏好理论的综合。

弗里德曼提出了反映长期因素影响的恒久性收入概念，认为货币需求也同消费需求一样，主要由恒久性收入支配的货币需求也是稳定的，货币流通速度的变化也不大，因此，应从货币供应的调控来研究货币对产量和物价的影响。凯恩斯的收入概念是"当期的、绝对的"收入概念。

弗里德曼认为，货币需求对利率不敏感。在弗里德曼看来，货币需求之所以对利率不敏感，是因为利率的变动对货币需求函数中各项机会成本影响甚微。因此，当利率的上升引起其他资产的预期回报率增加时，货币的预期回报率也相应地上升，因而两者抵销后，货币需求函数中各项机会成本保持相对不变。凯恩斯的货币需求对利率非常敏感。

凯恩斯认为货币需求是不稳定的；与凯恩斯相反，弗里德曼认为货币需求函数是稳定性的。弗里德曼认为货币需求的随机波动很小，因而通过货币需求函数可以对货币需求作出准确的预测。将这一观点与他的另一观点即货币需求对利率变动不敏感相结合起来，就意味着货币流通速度是可以准确预测的。

弗里德曼的货币需求理论采用了与凯恩斯和更早些的剑桥学派经济学家相类似的方法，但对持有货币的动机未作深入的分析。弗里德曼通过运用资产需求理论表明，货币需求是恒久性收入和货币相对于其他可替代资产的预期回报率的函数。

第六节 货币需求理论发展与实际影响因素

一、货币需求理论发展脉络

第一，货币需求理论中所考察的货币，一直在"扩编"。

第二，将宏观总量作为考察这一问题的出发点是费雪之前的一贯思路。

第三，如果货币需求因素可以粗略地表述，那就是货币需求是收入的函数发展为是收入和利率的函数。

二、影响货币需求的实际因素

影响货币需求的实际因素有以下六个：
（1）收入状况。
（2）消费倾向。
（3）物价水平。
（4）利率水平。
（5）信用的发达程度。
（6）公众的预期和偏好。

☞ **知识拓展**

马克思与西方各种货币需求理论对我国货币需求研究的借鉴意义。

（1）各种货币需求学说的主要特点：①马克思的货币需求理论是从宏观的角度分析了金币流通下的货币需要量。重在反映商品流通决定货币流通这一基本原理。②交易方程式理论也是从宏观角度入手对货币需求进行分析。费雪认为物价水平是随着流通中货币数量的变动而"同比例"地变动，在货币数量和物价的关系上，物价是一个被决定的因素。这一理论仅着眼于货币作为交易媒介的功能来分析。③凯恩斯的货币需求理论从人们持有货币的动机入手来研究货币需求。他将人们的持币动机分为交易动机、谨慎动机和投机动机三种。从每种动机产生的货币需求的影响因素来分析货币需求的影响因素。这一理论的突出贡献在于强调人们的流动性偏好和利率影响的重要性。④弗里德曼的货币需求理论把货币作为一种资产进行分析，强调恒久收入对货币需求的重要影响，同时认为利率的变动对货币需求的影响很小，由于恒久收入是稳定的，从而导出货币需求函数具有稳定性的结论。

（2）各种学说对我国货币需求研究的借鉴意义：①各种学说为我国的货币需求研究提供了多种分析角度。对我国的货币需求的分析，可以从宏观角度分析货币需求与物价、经济总量等宏观变量之间的关系，也可以从微观角度分析经济微观主体的行为与货币需求之间的关系。既可以借鉴凯恩斯从持币动机入手分析，对货币需求进行研究，也可以从资产组合角度来分析。②在对我国的货币需求进行研究时，可以借鉴各种学说的研究方法。既可以运用逻辑抽象的分析方法来分析，也可以运用实证方法来研究，如可运用实证方法研究我国货币需求的影响因素，研究我国货币需求函数是否稳定等。③马克思及西方各种货币理论均是在一定的经济背景条件下提出的。马克思的货币理论是在金币流通条件下对货币需求的分析。凯恩斯在分析交易动机时未考虑利率对交易性货币需求的影响，这与当时金融市场不发达，人们对利率的变动不敏感有关。所有我们应以发展的眼光来分析研究我国的货币需求。现阶段我国在完善社会主义市场经济体系过程中，经济环境在不断变化，各种经济变量之间的相互关系也会相应发生变化。这就要求我们分析研究我国的货币需求时关注各种条件的变化，考虑发展的因素。

☞ **练习题**

一、填空题

1. 马克思的货币必要量公式是_____和_____之比。
2. 在通货膨胀的情况下，货币需求可以分为_____和_____。
3. 现金交易方程式 MV = QP 中的 V 代表_____。
4. 现金余额方程式 M = KPY 中的 K 代表_____。
5. 凯恩斯认为人们之所以持有货币，主要取决于_____动机和_____动机。
6. 宏观货币需求是指一个国家在一定时期内的经济发展与商品流通所必需的_____。
7. 实际货币需求是用货币所能够购买到的商品和劳务来表示的货币量，它与_____

无关，主要随收入的变化而变化。

8. 当人们预期市场利率将上升时，将_____证券持有量，_____对货币现金的持有。

9. 凯恩斯认为，因为收入水平在短期内稳定不变，所以_____就成为决定人们对货币需求的主要因素。

10. 凯恩斯货币需求函数表明，货币需求随收入的变化呈正向关系，与利率的变化呈_____变化的关系。

11. 所谓持有预防性现金余额的机会成本是指为持有这些现金而须放弃的一定的_____。

12. 弗里德曼货币需求函数中的恒久性收入，就是所有未来预期收入的_____，也就是可以成为长期收入的平均预期值。

13. 弗里德曼恒久性收入的概念作为货币需求的一个决定性因素的意义在于，它表明了货币需求在很大程度上不随_____的波动而波动。

14. 弗里德曼认为，货币当局的责任就是公开宣布一个_____年增长率，遵照固定比率增加的法则，维持适当的货币数量，抵消可能发生的经济纷扰。

二、单项选择题

1. 马克思的货币必要量公式是（　　）。
 A. $MV = PQ$ B. $M = KPy$
 C. $M = L(Y) + L(r)$ D. $M = PT/V$

2. 凯恩斯货币需求函数 M 与利率的关系是（　　）。
 A. 正相关 B. 负相关
 C. 不相关 D. 不确定

3. 弗里德曼货币需求理论与凯恩斯货币需求理论的最大区别是，弗里德曼认为（　　）。
 A. 恒久性收入对货币需求有影响 B. 恒久性收入对货币需求没有影响
 C. 利率对货币需求有影响 D. 利率对货币需求没有影响

4. 费雪在其方程式（$MV = PT$）中认为，最重要的关系是（　　）。
 A. M 与 V 的关系 B. M 与 T 的关系
 C. M 与 P 的关系 D. T 与 V 的关系

5. 剑桥方程式重视的是货币的（　　）。
 A. 交易功能 B. 资产功能
 C. 避险功能 D. 价格发现功能

6. 凯恩斯把用于贮存财富的资产划分为（　　）。
 A. 货币与债券 B. 股票与债券
 C. 现金与存款 D. 储蓄与投资

7. 在决定货币需求的各个因素中，收入水平对货币需求的影响是（　　）。
 A. 正相关 B. 负相关
 C. 不相关 D. 不确定

8. 提出现金交易说的经济学家是（　　）。
A. 凯恩斯　　　　　　　　　　B. 马歇尔
C. 费雪　　　　　　　　　　　D. 庇古
9. 凯恩斯的货币需求函数非常重视（　　）。
A. 恒久收入的作用　　　　　　B. 货币供应量的作用
C. 利率的作用　　　　　　　　D. 汇率的作用
10. 凯恩斯认为，债券的市场价格与市场利率（　　）。
A. 正相关　　　　　　　　　　B. 负相关
C. 无关　　　　　　　　　　　D. 不一定

三、多项选择题

1. 马克思的货币必要量公式表明了以下关系（　　）。
A. 商品价格总额与货币必要量成正比　　B. 商品价格总额与货币必要量成反比
C. 货币流通速度与货币必要量成正比　　D. 货币流通速度与货币必要量成反比
E. 货币自身的价值与货币必要量成反比
2. 剑桥方程式揭示了以下关系（　　）。
A. 财富总额与货币需求正相关　　　　　B. 财富总额与货币需求负相关
C. 持币的机会成本与货币需求正相关　　D. 持币的机会成本与货币需求负相关
E. 持币的机会成本与货币需求不相关
3. 凯恩斯的货币需求公式揭示了以下关系（　　）。
A. 投机动机货币需求是收入的增函数　　B. 交易动机货币需求是收入的增函数
C. 投机动机货币需求是利率的减函数　　D. 交易动机货币需求是利率的减函数
E. 交易动机货币需求是利率的增函数
4. 弗里德曼的货币需求函数包括以下变量（　　）。
A. 恒久性收入　　　　　　　　　　　　B. 货币的预期名义收益率
C. 债券的预期名义收益率　　　　　　　D. 股票的预期名义收益率
E. 通货膨胀率
5. 弗里德曼的货币需求理论的政策含义有（　　）。
A. 不能把限定利率作为货币政策目标　　B. 不能把限制失业率作为货币政策目标
C. 主张实行"单一规则"的货币政策　　　D. 主张扩大财政支出来刺激经济增长
E. 主张扩大货币供给来刺激经济增长
6. 凯恩斯认为，下列变量（　　）影响人们持有货币的动机。
A. 价格变量　　　　　　　　　　　　　B. 利率变量
C. 收入变量　　　　　　　　　　　　　D. 机会成本变量
7. 影响我国货币需求的因素有（　　）。
A. 价格　　　　　　　　　　　　　　　B. 收入
C. 利率　　　　　　　　　　　　　　　D. 货币流通速度
E. 金融资产收益率
8. 弗里德曼货币需求函数中的影响货币需求的变量有（　　）。

A. 恒久收入 B. 预期物价变动率
C. 固定收益的债券利率 D. 非固定收益的债券利率
E. 非人力财富占总财富的比重

四、重要概念

1. 现金交易方程式 2. 现金余额方程式 3. 流动性陷阱 4. 单一规则 5. 谨慎动机
6. 投机动机 7. 恒久收入 8. 持有货币的机会成本 9. 交易动机 10. 人力财富

五、计算题

我国 20××年的 M_2 为 137543.6 亿元，名义 GDP 为 89404 亿元，根据费雪的交易方程式计算货币流通速度。

六、简答题

1. 什么是古典货币数量论？
2. 简述凯恩斯货币需求理论的基本观点。
3. 弗里德曼货币需求函数的内容是什么？
4. 请比较凯恩斯与弗里德曼的货币政策主张。

七、论述题

1. 试述弗里德曼货币需求理论的政策含义。
2. 试述凯恩斯货币需求理论的主要政策含义。

八、深度思考题

近 20 年来我国的货币供给量每年递增很快，是货币需求导致的吗？它对物价带来了什么影响？

参考答案

一、填空题

1. 商品价格总额 货币流通速度
2. 名义货币需求 实际货币需求
3. 货币流通速度
4. 持币占总财富的比重
5. 交易 投机
6. 货币量
7. 物价
8. 减少 增加
9. 利率

10. 反向

11. 利息收益

12. 折现值

13. 经济周期

14. 货币供应量

二、单项选择题

1. D 2. B 3. A 4. C 5. B 6. A 7. A 8. C 9. C 10. B

三、多项选择题

1. ADE 2. AD 3. BC 4. ABCDE 5. ABC 6. BCD 7. ADE
8. ABCDE

四、重要概念

1. 现金交易方程式：是费雪提出的货币需要量公式，即 MV = PT，M 为货币量，V 是货币流通速度，T 是实物产量，P 是单位产品的价格水平。

2. 现金余额方程式：是剑桥学派提出的货币需求量公式，即 M = KPY，M 为货币量，Y 是实物产量，P 是平均物价水平，K 是以货币形式持有财富占总财富的比重。

3. 流动性陷阱：是凯恩斯提出的一个命题，即当利率低到不能再降时，货币需求无限大，无论增加多少货币供给，都会被人们持有。

4. 单一规则：是弗里德曼提出的一种货币政策主张，即单一地控制货币供应量，使货币供应量始终不变地以一种固定的比率增加，并大致与经济增长率相适应。

5. 谨慎动机：是人们保留一部分货币以备未来未曾预料之需保有货币的动机。

6. 投机动机：人们根据对市场利率变化的预测，需要持有货币以便满足从中投机获利的动机。

7. 恒久收入：一个人拥有的各种财富在长期内获得的收入流量，相当于可观察到的长期平均收入。

8. 持有货币的机会成本：因持币而丧失的潜在收益或遭受的损失。

9. 交易动机：人们为了日常交易的方便，而在手头保留一部分货币的动机。

10. 人力财富：个人在将来获得收入的能力，包括一切先天或后天的才能与技术。

五、计算题

根据费雪的交易方程式，MV = PT，可由名义 GDP 来表示 PT。
V = GDP/M = 89404 ÷ 137543.6 = 0.65

六、简答题

1. 什么是古典货币数量论？

古典货币数量论是以费雪和剑桥学派为代表的货币数量理论，费雪提出了现金交易方程式：MV = PT，M 是货币量，V 是货币流通速度，T 是实物产量，P 是平均物价水平；剑桥学派提出了现金余额方程式：M = KPY，M 是货币量，Y 是实物产量，P 是平均物价水平，K 是以货币形式持有财富占总财富的比重。

2. 简述凯恩斯货币需求理论的基本观点。

凯恩斯认为，人们之所以要持有货币，主要取决于交易动机和投机动机：交易动机的货币需求取决于收入 Y，是收入的增函数；投机动机的货币需求则取决于利率，是利率的减函数。

3. 弗里德曼货币需求函数的内容是什么？

弗里德曼货币需求函数是：

$$\frac{M}{p} = f\left(y, w; r_m, r_b, r_e; \frac{1}{P}\frac{dp}{dt}; u\right)$$

式中：m 表示财富持有者个人持有的货币量；

P 表示一般物价水平；

$\frac{m}{p}$ 表示实际货币需求，即持有的货币所能支配的实物量；

y 表示恒久性收入；

w 表示非人力财富占总财富的比率；

r_m 表示货币的预期名义收益率；

r_b 表示债券的预期名义收益率，包括债券价格的变动；

r_e 表示股票的预期名义收益率，包括股票价格的变动；

$\frac{1}{P}\frac{dp}{dt}$ 表示预期物价变动率，因而是实物资产的预期名义收益率；

u 表示主观偏好以及其他影响货币服务效用的非收入变量。

4. 请比较凯恩斯与弗里德曼的货币政策主张。

凯恩斯认为货币政策在一定条件下会失效，而只有财政政策才能刺激有效需求、解决失业问题和促进经济增长。国家应该"相机抉择"干预经济。弗里德曼认为通货膨胀的根源在于货币供给的增长，所以医治通货膨胀和促进经济稳定增长的唯一办法便是控制货币供给的增长，因此，"简单规则"的货币政策才是至关重要的，而国家不应过多敢于经济运行。

七、论述题（要点）

1. 试述弗里德曼货币需求理论的政策含义。

弗里德曼货币需求理论的政策含义是：

（1）不能把限定利率作为货币政策目标，因为这种政策的短期作用与长期作用正好相反，从短期来看，货币供应量的增加可以使利率降低，促进投资。但从长期来看，投资增加国民收入也增加，对货币需求也会增加，因此又拉动了利率的上升，限制利率的目标失败，而且还会导致物价上涨，通货膨胀。

（2）不能把限制失业率作为货币政策目标，因为这种政策的短期作用与长期作用也是正好相反，从短期来看，增加货币供给，物价上涨，工资上涨滞后，雇主愿意扩大投资，增加雇工，失业率下降。但从长期来看，工人要求增加工资以弥补物价上涨的损失，因此企业雇工减少，失业率上升，货币政策目标失败，且导致通货膨胀。

（3）弗里德曼认为，通货膨胀是赤字性的财政政策与扩张性的货币政策所至，要克服通货膨胀就必须控制货币供应量，使货币供应量始终不变地以一种固定的比率增长，并大致与经济增长率相适应，推行"单一规则"的货币政策。

2. 试述凯恩斯货币需求理论的主要政策含义。

在凯恩斯的货币理论中，利息率是由货币的供应与需求所共同决定的。在流动性偏好一定的条件下，中央银行增加货币供应会使利息率下降。这是因为货币供应量增加以后，人们就会感到他们所持有的货币超过了他们所愿意"贮藏"的数量，于是人们就将多余的货币用于购买债券，使对债券的需求增加，结果导致债券价格上升，利息率下降；反之，中央银行减少货币供应应会使利息率上升。

在以上分析的基础上，凯恩斯得出结论：如果中央银行通过增加货币供应量、降低利息率、使利息率低于资本边际效率，就会刺激投资的增加，并通过投资乘数的作用，提高有效需求，使就业量与国民收入成倍增长。这也就是凯恩斯所提出的解决失业问题的政策措施。

但是，凯恩斯又指出，当货币供应量大量增加，使利率降到某一低限以后，货币需求会变得无限大。这是因为在某一低利率情况下，人们一致认为未来利率会上升，债券价格会降低，这时，无人再愿意持有债券，而只愿意持有货币。即所谓"流动性陷阱"（Liquidity Trap）。

第十章 货币供给

☞ **学习目的和要求**

通过本章的学习,要求把握影响货币供给增减变化的因素;了解商业银行的存款货币创造过程及原理;理解和掌握货币供给的通用模型;掌握基础货币和货币乘数及其决定因素;掌握央行对基础货币的控制。

☞ **要点提示**

第一节 银行体系与货币供给

一、货币供给概述

1. 货币供给的含义

所谓货币供给,是指一国在某一时点上为社会经济运转服务的货币存量,它由包括中央银行在内的金融机构供应的存款货币和现金货币两部分构成。

2. 货币供给理论的主要内容

货币供给理论主要是研究货币供给量的规定性、供给渠道或程序、决定因素以及中央银行调控等理论,其主要内容有:①货币供给的定义;②货币供给的形成和传导轨迹、中央银行与商业银行之间资产负债的账户关系,以及派生存款的形成;③货币供给的三个要素,即基础货币、货币乘数和货币供给量,以及货币供给量的决定;④不同经济模型下中央银行调控货币供给量的可能程度及其操作。

3. 名义货币供给和实际货币供给

名义货币供给是指一定时点上不考虑物价因素影响的货币存量;实际货币供给是指剔除物价影响之后的一定时点上的货币存量。

二、银行系统的资产负债表和货币供给量

1. 整个银行系统的资产负债表

货币供给量实际上是非银行经济主体的一种资产,恰好等于银行系统的负债。为此,货币供给量与银行系统的资产负债业务息息相关。如表 10-1 所示,货币供给量大小都反映在银行系统的资产负债表上。

表 10-1　　　　　　　　　　整个银行系统综合资产负债表

资产	负债
国外资产(包括黄金、外汇及特别提款权) 政府债券 对企业、团体及个人的债权(包括对企业、团体及个人的贷款和投资) 其他资产	M 货币供给量(通货,活期存款) 准货币(包括定期存款和储蓄存款) 政府存款 外国存款 净值及其他负债
合计	合计

2. 影响货币供给量变化的因素

对上表资产和负债对应项目相轧差,说明影响和决定货币供给量增减变化因素有:①国际收支增减净额。若为正数(即国际收支顺差或黄金外汇储备净增),货币供给量增加;若为负数货币供给量减少;②财政支出与收入增减净额。若为正数,导致货币供给量增加;若为负数,使货币供给量减少;③银行对企业、团体及个人的贷款和投资增减净额。若为正数,表示信用扩张,引起货币供给量增加;若为负数,表示信用收缩,造成货币供给量减少;④银行内部平衡能力。其增减会引起货币供给量呈反向变动。

总体来看,货币供给量增长数额的大小是由银行系统资产业务规模的大小所决定的。货币供应量之所以增加并进入流通,原因在于:①收兑黄金、外汇等国际储备资产;②购买政府债券而向财政提供借款;③对企业、团体及个人发放贷款及购买其所发行的债券。

第二节　商业银行的存款货币创造

一、商业银行存款创造的基本理论

(一) 关于存款创造的基本概念

从商业银行创造存款的角度看,商业银行银行存款的来源有两种,一是原始存款,二是派生存款。所谓原始存款,狭义的是指客户以现金形式存入银行的款项,对整个商业银行系统来说,广义的也包括能同时增加准备金存款的存款。派生存款是指商业银行通过贷款、贴现、投资等业务转化而来的存款,也称衍生存款。原始存款是商业银行进行信用扩张和创造派生存款的基础。

（二）商业银行存款创造的前提条件

（1）实行部分准备金制度。
（2）采用转账结算的方式。

二、商业银行的存款创造与收缩

法定存款准备金率越低，派生倍数就越高，商业银行存款创造的能力就越强；法定存款准备金率越高，派生倍数就越低，商业银行存款扩张的能力就越弱。

商业银行存款创造的原理在相反方向上也适用，也就是说，如果原始存款减少，可以引起存款总额的成倍减少。

第三节 货币供给模型

一、货币供给 M1 的模型

货币供给模型也称为货币供给函数，它是反映货币供给量与影响供给量的各种因素之间的关系的函数表达式。

1. 通用模型的简单推导

$B = C + R$

$R = r_d \cdot D + r_t \cdot t \cdot D + e \cdot D = (r_d + r_t \cdot t + e) \cdot D$

$\therefore B = k \cdot D + (r_d + r_t \cdot t + e) \cdot D = (k + r_d + r_t \cdot t + e) \cdot D$

$$\therefore D = \frac{1}{r_d + r_t \cdot t + k + e} \cdot B \quad （式10-1）$$

$\therefore M_1 = C + D$
$\qquad = k \cdot D + D$

将式 10-1 代入

$M_1 = \dfrac{k}{r_d + r_t \cdot t + k + e} \cdot B + \dfrac{1}{r_d + r_t \cdot t + k + e} \cdot B$

$\quad = \left(\dfrac{1+k}{r_d + r_t \cdot t + k + e} \right) \cdot B$

$\quad = m_1 \cdot B$

模型中字母的含义：B 为基础货币，C 为流通中现金，R 为银行存款准备金，r_d 为法定活期存款准备金率，r_t 为法定定期存款准备金比率，t 为定期存款占活期存款的比率，e 为超额准备金占活期存款的比率，k 为通货与活期存款的比率。

2. 通用模型含义

表明货币供给量 M_1 的变动取决于两个基本因素：货币乘数 m_1 和基础货币 B。

3. 货币供给的增量表达式

假定货币乘数在一定时期内相对稳定，据此给出货币供给的增量表达式，即：

$\Delta M_1 = m_1 \cdot \Delta B$

说明：一方面，在货币 M1 的通用模型中，若已知货币乘数和基础货币增加量，可计算相应的货币供给量增长率。另一方面，如果已知货币供给增长率和货币乘数，可计算出为实现该货币供给增长率目标，中央银行应增加多少基础货币，为货币政策操作提供数量上的依据。

若货币乘数和基础货币均发生变化，则有：

$$GM_1 = Gm_1 + GB \qquad (式10-2)$$

G 表示增长率。式 10-2 说明：一国在一定时期的货币 M1 的增长率等于其相对应的货币乘数与基础货币各自增长率之和。

二、货币供给 M2 的模型

$$\begin{aligned} M_2 &= M_1 + T \\ &= \left(\frac{1+k}{r_d + r_t \cdot t + k + e} \right) \cdot B + t \cdot D \end{aligned} \qquad (式10-3)$$

将式 10-3 代入

$$\begin{aligned} &= \left(\frac{1+k+t}{r_d + r_t \cdot t + k + e} \right) \cdot B \\ &= m_2 \cdot B \end{aligned}$$

模型含义：货币供给量 M2 的变动取决于两个基本因素：货币乘数 m2 和基础货币。

第四节 基础货币及其决定与控制

一、基础货币的定义

基础货币等于社会公众所持有的通货与商业银行的准备金之和，即：

B = C + R

（1）从静态意义上讲，基础货币应仅是商业银行所保存的存款准备金 R，如图 10-1 所示。

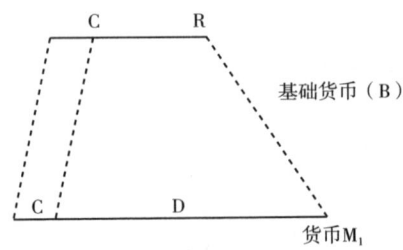

图 10-1　基础货币与货币 M_1

（2）从动态意义上来看，基础货币是商业银行所保存的存款准备金与非银行部门所持有的中央银行负债之和，即：

B = C + R

现实经济运行中的基础货币理应是动态意义上的基础货币。

二、基础货币的决定

1. 中央银行的资产负债表

从基础货币的定义可知：若视商业银行的库存现金为中央银行的准备金存款，则基础货币便是中央银行对商业银行和社会公众的负债。因此，研究基础货币的决定机制，可以从中央银行的资产负债表入手，如表10－2所示。

表10－2　　　　　　　　　　　中央银行的资产负债表

资产		负债	
对政府财政贷款及政府债券	A1	流通中现金	C
对金融机构贷款	A2	金融机构存款	R
金银外汇储备	A3	政府财政存款	L1
其他资产	A4	外国存款	L2
		其他负债	L3
		资本项目	L4
合计 = $\sum_{i=1}^{4} A_i$		合计 = $C + R + \sum_{i=1}^{4} L_i$	

2. 基础货币决定的总体分析

在表10－2中，金融机构存款可视为金融机构在中央银行的准备金存款。根据会计核算原理：资产 = 负债。我们有：

$$\sum_{1}^{4} A_i = C + R + \sum_{1}^{4} L_i$$

$$B = C + R = \sum_{1}^{4} A_i - \sum_{1}^{4} L_i$$

$$\partial B / \partial \sum A_i > 0$$

$$\partial B / \partial \sum L_i < 0$$

表明：基础货币作为中央银行资产总规模与其非基础货币负债规模的二元函数，当 $\sum L_i$ 相对一定时，基础货币是中央银行资产总规模的递增函数，当 $\sum A_i$ 相对一定时，基础货币是非基础货币负债规模的递减函数。

3. 资产项目的变动与基础货币的决定

（1）对政府财政的贷款与基础货币的决定

第一，若政府财政向中央银行贷款所形成的政府存款不支用，对基础货币的变化并无影响。

第二，若政府对这笔贷款所形成的政府财政存款支用，使基础货币增加。

（2）对金融机构的贷款与基础货币的决定

第一，再贴现增加，使商业银行所持有的中央银行负债即存款准备金增加。基础货币相应增加。

第二，中央银行对金融机构的贷款的增加，也使基础货币供给增加。

第三，中央银行从商业银行购买承兑汇票，使商业银行所持有的中央银行负债即存款准备金增加，也使基础货币供给等量增加。

（3）金银外汇储备对基础货币决定的影响

第一，中央银行从国内生产厂商收购金银。会引起流通中现金和存款准备金增加，使基础货币供给增加。

第二，中央银行从国外中央银行收购金银。若外国中央银行对其出售金银的所得款项储存而不运用，基础货币的供给不受影响；若中央银行从外国中央银行购买金银后，外国中央银行对其出售金银所得款项加以支用，基础货币增加。

第三，中央银行收购外汇，基础货币等值增加。

4. 非基础货币负债项目的变化与基础货币的决定

（1）政府财政存款的变化对基础货币供给的影响：政府财政存款的增加使基础货币减少；政府财政存款的减少使基础货币增加。

（2）外国存款的变化对基础货币供给的影响：若外国存款增加，使基础货币减少；若外国存款减少，使基础货币增加。

三、中央银行对基础货币的控制

中央银行控制基础货币的主要手段是改变其资产规模，具体而言是通过控制它对金融机构的贷款，通过公开市场业务买卖政府债券，买卖黄金、外汇。

第五节 货币乘数及其决定

一、货币乘数的概念

货币乘数，是指一定量的基础货币发挥作用的倍数。本意是指银行系统通过对一定量的基础货币运用之后，所创造的货币供给量与基础货币的比值。

二、决定货币乘数大小的因素

以 $m_1 = \dfrac{1+k}{r_d + r_t \cdot t + k + e}$ 为例

1. 通货比率 k = C/D

k 是流通中通货占活期存款的比率，它主要取决于公众的资产偏好。通货比率的变化反向作用于货币供给量的变动。决定通货比率的主要因素有：①公众可支配收入水平的高低；②用通货购买或以支票购买的商品或劳务的相对价格的变化；③公众对未来通货膨胀的预期。

2. 定期存款占活期存款的比率 t = T/D

t 由公众的资产偏好所决定的。定期存款比率的变动反向作用于货币供给量的变动。影响定期存款比率的因素：①收入水平；②定期存款的利率。

3. 商业银行持有的超额准备金占活期存款的比率 e = E/D

主要取决于商业银行的经营决策行为，超额准备金越多，贷款和投资规模愈小，货币乘数愈小。变动反向作用于货币供给量的变动。超额准备金比率的大小主要由下列因素决定：①保有超额准备金的机会成本的大小；②借入超额准备金成本的大小；③经营风险和资产流动性的状况。

4. 活期存款准备金比率 rd 和定期存款准备金比率 rt

两者由中央银行直接决定，反向作用于货币乘数的大小。

三、货币供给的内生性与外生性

1. 货币供给外生性含义

货币供给并不是由经济因素（如收入、储蓄、投资等因素）所决定，而是由货币当局的货币政策决定。例如，肯定货币供给是外生变量，则认为货币当局能够有效地通过对货币供给的调节影响经济进程。

2. 货币供给内生性含义

货币供给的变动，货币当局是决定不了的，起决定作用的是经济体系中实际变量及微观经济主体的经济行为等因素，如肯定货币供给量是内生变量，则认为货币供给总是要被动地决定于客观经济过程，而货币当局并不能有效地控制其变动。

☞ 知识拓展

1. 你认为除商业银行以外的其他金融机构，如证券公司和保险公司，有没有货币创造的功能？为什么？
2. 货币乘数和存款扩张倍数的联系与区别？

☞ 练习题

一、填空题

1. 基础货币又称强力货币，它由商业银行的_____和流通中的_____组成。
2. 政府增发通货或直接向中央银行透支会_____货币供应。
3. 中央银行实施公开市场操作手段的前提是_____。
4. 基础货币与央行资产总规模呈_____关系，与非基础货币负债项目是_____关系。
5. 货币供应量层次的划分是以_____为标准的。
6. 在现代信用货币制度下，货币供给的主体是_____。
7. _____作为整个银行体系内存款扩张、货币创造的基础，其数额大小对_____

具有决定性的影响。

8. 现金是_____银行的负债，存款是_____银行的负债。
9. 货币当局可以通过调控基础货币和乘数来间接调控_____。
10. 法定存款准备率提高意味着商业银行的_____降低。
11. 通货存款比例取决于_____和_____的持币行为。
12. 国际货币基金组织定义的准货币包括_____、_____和_____。
13. 基础货币的供应是通过中央银行的信用活动来实现的，中央银行资产的运用形成基础货币的_____。
14. 在我国，中央银行向金融机构贷款，主要是通过_____和_____业务。
15. 外汇储备对中央银行基础货币投放的影响在于基础货币与外汇的_____和_____。
16. 相对于其他存款形式或货币形式而言，中央银行对基础货币有较强的控制能力，尤其是对其中的_____。
17. 在决定货币乘数的 5 个变量 k、rd、e、t 和 r_t 中，中央银行能够控制_____、_____两个变量。
18. 任何影响商业银行决策的因素，都决定和影响超额准备率，所以，超额准备率的变动主要取决于_____。
19. 定期存款与活期存款是公众财富持有的两种形式，定期存款与活期存款比率 t 的变动主要取决于社会公众的_____行为。
20. 商业银行信用创造的条件有两个，一是_____，二是_____。

二、单项选择题

1. 货币供应量一般是指（　　）。
   A. 流通中的现金量　　　　　　　B. 流通中的存款量
   C. 流通中的现金量与存款量之和　D. 流通中的现金量与存款量之差
2. 货币供给的根本来源是（　　）。
   A. 银行贷款　　　　　　　　　　B. 财政支出
   C. 企业收入　　　　　　　　　　D. 个人收入
3. 主张"货币供给是外生变量"的论点，其含义是（　　）。
   A. 货币供给决定于整个金融体系的运作
   B. 货币供给决定于货币当局的政策
   C. 货币供给决定于客观经济过程
   D. 货币供给决定于财政政策的实施
4. 如果物价上涨，名义货币供给成比例地随之增加，则实际货币供给（　　）。
   A. 也成此比例地增加　　　　　　B. 成比例地减小
   C. 保持不变　　　　　　　　　　D. 无方向性的振荡
5. 如果实际货币需求增加而名义货币供给不变，则货币和物价的变化是（　　）。
   A. 货币升值，物价下降　　　　　B. 货币升值，物价上涨
   C. 货币贬值，物价下降　　　　　D. 货币贬值，物价上涨

6. 提高利率，对货币供求的作用是（　　）。
   A. 货币供给与货币需求同时增加　　B. 货币供给与货币需求同时减少
   C. 货币供给减少，货币需求增加　　D. 货币供给增加，货币需求减少
7. 中央银行提高存款准备率，将导致商业银行信用创造能力的（　　）。
   A. 上升　　　　　　　　　　　　　B. 下降
   C. 不变　　　　　　　　　　　　　D. 不确定
8. 基础货币是由（　　）提供的。
   A. 投资基金　　　　　　　　　　　B. 商业银行
   C. 中央银行　　　　　　　　　　　D. 财政部
9. 派生存款是由（　　）创造的。
   A. 商业银行　　　　　　　　　　　B. 中央银行
   C. 证券公司　　　　　　　　　　　D. 投资公司
10. 下列资产负债项目中，属于中央银行负债的是（　　）。
    A. 流通中的通货　　　　　　　　　B. 央行的外汇储备
    C. 对商业银行的贷款　　　　　　　D. 财政借款
11. 下列经济因素中，使商业银行持有较高超额准备金的是（　　）。
    A. 市场利率上升　　　　　　　　　B. 经济处于上升周期
    C. 央行贷款条件苛刻　　　　　　　D. 同业拆借市场利率稳定
12. 下列金融变量中，直接受制于中央银行的是（　　）。
    A. 财政性存款成本　　　　　　　　B. 法定存款比率
    C. 现金比率　　　　　　　　　　　D. 定期存款比率
13. 下列金融变量中，直接受制于商业银行行为的是（　　）。
    A. 超额存款比率　　　　　　　　　B. 现金漏损率
    C. 定期存款比率　　　　　　　　　D. 财政性存款比率
14. 在下列因素中，使商业银行持有较高超额存款准备金的是（　　）。
    A. 市场利率上升　　　　　　　　　B. 经济处于衰退期
    C. 央行贷款条件宽松　　　　　　　D. 同业拆借市场利率稳定
15. 我国的货币供给有其特殊性，"倒逼机制"的提出旨在说明了我国货币供给的（　　）。
    A. 外生性　　　　　　　　　　　　B. 内生性
    C. 不能说明什么问题　　　　　　　D. 稳定性

三、多项选择题

1. 我国货币层次划分，M_2 应包括（　　）。
   A. M_1　　　　　　　　　　　　　B. 客户在证券公司的保证金
   C. 商业票据　　　　　　　　　　　D. 存款
   E. 现金
2. 影响货币乘数的因素有（　　）。
   A. 贴现率　　　　　　　　　　　　B. 现金漏损率

C. 定期存款与活期存款的比率　　D. 超额准备率
E. 法定存款准备率

3. 影响货币乘数的经济主体有（　　）。
   A. 中央银行　　　　　　　　　B. 公众
   C. 团体　　　　　　　　　　　D. 商业银行
   E. 企业

4. 在市场经济条件下，货币供给量最终取决于（　　）两大因素的制约。
   A. 贷款　　　　　　　　　　　B. 基础货币
   C. 派生存款　　　　　　　　　D. 货币乘数
   E. 利率

5. 影响商业银行创造派生存款能力的因素有（　　）。
   A. 原始存款　　　　　　　　　B. 财政存款
   C. 法定存款准备率　　　　　　D. 现金漏损率
   E. 超额准备率

6. 在经济运行中，影响超额准备金比率的因素有（　　）。
   A. 商业银行保有超额准备金的机会成本　　B. 商业银行借入准备金的代价
   C. 非银行部门对现金的偏好　　D. 非银行部门对定期存款的偏好
   E. 中央银行货币政策的意向

7. 一般来说，一国银行系统（包括中央银行和商业银行）的资产有（　　）。
   A. 国外资产　　　　　　　　　B. 政府证券资产
   C. 对企业的债权　　　　　　　D. 对团体及个人的债权
   E. 其他资产

8. 决定通货比率的主要因素有（　　）。
   A. 公众可支配收入水平的高低
   B. 用通货购买或以支票购买的商品或劳务的相对价格的变化
   C. 法定存款准备率
   D. 财政性存款比率
   E. 公众对未来通货膨胀的预期

9. 现代货币理论非常重视对货币乘数的研究，它们认为（　　）。
   A. 超额存款准备金率与货币乘数呈反向变化关系
   B. 定期存款比率与货币乘数呈正向变化关系
   C. 基础货币一定时，货币乘数总是大于1
   D. 通货比率与货币乘数成反比
   E. 超额存款准备金率与货币乘数呈正向变化关系

四、重要概念

1. 货币供给量　2. 货币供给函数　3. 货币乘数　4. 基础货币　5. 货币内生性　6. 货币外生性　7. 原始存款　8. 派生存款　9. 现金比率　10. 超额准备比率　11. 名义货币供给　12. 实际货币供给

五、计算题

1. 某国商业银行体系共持有准备金 200 亿元，公众持有的通货数量为 200 亿元，中央银行对活期存款和定期存款规定的法定准备率分别为 15% 和 10%，据测算，流通中的现金漏损率为 25%，商业银行的超额准备率为 5%，而定期存款与活期存款之间的比率为 50%，试求：
   （1）货币乘数 m1 和 m2。
   （2）狭义货币供应量 M1 和广义货币供应量 M2。

2. 某银行吸收原始存款 5000 万元，其中 1000 万元交存中央银行作为法定准备金，1000 万元作为存款准备金，其余全部用于发放贷款，若无现金漏损，计算商业银行最大可能派生的派生存款总额。

3. 某商业银行体系共持有准备金 300 亿元，公众持有的通货数量为 100 亿元，中央银行对活期存款和非个人定期存款规定的法定准备金率分别为 15% 和 10%，据测算，流通中现金漏损率（现金/活期存款）为 25%，商业银行的超额准备金率为 5%，而非个人定期存款比率为 50%，试求：
   （1）活期存款乘数。
   （2）货币乘数（指狭义货币 M1）。
   （3）狭义货币供应量 M。

4. 如果你在 A 银行存入 10000 元现金，假设法定存款准备率为 8%，那么 A 银行的法定存款准备金、超额存款准备金有何变化？A 银行能够增加多少贷款？整个银行体系最终会创造多少货币？

六、简答题

1. 简述货币供给理论的主要内容。
2. 简述货币供给的一般模型。
3. 决定通货比率的主要因素有哪些？
4. 商业银行的超额准备金率是由哪些因素决定的？
5. 我国现时对货币供给量划分为哪几个层次？划分的依据及意义是什么？

七、论述题

1. 现代银行制度下的货币供给机制是怎样的？试写出其理论模型。
2. 试述基础货币的决定和调控。
3. 试述中央银行的贴现政策如何影响基础货币的变动？

八、深度思考题

1. 从货币供给模型来看，中央银行调节货币供给量有哪些手段？
2. 结合所学知识，你认为当前我国的货币供给量是外生变量还是内生变量？

参考答案

一、填空题

1. 准备金　通货
2. 扩大
3. 存在一个活跃的政府债券二级市场
4. 正相关　负相关
5. 金融资产"流动性"
6. 银行
7. 基础货币　货币供应量
8. 中央　商业
9. 货币供应量
10. 放款能力
11. 居民　企业
12. 定期存款　储蓄存款　外币存款
13. 来源
14. 再贷款　再贴现
15. 互补　替换
16. 存款准备金
17. r_d、r_t
18. 商业银行的经营决策
19. 资产选择
20. 转账结算制度　部分准备金制度

二、单项选择题

1. C　2. A　3. B　4. C　5. A　6. D　7. B　8. C　9. A　10. A
11. C　12. B　13. A　14. B　15. B

三、多项选择题

1. ABDE　2. BCDE　3. ABCDE　4. BD　5. ACDE　6. ABCE　7. ABCDE
8. ABE　9. ACD

四、重要概念

1. 货币供给量：狭义的货币供给量 M1 是最基本的货币供给量定义，包括流通中的通货和活期存款；广义的货币供给量包括 M1 和定期存款。

2. 货币供给函数：又称为货币供给模型，它反映了货币供给量与影响供给量的各种因素之间的关系。

3. 货币乘数：也称货币扩张系数，是用以说明货币供给总量与基础货币的倍数关系的一种系数。基础货币供应增加后，货币存量不是简单地以1：1的比例增加，由于存款机构的信用创造，货币存量的增加量会以基础货币增量的若干倍数扩张。这种倍数关系用式子表达出来，即：

$m = M/B$ 或 $m = \Delta M/\Delta B$

式中，m为货币乘数，M是货币供给量，B为基础货币。

4. 基础货币：又称强力货币，可以从货币的来源和运用两个方面来加以理解。从货币的来源看，它是货币当局（中央银行和财政部）的货币供应量；从运用看，它由商业银行的准备金（R）和流通中的通货（C）组成。

5. 货币内生性：货币内生性，是指货币供应量是在一个经济体系内部由多种因素和主体共同决定的，中央银行只是其中一部分。因此，中央银行并不能单独决定货币供给量，起决定作用的是经济体系中现实变量及微观主体的经济行为等因素。

6. 货币外生性：货币外生性也称货币供给的外生性，是指货币供应量并不是由经济因素（如收入、储蓄、投资和消费等因素）决定的，而是由中央银行在经济体系之外独立控制的。中央银行可以通过变动货币供给量来调节物价水平、利率以及实际产出等因素，而不是相反。无论是在以一般均衡为代表的新古典经济学中，还是在以IS-LM模型为代表的凯恩斯主流经济学中，都假定货币供给是外生性的。

7. 原始存款：是指银行吸收的现金存款或中央银行对商业银行贷款所形成的存款。

8. 派生存款：相对于原始存款而言的，是指由商业银行以原始存款为基础发放贷款而引伸出来超过最初部分存款的存款。

9. 现金比率：所谓现金比率是指非银行部门所持有的中央银行现金负债与非银行部门所持有的商行的活期存款负债之间的比例关系。

10. 超额准备比率：所谓超额准备比率是指商业银行保有超额准备金，与非银行部门所持有的商业银行的活期存款负债之间的比例关系。

11. 名义货币供给：指一定时点上不考虑物价因素影响的货币存量，人们日常使用的货币供给概念，一般都是名义货币供给。

12. 实际货币供给：指剔除了物价影响之后的一定时点上的货币存量。

五、计算题

1. 解：① $m_1 = \dfrac{1+k}{r_d + r_t \cdot t + k + e} = \dfrac{1+25\%}{15\% + 10\% \times 50\% + 25\% + 5\%} = 2.5$

② $m_2 = \dfrac{1+k+t}{r_d + r_t \cdot t + k + e} = \dfrac{1+25\%+50\%}{15\% + 10\% \times 50\% + 25\% + 5\%} = 3.5$

③ $B = C + R = 200 + 200 = 400$（亿元）

M1 = 2.5 × 400 = 1000（亿元）

M2 = 3.5 × 400 = 1400（亿元）

答：货币乘数m1和m2分别为2.5和3.5，货币供给量M1为1000亿元，M2为1400亿元。

2. 解：$r_d = \dfrac{1000}{5000} = 20\%$

$e = \dfrac{1000}{5000} = 20\%$

存款总额 $= 5000 \times \dfrac{1}{20\% + 20\%} = 12500$（万元）

派生存款总额 $= 12500 - 5000 = 7500$（万元）

答：银行最大可能派生的派生存款总额为 7500 万元。

3. 解：设活期存款准备金率为 r_d，定期存款准备金率为 r_t，现金漏损率为 k，产业银行的超额准备金率为 e，非个人定期存款比率为 t，则有，

（1）存款乘数 $d = 1 \div (r_d + e + k + t \times t_t)$
$= 1 \div (0.15 + 0.05 + 0.25 + 0.5 \times 0.10)$
$= 2$

（2）M_1 货币乘数为 $m = (1 + k) \div (r_d + e + k + t \times t_t)$
$= (1 + 0.25) \div (0.15 + 0.05 + 0.25 + 0.5 \times 0.10)$
$= 2.5$

（3）基础货币 $B = R + C = 400$（亿元），则有，
$M_1 = m \times B = 2.5 \times 400 = 1000$（亿元）

4. 法定存款准备金 $= 10000 \times 8\% = 800$（元）
超额存款准备金 $= 10000 - 800 = 9200$（元）
贷款 $= 9200$（元）
存款总额 $D = 1/r = 1 \div 8\% \times 10000 = 125000$（元）

六、简答题

1. 简述货币供给理论的主要内容。

①货币供给的定义；②货币供给的形成和传导轨迹。中央银行与商业银行之间资产负债的账户关系，以及派生存款的形成；③货币供给的三个要素，即基础货币、货币乘数和货币供给量，以及货币供给量的决定；④不同经济模式下中央银行调控货币供给量的可能程度及其操作。

2. 简述货币供给的一般模型。

货币供给的一般模型通常表示为：

$M_s = mB$，其中 M_s 表示货币供给量，m 表示货币乘数，B 表示基础货币。

模型的含义是：货币供给量由基础货币和货币乘数两个因素共同作用而成，其数量是基础货币的 m 倍。基础货币是中央银行创造出来的，它可以借金融体系进一步创造出更多的货币。货币乘数体现了金融体系的信用创造能力，表现为基础货币发挥作用的倍数。

3. 决定通货比率的主要因素有哪些？

（1）公众可支配收入水平的高低，一般来讲，可支配收入越高，通货比率也越高，反之则越低。

（2）用通货购买或以支票购买的商品或劳务的相对价格的变化。例如，食物价格相对于而拥消费品的价格是上升的话，则通货比率会增加。

（3）公众对未来通货膨胀的预期，如果公众认为通货膨胀会加剧，则会提取更多的通货，以抢购保值资产从而避免购买力的损失，这时通货比率会增高。

此外，社会的支付习惯、银行业的发达程度、信用工具的多寡，社会和政治的稳定性以及其他金融资产收益率的变动都会影响通货比率的大小。

4. 商业银行的超额准备金率是由哪些因素决定的？

（1）保有超额准备金的机会成本的大小，即市场利率的高低，市场利率越高，银行越愿意持有较少的超额准备金。

（2）借入超额准备金成本的大小，这主要是指中央银行再贴现率的高低。再贴现率高意味着借入超额准备金的成本增大，在这种情况下，商业银行会留存较多的超额准备金以备不时之需；反之，若借入超额准备金的成本很小，则商业银行就没有必要留存过多的超额准备金。

（3）经营风险和资产流动性的状况。商业银行为应付难以预料的意外提现、支票结清时所发生的准备金头寸短缺，或当企业借款需求增加等都会使商业银行在风险和收益的双重权衡中，改变所留存的超额准备金的大小。

5. 我国现时对货币供给量划分为哪几个层次？划分的依据及意义是什么？

（1）我国货币供应量划分为如下三个层次：

M_0 = 流通中现金

$M_1 = M_0$ + 活期存款

$M_2 = M_1$ + 定期存款 + 储蓄存款 + 其他存款 + 客户在证券公司的保证金

（2）意义：各国中央银行在确定货币供给的统计口径时，都以流动性的大小，流动性程度较高形成购买力的能力也较强，流动性较低，即周转不方便，形成购买力的能力也较弱。显然，这个标准对于考察市场均衡、实施宏观调节有重要意义。

七、论述题（要点）

1. 现代银行制度下的货币供给机制是怎样的？试写出其理论模型。

在现行中央银行制度下，货币供应量是通过中央银行创造基础货币和商业银行创造存款货币注入流通界的。这一供应过程具有以下三个特点：

第一，货币供给形成的主体是中央银行和商业银行（包括接受活期存款的金融机构），亦即银行系统，一般不包括非银行金融机构。

第二，两个主体各自创造相应的货币。中央银行创造现金通货，商业银行创造存款货币。

第三，银行系统供给货币的过程必须具备三个基本条件。一是实行由银行系统提供的完全的信用货币流通，即流通中不存在金属货币和国家纸币（原来意义上由政府直接发行的纸币）；二是实行存款准备金制度；三是广泛采用非现金结算方式。在这三个条件下，货币的形成主要有两个环节：一是由中央银行策源的货币供给；二是商业银行的存款货币创造。在这两个环节中，由于商业银行要受制于中央银行，因此，中央银行在整个货币供给中属于核心地位。中央银行策源的货币供应量是货币供给过程的主流部分。

（1）基础货币与货币供应量

基础货币又称强力货币和高能货币，是指处于流通界为社会公众所持有的通货及商业银行存在中央银行的准备金总和，可用公式表示为：

$B = C + R$

式中：B 代表基础货币，C 代表流通中的现金，R 代表商业银行在中央银行的准备金存款。

基础货币作为整个银行体系内存款扩张、货币创造的基础，其数额大小对货币供应总量具有决定性的影响。

（2）货币乘数与货币供应量

在货币供给过程中，中央银行的初始货币供应量与社会货币最终形成量之间存在着数倍扩张（或收缩）的效果或反应，这即所谓的乘数效应。乘数效应的实质，是要揭示基础货币与货币供应量有决定性作用。所谓货币乘数，也称货币扩张系数，是用以说明货币供应量与基础货币的倍数关系的一种系数。这种作用可用一个简单的货币供给方程来表示：

$M_s = B \cdot m$

货币供给 M_1 的乘数计算公式：

$$m_1 = \frac{1+k}{r_d + r_t \cdot t + k + e}$$

从货币乘数的计算公式中不难看出，M_1 的大小取决于计算公式中的 r_d、e、k 和 $r_t \cdot t$。我们将货币乘数公式代入货币供应量公式中，就得到一个完整的 M_1 口径的货币供应理论模型：

$$M_1 = B \cdot \frac{1+k}{r_d + e + k + r_t \cdot t}$$

由此可见，货币供应量是由中央银行、商业银行及社会公众这三个经济主体的行为所共同决定的。如果撇开各因素之间的相互影响，则 B、r_d 及 r_t 这三个因素基本上代表了中央银行的行为对货币供给的影响，e 则代表了商业银行的行为对货币供给的影响，t 和 k 则代表了社会公众的行为对货币供给的影响。

2. 试述基础货币的决定和调控。

（1）中央银行资产负债表中，黄金外汇储备的增减，导致基础货币增减。

（2）中央银行资产负债表中，对金融机构债权的增减，导致基础货币增减。

（3）中央银行资产负债表中，对政府债权的增减，导致基础货币增减。

（4）中央银行资产负债表中，政府存款和国外存款增减，导致基础货币减增。

中央银行要控制基础货币，就要控制黄金外汇储备、控制对金融机构债权、控制对政府债权。

3. 试述中央银行的贴现政策如何影响基础货币的变动？

（1）贴现政策是指中央银行通过调整再贴现率来影响商业银行的融资成本，借以影响货币供给量与利率的政策工具之一。

（2）基础货币是中央银行的负债，包括流通中的通货和银行存款准备金。基础货币与货币乘数之积就形成货币供应量。中央银行可以通过贴现政策影响基础货币，从而影响货币供给量。

（3）中央银行对商业银行的再贴现，原意是指银行将它为客户办理贴现业务而收进的各种票据再出售给中央银行，即中央银行购买商业银行票据。当贴现贷款增加时，将直接表现为获得贷款的银行的准备金存款增加，从而整个经济中的基础货币增加。

（4）通常将由中央银行的贴现窗口增加的银行准备金，称为借入性基础货币，因此，贴现政策只能影响借入性基础货币部分。

（5）但是由于在贴现贷款中，中央银行往往处于被动的地位，中央银行的贴现政策并不能完全控制借入性基础货币部分。因此，中央银行的贴现政策不如公开市场操作对基础货币的影响大。

第十一章 通货膨胀

☞ **学习目的和要求**

通过本章的学习，要求系统了解通货膨胀的基本理论，并且能够对现实中出现的通货膨胀现象进行简单的分析和判断；理解和掌握通货膨胀的概念，通货膨胀的衡量、分类、通货膨胀的成因和效应；熟练掌握通货膨胀的治理。

☞ **要点提示**

第一节 通货膨胀及其衡量

一、通货膨胀的定义

通货膨胀是指一定时期货币过多而引起商品和劳务价格总水平持续上涨的一种经济现象。这一定义一般包含以下几个内容：

（1）通货膨胀意为通货过多。
（2）强调考察对象是商品和劳务。
（3）强调以货币表示的价格。
（4）注重"总水平"的考察。
（5）强调"持续上涨"。

物价上涨是标志，货币的发行量过多是原因，通货贬值是实质。在价格管制下，短缺、凭票供应、持币待购、强制储蓄是通货膨胀的非价格表现形式。

二、通货膨胀的衡量

1. 消费物价指数（CPI）

消费物价指数也称零售物价指数或生活费用指数，它是根据具有代表性的家庭的消费开支所编制的物价指数,以反映消费者为购买消费品而付出的价格的变动情况。

2. 批发物价指数（WPI）

批发物价指数也称生产者物价指数,它是根据制成品和原材料的批发价格编制而成的指数,它反映了一国商品批发价格的上升或下降的幅度。

3. 国民生产总值折算指数（GNP Deflator）

国民生产总值折算指数是指按当年价格计算的国民生产总额对按固定价格计算的国民生产总额的比率。GNP折算指数是一个能综合反映物价水平变动情况的指标。

三、通货膨胀的类型

人们常常根据不同的标准将通货膨胀分为若干种类型,借以说明各种不同的经济现象和问题。通货膨胀的具体分类方法有：

（1）按通货膨胀的表现形式来分,可分为公开性通货膨胀型和隐蔽性通货膨胀。

（2）按通货膨胀的程度来分,可分为爬行的通货膨胀、温和的通货膨胀、严重的通货膨胀和恶性通货膨胀。

（3）按通货膨胀是否能预期来分,又分为预期通货膨胀和非预期通货膨胀。

（4）按通货膨胀的成因来划分,可分为需求拉上型、成本推进型、混合型、结构型通货膨胀。

第二节　通货膨胀的效应

一、收入再分配效应

所谓收入再分配效应,是指由于通货膨胀形成的物价上涨而造成的收入再分配。在通货膨胀时期,由于物价的变动,人们的名义货币收入与实际货币收入间会产生差距。判断通货膨胀对收入分配的影响程度,则主要是以实际收入变动为标准的。对不同收入种类的人,在通货膨胀中,各自的利益所受影响不同。

（1）以工资或薪金收入为主者受到损失,因为工资的调整总是滞后与通货膨胀。

（2）以利息和租金收入为主者受到损失,因为利息、地租收入的调整也存在延时的问题。

（3）以利润收入为主者受益。以利润为收入者,在通货膨胀中至少可以不受影响,如果因企业工资调整的滞后,举债,产品销售提价等因素,则可以大获其利。

二、财富分配效应

通货膨胀不仅引起收入的再分配,而且也会引起人们持有财富的再分配,又称资产结构调整效应。通货膨胀引起社会财富的再分配,一般说来有利于债务人,不利于债权人。通货膨胀引起财富再分配的程度要取决于以下几个因素：

（1）资产与负债的差额。从理论上说,负债的差额越大,在通货膨胀中受益越大；相

151

反净资产越多,受到损失就越大。

(2) 资产的构成情况。实物资产的价格是随着通货膨胀率的提高而上涨的,所以它在通货膨胀中不易受损,但存款和货币资产等金融资产则要受通货膨胀的损失。

(3) 负债的偿还条件。浮动利率债权人在通货膨胀中受损较少;反之,固定利率债权人受损就大。

三、强制储蓄效应

强制性储蓄的含义是指政府可通过通货膨胀手段,来增加储蓄的比重。这里所说的储蓄是指用于投资的货币积累,这种货币积累的来源主要有个人、企业、政府这三个部门。政府通过扩张政策实现的储蓄,虽有强制性,但全社会的储蓄总量并不会增加,因这部分储蓄是从个人和企业等储蓄中挤出来的,政府储蓄的增加,相对应地,其他部分储蓄就会下降。

四、资源配置效应

通货膨胀时期,会引起整个社会资源配置上的紊乱,运作效率降低,以致总产出减少,国民生活水平下降。

(1) 通货膨胀使货币无法正常发挥职能,人们更愿意持有各种保值性资产,或者进行各种投机活动,这样会产生"鞋底成本"。

(2) 通货膨胀时期合同更加短期化,降低了各种资源的使用效率。

(3) 通货膨胀时期价格不稳定,价格信号容易失真,资源配置容易发生决策上的失误。

五、恶性通货膨胀的社会危机效应

1. 对生产的影响

(1) 恶性通货膨胀使得用于生产的资金锐减。

(2) 恶性通货膨胀将导致不合理的产业结构,使得国民经济畸形发展。

2. 对流通的影响

(1) 恶性通货膨胀造成了商品流通的混乱。正常的商品流通秩序被打乱,因为各地物价上涨不均衡。

(2) 恶性通货膨胀容易形成囤积商品,造成病态的商品需求。

3. 对货币金融的影响

(1) 恶性通货膨胀,影响了货币职能作用的正常发挥,最终可能导致整个货币制度的崩溃。

(2) 恶性通货膨胀,影响了银行业务的正常进行,人们不愿意储蓄,银行也不愿意发放贷款。

(3) 恶性通货膨胀,破坏了正常的信用关系,阻碍了信用的发展,因为通货膨胀不利于债权人。

4. 对财政的影响

通货膨胀导致生产萎缩,财政收入减少。

恶性通货膨胀还影响大多数人的生活水平,有可能导致社会和政治的动荡。

六、通货膨胀与经济增长

1. 促进论

促进论认为通货膨胀可以促进经济增长,这种理论建立于经济长期存在有效需求不足、生产要素尚未充分利用、劳动者没有充分就业的假设基础上。

(1) 从政府角度考虑,采用通货膨胀的财政信用政策,增加货币供给,则可以增加投资数量,促进经济增长。

(2) 从收入分配效应与资产结构调整效应角度来看,通货膨胀是一种有利于富裕阶层的收入再分配,而富裕阶层的储蓄倾向较高。因此,通货膨胀会通过提高储蓄率而促进经济增长。

2. 促退论

促退论认为经济增长与通货膨胀负相关,通货膨胀不仅不会促进经济增长,反而会损害经济发展。

3. 中性论

中性论认为通货膨胀对经济成长,既无正的产出效应,也无负的产出效应。原因是通货膨胀的各种效应的作用会相互抵消。

第三节 通货膨胀治理

一、宏观紧缩政策

它的基本原则就是收缩通货减少需求。这种政策主要适用于经济处于或接近充分就业水平,通货膨胀是由过度需求造成的,或者是出现了恶性通货膨胀。

1. 紧缩性货币政策。即货币当局通过压缩限制商业银行信贷规模,减少货币供给量,实现宏观紧缩的目的。我国习惯上称之为"抽紧银根"。具体办法是运用中央银行的三大政策工具来实现:①提高法定存款率;②提高再贴现率;③在公开市场业务操作中,出售证券。

2. 紧缩性财政政策。即政府通过增收减支的办法来抑制总需求的增长,实现宏观紧缩。具体的办法有:①增加税收;②削减政府开支。

二、物价与工资政策

它的含义即政府当局拟订一套关于物价和工资的行为准则,由价格的决定者(即劳资双方)共同遵守。这些政策准则的实施,可以是自愿性的,也有可能是强制性的。具体地来看这些政策准则,它包含了两个方面的内容:即价格政策和工资收入政策。

1. 价格政策

(1) 政府与企业订立反涨价合同。

(2) 立法限制垄断高价。

（3）非常时期，采用管制和冻结物价的强制性措施。

2. 收入政策

（1）确定工资——物价指导线。

（2）管制或冻结工资。

（3）运用税收手段调节收入。

三、收入指数化政策

收入指数化政策是指工资、利息、各种证券收益以及其他收入一律实行指数化，同物价变动联系起来，使各种收入随物价指数的变动而进行调整，以避免通货膨胀带来的损失和分配不均。实施收入指数化政策，大体可分为两类：一种是有限的指数化方案，即在实施指数化时，范围上仅限于某几种或一种收入、债券或其他因素。另一种是全面的指数化方案，即在实施范围上，建立更为全面、更为复杂的综合性升降条款系统。

1. 收入指数化政策的功效

（1）可以趋向减少与通货膨胀相关的不公平的，以及带有争议性的收入和财富的再分配，借以抵消或缓解物价波动对个人收入水平的影响。

（2）税收制度和政府公债及其他货币收入的指数化，可以借以剥夺政府在通货膨胀中获得的收益，杜绝人为制造通货膨胀。

（3）经济的全面指数化，有利于经济的稳定增长。

（4）对于面临世界性通货膨胀的小国具有积极意义。

2. 收入指数化政策的不足

（1）不能从根本上解决通货膨胀。

（2）全面指数化，在技术上难以达到。

（3）使得工资——物价螺旋上升，进一步加剧通货膨胀。

四、治理通货膨胀的其他对策

（1）供应政策。通过增加有效供给，降低边际税率以刺激投资，刺激产出，来对付通货膨胀。

（2）改革市场结构。主要针对市场结构的不合理，可能造成的诱发物价上扬的影响。这里的市场结构，主要指的是劳动力市场和商品市场的结构。

（3）国际间通力合作。

五、中国的通货膨胀问题

改革开放以来，我国也出现过通货膨胀，治理措施有：宏观紧缩、压缩基建规模、控制消费基金增长过快、深化体制改革、调整市场结构、增加有效供给、整顿经济秩序、增产节约、增收节支等。

☞ **知识拓展**

从 2006 年至 2008 年上半年，在我国出现的物价上涨现象是通货膨胀吗？政府采取了哪些治理措施？究其根源，有认为是不合理的汇率制度引入了的热钱，有认为是分配体制的不均引起的工资推动，有认为是原材料价格上涨造成的成本推进。

你认为，这次的价格上涨是什么原因造成的？

☞ 练习题

一、填空题

1. 从世界各国来看，通货膨胀的衡量指标一般采用_____、_____、_____。
2. 按通货膨胀的表现形式划分，通货膨胀可以分为_____和_____。
3. 按通货膨胀的的程度划分，通货膨胀可以分为_____、_____、_____、_____。
4. 按人们对通货膨胀的预期来划分，通货膨胀可以分为_____和_____。
5. 按通货膨胀的成因来划分，通货膨胀可以分为_____、_____、_____、_____。
6. 需求拉上的通货膨胀理论有两种，一是凯恩斯学派的_____，二是货币学派的_____。
7. 成本推动的通货膨胀有两种类型，即_____和_____。
8. 通货膨胀具有财富分配效应，对债权人和债务人来说，受益的是_____，受损的是_____。
9. 紧缩性财政政策的措施有_____、_____。
10. 治理通货膨胀的价格政策具体措施有_____、_____、_____。
11. 政府发行公债后，可以利用_____减少民间部门的消费和投资，从而抑制社会总需求。

二、单项选择题

1. 通货膨胀的主要表现是（   ）。
   A. 工资上涨   B. 股票价格上涨
   C. 债券价格上涨   D. 商品和劳务价格上涨
2. 高额的垄断利润导致物价上涨，属于（   ）的通货膨胀。
   A. 需求拉上型   B. 成本推动型
   C. 结构型   D. 体制型
3. 财政赤字导致的通货膨胀，属于（   ）。
   A. 需求拉上型   B. 成本推动型
   C. 混合推动型   D. 结构型
4. 在通货膨胀中，下列经济主体会受益的是（   ）。
   A. 债权人   B. 以工资收入为主者
   C. 以利息、租金收入为主者   D. 以利润收入为主者
5. 在治理通货膨胀中，不属于财政紧缩政策的是（   ）。

A. 削减政府支出　　　　　　　　　　B. 限制公共事业投资

C. 制定物价、工资管理政策　　　　　D. 增加税收以抑制个人支出

6. 需求的增加在（　　）时会引起通货膨胀的发生。

A. 经济萎靡　　　　　　　　　　　　B. 经济复苏

C. 经济倒退　　　　　　　　　　　　D. 充分就业

7. 利润推进型通货膨胀出现的前提是存在（　　）。

A. 自由竞争的劳动力市场　　　　　　B. 垄断的劳动力市场

C. 严格管制　　　　　　　　　　　　D. 商品和服务销售的不完全竞争市场

8. 以下不属于通货膨胀治理手段的是（　　）。

A. 提高再贴现率　　　　　　　　　　B. 冻结工资

C. 加强国际合作　　　　　　　　　　D. 保持商品供给不变

9. 在20世纪70年代，被用于解释西方国家经历的高失业和高通货膨胀并存的"滞涨"局面的是（　　）。

A. 需求拉上型通货膨胀　　　　　　　B. 成本推进型通货膨胀

C. 混合型通货膨胀　　　　　　　　　D. 结构型通货膨胀

10. 以下社会主体中，由于通货膨胀导致实际收入水平下降的是（　　）。

A. 股票投资者　　　　　　　　　　　B. 固定收入者

C. 企业主　　　　　　　　　　　　　D. 政府

11. 根据凯恩斯的"有效需求理论"，有效需求不足会导致物价水平下跌，经济收缩，此时可通过（　　）来稳定有效需求。

A. 调整国民预期　　　　　　　　　　B. 实行宽松的货币政策

C. 增加政府支出　　　　　　　　　　D. 调整存款准备金率

三、多项选择题

1. 隐蔽型通货膨胀的主要表现形式有（　　）。

A. 商品价格明显上涨　　　　　　　　B. 商品普遍短缺

C. 货币购买力下降　　　　　　　　　D. 凭票供应

E. 黑市猖獗

2. 关于通货膨胀的内涵，应从以下方面去理解（　　）。

A. 通货膨胀意为通货过多　　　　　　B. 考察对象是商品和劳务的价格

C. 单位货币的购买力下降　　　　　　D. 商品和劳务价格总水平的持续上涨

E. 也包括股票、债券金融资产的价格普遍上涨

3. 影响通货膨胀的财富调整效应程度的主要因素有（　　）。

A. 通货膨胀率　　　　　　　　　　　B. 资产与负债的差额

C. 资产的构成情况　　　　　　　　　D. 负债的偿还条件

E. 负债的期限

4. 在治理通货膨胀中，以下属于紧缩性货币政策措施的有（　　）。

A. 提高法定存款准备率　　　　　　　B. 提高再贴现率

C. 降低再贴现率　　　　　　　　　　D. 中央银行买进有价证券

E. 中央银行卖出有价证券

5. 在治理通货膨胀中，以下属于物价与工资政策的措施有（   ）。
  A. 政府与企业订立反涨价合同   B. 立法限制垄断高价
  C. 制定工资——物价指导线   D. 管制和冻结工资
  E. 运用税收手段

6. 我国理论界认为引起通货膨胀的原因有（   ）。
  A. 财政赤字   B. 银行信贷管理体制
  C. 信用膨胀   D. 价格体系
  E. 工资成本

7. 收入指数化政策在治理通货膨胀时的效果体现在（   ）。
  A. 减少不公平的收入再分配   B. 杜绝人为动机
  C. 保持真实收入不变   D. 避免抢购商品现象
  E. 从根本上解决通货膨胀

8. 通货膨胀的各种效应包括（   ）。
  A. 财富分配效应   B. 强制储蓄效应
  C. 收入再分配效应   D. 资产配置效应
  E. 引发经济危机

9. 各国采用的度量通货膨胀程度的标准有（   ）。
  A. CPI   B. PPI
  C. RPI   D. GNP deflator
  E. M_0

10. 由供给因素变动形成的通货膨胀可以归结为以下原因（   ）。
  A. 工资推进   B. 财政支出增加
  C. 结构调整   D. 利润推进
  E. 总需求过度增加

四、重要概念

1. 通货膨胀 2. 消费物价指数 3. 批发物价指数 4. 国民生产总值平减指数 5. 隐蔽型通货膨胀 6. 结构型通货膨胀 7. 滞胀 8. 需求拉上型通货膨胀

五、简答题

1. 通货膨胀的类型有哪些？
2. 通货膨胀有哪些效应？
3. 恶性通货膨胀对经济社会有何影响？
4. 结构主义者认为通货膨胀是如何促进经济增长的？
5. 简述通货膨胀的收入分配效应。

六、论述题

1. 西方国家通货膨胀的成因理论有哪些？

2. 治理通货膨胀有哪些对策？

七、深度思考题

1. 改革开放以后我国出现的通货膨胀原因有哪些？
2. 从政府宏观政策角度如何理解"通货膨胀是一种货币现象"？

参考答案

一、填空题

1. 消费物价指数　批发物价指数　国民生产总值平减指数
2. 公开型　隐蔽型
3. 爬行的　温和的　严重的　恶性的
4. 预期性通货膨胀　非预期性通货膨胀
5. 需求拉上型　成本推动型　混合型　结构型通货膨胀
6. 过度需求理论　货币数量论
7. 工资推进型通货膨胀　利润型通货膨胀
8. 债务人　债权人
9. 增加税收　削减支出
10. 签定反涨价合同　立法限制垄断价格　管制和冻结工资
11. 挤出效应

二、单项选择题

1. D　2. B　3. A　4. D　5. C　6. D　7. D　8. D　9. B　10. B
11. C

三、多项选择题

1. BCDE　2. ABCD　3. ABCDE　4. ABE　5. ABCDE　6. ABCDE　7. ABCD
8. ABCDE　9. ABD　10. AD

四、重要概念

1. 通货膨胀：是由于流通中货币过多而引起的货币不断贬值，商品和劳务价格总水平持续上涨的一种经济现象。
2. 消费物价指数：也称零售物价指数或生活费用指数，它是根据具有代表性的家庭的消费开支所编制的物价指数，以反映消费者为购买消费品而付出的价格的变动情况。
3. 批发物价指数：也称生产者物价指数，它是根据制成品和原材料的批发价格编制而成的指数，它反映了一国商品批发价格的上升或下降的幅度。
4. 国民生产总值平减指数：是指按当年价格计算的国民生产总额对按固定价格计算的国民生产总额的比率。GNP 指数是一个能综合反映物价水平变动情况的指标。是以报告期价格计算的国民生产总值与以基期价格计算的国民生产总值之比,是衡量通货膨胀的一个指标。

5. 隐蔽型通货膨胀:是指货币工资水平没有下降,物价总水平也未提高,但居民实际消费水平却下降的情况,主要表现为政府冻结物价,市场物价表面不上涨,但却因物资供应紧张而存在变相的隐蔽性上涨。

6. 结构型通货膨胀:是指在整个经济总供给与总需求处于均衡状态时,由于经济结构方面的因素,导致一般物价水平的上涨。

7. 滞涨:是指经济生活中出现了生产停滞、失业增加和物价水平上涨同时存在的现象。它是通货膨胀长期发展的结果。

8. 需求拉上型通货膨胀:是指在社会再生产过程中,由于社会总需求过度增加,超过了既定价格水平下商品和劳务等方面的供给而引起的货币贬值、物价总水平上涨。

五、简答题

1. 通货膨胀的类型有哪些?

人们常常根据不同的标准将通货膨胀分为若干种类型,通货膨胀的具体分类方法有:

(1) 按通货膨胀的表现形式来分,可分为公开性通货膨胀型和隐蔽性通货膨胀。

(2) 按通货膨胀的程度来分,可分为爬行的通货膨胀、温和的通货膨胀、严重的通货膨胀和恶性通货膨胀。

(3) 按通货膨胀是否能预期来分,又分为预期通货膨胀和非预期通货膨胀。

(4) 按通货膨胀的成因来划分,可分为需求拉上型、成本推进型、混合型、结构型通货膨胀。

2. 通货膨胀有哪些效应?

(1) 收入再分配效应,即通货膨胀引起国民收入的再分配。在分配过程中,工资、利息、租金收入者会受到损失,利润收入者会受益。

(2) 财富分配效应,就是通货膨胀会引起财富的再分配和资产结构的调整。在分配中有利于债务人不利于债权人,货币资产会受到损失。

(3) 强制储蓄效应,国家利用通货膨胀来增加储蓄的比重,减少消费比重。

(4) 资源配置效应,通货膨胀时期,会引起整个社会资源配置的紊乱,运作效率降低,国民生活水平下降。

(5) 引发社会危机,即恶性通货膨胀对生产、流通投资、消费等一系列社会经济活动造成极大的破坏,甚至导致整个国民经济的彻底崩溃,引发经济社会危机。

3. 恶性通货膨胀对经济社会有何影响?

(1) 对生产的影响:首先是生产部门的资金会减少,因为生产的周期较长,投资的风险较大。其次是导致生产结构的失调,因为通货膨胀期间,价格上涨不平衡,价格信号失真。

(2) 对流通的影响:首先是造成商品流通的混乱。其次是造成病态的商品需求,抢购商品。

(3) 对货币金融的影响:首先是影响货币职能的正常发挥,价值尺度不稳定,流通受阻。其次导致银行信用规模缩小乃至破坏整个信用制度。

（4）对财政的影响：由于生产萎缩导致财政收入下降。

（5）对人们生活的影响：降低了人们的生活水平，导致社会动荡。

4. 结构主义者认为通货膨胀是如何促进经济增长的？

该理论建立于经济长期存在有效需求不足、生产要素尚未充分利用、劳动者没有充分就业的假设基础上，他们认为在这种条件下，实际经济增长率低于潜在经济增长率，因此，政府可以实施通货膨胀政策，用增加赤字预算，扩大投资支出，提高货币增长率等手段来刺激有效需求，促进经济成长。特别是对于许多发展中国家来说，通货膨胀促进经济成长的效应尤为明显。

5. 简述通货膨胀的收入分配效应。

所谓收入再分配效应，是指由于通货膨胀形成的物价上涨而造成的收入再分配。在通货膨胀时期，由于物价的变动，人们的名义货币收入与实际货币收入间会产生差距。判断通货膨胀对收入分配的影响程度，则主要是以实际收入变动为标准的。对不同收入种类的人，在通货膨胀中，各自的利益所受影响不同。

（1）以工资或薪金收入为主者受到损失，因为工资的调整总是滞后与通货膨胀。

（2）以利息和租金收入为主者受到损失，因为利息、地租收入的调整也存在延时的问题。

（3）以利润收入为主者受益。以利润为收入者，在通货膨胀中至少可以不受影响，如果因企业工资调整的滞后，举债，产品销售提价等因素，则可以大获其利。

六、论述题（要点）

1. 西方国家通货膨胀的成因理论有哪些？

（1）需求拉上说。需求拉上说主要从需求的角度来寻求通货膨胀的根源。它的基本要点是：假定在生产量或生产成本不变的情况下，由于需求的变动，使得总需求大于总供给，过多的需求拉动了价格水平的上涨。通俗地讲，是"过多的货币追求过少的商品"。这一理论又有两种形态：

其一，为过度需求论。该理论认为，在经济尚未达到充分就业时，如果货币数量增加，从而社会总需求增加，则能促使就业增加和产量的增加，而不会导致一般物价水平显著上升；但是当经济达到充分就业时，货币数量的增加，从而社会总需求增加，就不能引起就业和产量的增加，而只能导致一般物价水平的上升。

其二，为货币数量论。这一理论视货币数量的增加为一般物价水平上涨的唯一因素，且认为货币数量的任何增加都会导致一般物价水平的同比例上升，通货膨胀是一种纯粹货币现象。在"古典"经济学与新古典经济学中，解释一般物价水平上升的理论主要是货币数量论。

（2）成本推动说。这是一种侧重从供给或成本方面分析通货膨胀形成机理的假说。成本推进型通货膨胀成因分析者们认为，由供给因素变动形成的通货膨胀可以归结为以下几个原因：一是工会力量对工资提高的要求；二是垄断行业中企业为追求利润制定的垄断价格；三是汇率变化导致的成本推进。因此，供给或成本推进型通货膨胀可以从这些方面来考察。

工资推进通货膨胀，这种理论是存在强大的工会组织，从而存在不完全竞争的劳动市场为假定前提。工资是由工会和雇主集体议定时，这种工资则会高于竞争的工资。为维持盈利水平就会引发的物价上涨,在西方经济学中,称为工资—价格螺旋机制。

成本推进型通货膨胀的另一成因是利润的推进。其前提条件是存在着物品和服务销售的不完全竞争市场。在垄断存在的条件下,卖主就有可能操纵价格,使价格上涨速度超过成本支出的增加速度,以赚取垄断利润。如果这种行为的作用大到一定程度,就会形成利润推进型通货膨胀。

(3) 供求混合推动说。这种观点认为,在现实经济社会中,通货膨胀的原因究竟是需求拉上还是成本推进很难分清:既有来自需求方面的因素,又有来自供给方面的因素,即所谓"拉中有推,推中有拉",认为通货膨胀是由需求拉上和成本推进共同起作用而引发的。

(4) 结构性通货膨胀。结构性通货膨胀理论属西方经济学中第二代通货膨胀理论,它的理论基点是从经济结构、部门结构来分析物价总水平持续上涨的机理,认为部门间发展的差异和不平衡是导致通货膨胀的根源。它可以从两个方面进行分析:

①以一国国内的封闭经济条件为背景来进行分析。结构理论者认为,经济部门总的可以分为两大类:扩展中的部门和停滞衰退的部门。前一类部门劳动生产率增长得较快,后一类部门劳动生产率停滞甚至下降。各部门工人要求"公平性原则",即要求在工资报酬方面一视同仁。但由于后一类部门劳动生产率没有提高,这样对全社会来说就形成了货币工资增长率大于劳动生产率增长率的情况,结果造成通货膨胀。

②开放的经济环境中的结构性通货膨胀分析。在开放经济条件背景下,研究结构性通货膨胀,强调通货膨胀的输入性,即通货膨胀的国际间传散。该理论模型通称"北欧模型",它的理论分析对象是小型开放经济。"北欧模型"亦将经济分为两大部门:一是"开放经济部门",即产品与世界市场有联系的部门,如制造加工业等;二是"非开放经济部门",即产品与世界市场没有直接联系的部门。"北欧模型"的基本论点:开放部门的通货膨胀率大体等同于世界通货膨胀率,开放部门的任何工资增加将会导致非开放部门的工资率相应增加,趋于划一,非开放部门的产品按成本加利润的定价,必然引起工资推进的通货膨胀。

2. 治理通货膨胀有哪些对策?

(1) 宏观紧缩政策。就是收缩货币,减少有效需求。其措施主要有两种:

①缩性的货币政策,通常是运用三大货币政策工具,减少货币的供应量。提高法定存款准备率,以缩小货币乘数。提高再贴现率来提高商业银行的资金成本,缩小信贷规模。中央银行在金融市场上卖出有价证券,以减少货币供应量。

②缩性的财政政策,主要是增加政府收入,减少政府支出来抑制总需求的增长。

(2) 物价与所得政策。就是政府拟定一套关于物价和工资的行为准则,由劳资双方共同遵守。

①物价政策。首先政府与企业订立反涨价合同。其次是通过立法限制垄断高价。再次在非常时期,政府可以管制和冻结物价。

②收入政策。首先是确定工资——物价指导线,确定工资增长的目标数值。其次是在非常时期管制和冻结工资。再次可以运用税收手段来限制工资的增长,对工资增长较快的企业课以重税,对个人收入征收所得税,限制收入的增长。

(3) 收入指数化政策。就是把工资、利息、各种证券收益以及其他收入一律实行指数化,同物价变动联系起来,各种收入随物价变动而进行调整,避免通货膨胀带来的损失,并减弱通货膨胀带来的分配不均。

（4）其他对策。

①供应政策。就是发展经济增加供给，以缓解供不应求的矛盾。

②改革市场结构。主要是指诱发通货膨胀的劳动力市场结构和商品市场结构。在劳动力市场方面，应该减少对就业和转业的限制，改善就业信息的披露，加强就业的培训，以形成竞争性的劳动力市场。在商品市场上，应当调整生产结构，打破垄断，发展经济，改善商品供应。

③国际间通力合作。在开放的经济条件下，通货膨胀可以在国际间传播，所以治理通货膨胀，各国应共同采取措施，通力合作。

第十二章 通货紧缩

☞ **学习目的和要求**

通过本章的学习，要求了解通货紧缩的概念、衡量、分类；理解和掌握通货紧缩的影响、成因和治理的对策。

☞ **要点提示**

第一节 通货紧缩及其影响

一、通货紧缩的定义

通货紧缩是指物价总水平持续下降的现象，它是与通货膨胀相反的现象。

判断一个国家是否发生了通货紧缩，着重是看物价下降的状况。比较通行的看法是，物价水平长时间的负增长（一般认为在半年以上）才能称为通货紧缩。度量通货紧缩的具体统计指标，主要采用三个指数：消费物价指数、批发物价指数和国内生产总值平减指数。

二、通货紧缩的分类

第一，按通货紧缩的严重程度可分为轻度通货紧缩、中度通货紧缩和严重通货紧缩。

第二，按持续时间长短可分为长期性通货紧缩、中长期通货紧缩与短期性通货紧缩。

第三，按通货紧缩的成因进行分类，可分为政策紧缩型、需求拉下型、成本抑制型、体制转轨型、外部输入型和混合型。

三、通货紧缩的理论

1. 马克思的经济周期理论

马克思在分析流通中货币的膨胀和收缩问题时指出，通货的膨胀和收缩可能由产业周期引起；可能由投入流通中的商品数量、价格变动引起；也可能由货币流通速度的变化引起；还可能由技术因素产生。马克思关于通货膨胀和紧缩的论述主要建立在货币流通规律，尤其是作为价值符号的纸币流通条件下的货币流通规律的基础上。

2. 凯恩斯的"有效需求不足"论

凯恩斯针对20世纪30年代大危机中存在的大量非自愿性失业和严重通货紧缩提出的"有效需求不足"的论断，抓住了当时资本主义国家经济严重失衡和发生通货紧缩的症结所在。

3. 费雪的"债务—通货紧缩"理论

费雪认为，在经济处于繁荣阶段时，企业家追求利润最大化的动机会导致"过度负债"；经济繁荣末期，利率上升，债务成本上升，同时资产价格处于泡沫状态，随时面临崩盘风险；由于利率高企和泡沫破裂，企业往往会为了清偿负债被迫降价倾销商品，结果导致物价水平下跌即通货紧缩，进而陷入"债务人被迫清偿债务—资产价格下跌—商品价格下跌—未偿还债务更高"的恶性循环，乃至发生经济危机。

4. 货币学派的货币政策失误论

弗里德曼认为，大萧条的原因在于货币量的外生性变动，即货币的急剧减少。大萧条时期，美国发生了四次银行危机，银行为此一方面信贷，另一方面不断提高准备金率，而公众则不断提高现金比重，造成货币乘数下降、信贷萎缩、货币供应量不断下降，因而进一步导致社会购买力不足和物价下跌（通货紧缩），最终恶化经济危机，造成恶性循环。弗里德曼认为，美联储当时正确的应对措施是：及时采取扩张货币等政策，救助问题银行，刺激信贷，以抵消货币供给量的下降。

■四、通货紧缩的影响

1. 通货紧缩对投资的影响

通货紧缩对投资的影响主要是通过影响投资成本和投资收益发生作用。通货紧缩还通过资产价格变化对投资产生间接影响。

通货紧缩会使得实际利率有所提高，社会投资的实际成本随之增加，从而产生减少投资的影响。另外，通货紧缩使投资的预期收益下降。在通货紧缩情况下，理性的投资者预期价格会进一步下降，公司的预期利润也将随之下降。这就使投资倾向降低。

通货紧缩还经常伴随着证券市场的萎缩。公司利润的下降使股价趋于下探，反过来加重了公司筹资的困难。

2. 通货紧缩对消费的影响

物价下跌对消费需求有两种效应：一是价格效应；二是收入效应。一方面，物价的下跌是有对消费者有利的一面，但如果消费者预期将来价格还会下降，他们将推迟消费；另一方面，通货紧缩也会对消费者产生收入减少的效应。因此，通货紧缩会使消费者缩减消费。

3. 通货紧缩对财富分配的影响

通货紧缩时期的财富分配效应与通货膨胀时期正好相反。在通货紧缩情况下，高的实际利率有利于债权人，不利于债务人。

4. 通货紧缩对银行业的影响

通货紧缩可能导致银行业的危机，这是因为：

（1）通货紧缩加重了借款者的实际负担。

（2）资产价格的持续下降，贷款者的净资产减少，从而加速破产过程，最终致使银行遭受损失，甚至破产。银行经营环境的恶化会增加银行的流动性危机。

（3）通货紧缩容易造成信贷供给和信贷需求的萎缩。

5. 通货紧缩对经济增长的影响

通货紧缩使物价水平不断下跌，企业利润减少甚至亏损，投资与消费大幅降低，失业率升高，出现经济增长乏力或负增长。

然而也存在通货紧缩与经济增长并存的情况，这种现象的发生可能是由于生产力的提高和技术的进步所产生的价格走低，因为生产力的提高所带来的好处抵消了价格下跌所带来的各种消极效应。

在一定的条件支持下，温和的通货紧缩不一定对经济产生破坏作用。严重的通货紧缩对于经济的危害是很大的。物价下降趋势的存在，必然导致对经济前景的悲观预期。经营者不敢投资或者想投资而苦于找不到合适的项目；消费者不敢放手消费。有效需求不足，使经济无力脱出负增长的困境。特别是对于那些借贷过多的公司和家庭来说，由于物价和收入的下降使他们很难偿还他们的借贷。最坏的情况是，许多公司和个人的破产会引起整个金融体系的混乱。

第二节 通货紧缩的成因

一、通货紧缩的一般原因

1. 紧缩性的宏观经济政策

在抑制通货膨胀的过程中，采取紧缩性的财政政策、货币政策。在通货膨胀问题得到解决以后，如果继续采取紧缩的财政货币政策，会导致货币供给不足，减少社会总需求，可能产生物价的持续下跌，导致通货紧缩。

2. 有效需求不足

首先，当实际利率提高时，消费和投资会出现大幅下降，消费和投资的有效需求不足会导致物价的持续下跌，产生通货紧缩。其次，金融体系效率较低，引起信用紧缩，也会减少社会总需求，导致通货紧缩。最后，体制因素导致消费需求不足。形成体制转轨型的通货紧缩。

3. 经济周期的变化

经济周期达到繁荣的高峰阶段，生产能力大量过剩产生供过于求，可引起物价下跌、出现经济周期型通货膨胀。

4. 技术进步和科技创新

科技进步与创新提高了生产力水平，造成了生产能力过剩。在供给大于需求的情况下，物价必然下跌。这样就会出现成本抑制型通货紧缩。

5. 本币汇率高估

如果一国采取钉住强币的汇率制度时，货币币值高估，则会导致出口下降，增加进口，加剧国内企业经营困难，促使需求趋减，出现物价的持续下跌。同时其他国家货币的大幅贬值，也会进一步加大国内物价的持续下跌态势。

6. 体制和制度因素

体制和制度方面的因素也会加重通货紧缩，如企业制度由国有制向市场机制转轨时，精简下来的大量工人现期和预期收入减少，导致有效需求下降；还有住房、养老、医疗、保险、教育等方面的制度变迁和转型，都可能影响到个人和家庭的收支和消费行为，引起有效需求不足，导致物价下降，形成体制转轨型的通货紧缩。

7. 供给结构不合理

过度的商品供给一方面会导致企业为价格的恶性竞争而纷纷杀价，另一方面大量的企业无法实现其收入，进而降低了对个人的收入分配，减少了有效需求，导致结构型通货紧缩。

二、我国通货紧缩的原因

我国从 1997 年第四季度起出现通货紧缩问题，原因主要有：
（1）消费需求不足。
（2）投资需求不足。
（3）结构性失衡产能过剩。
（4）国际因素的影响。
（5）宏观紧缩政策的惯性作用。

第三节　通货紧缩的治理

一、治理通货紧缩的一般对策

通货紧缩发生的根本原因是宏观经济的供求关系发生了变化，致使供给相对过剩，需求相对不足。要治理通货紧缩，就要采取扩张性政策，努力刺激有效需求，使一般物价水平得到合理回升。治理通货紧缩的措施是综合性的。

1. 扩大总需求的财政政策、货币政策

治理通货紧缩应主要从增加需求着手，主要运用财政政策与货币政策两大需求管理政策。

实施扩张性财政政策，主要是扩大财政开支，兴办公共工程，增加财政赤字，减免税收。扩张性财政政策常常被作为解决通货紧缩的处方，扩张性的货币政策主要是通过调整法定存款准备率、再贴现率、公开市场业务等手段，增加商业银行提供贷款的能力，扩大货币供应量。在治理通货紧缩的对策中，货币政策主要是配合财政政策来运用。

2. 引导经济主体预期

治理通货紧缩之所以困难，主要是因为预期心理发挥较大的作用。投资者和消费者对未来经济消极的心理起着重要作用。为此，政府公开宣布有关治理通货紧缩的政策措施，引导消费需求和投资需求，可以起到一定的导向作用。

3. 鼓励消费

要治理通货紧缩，必须努力提高消费需求，其中个人收入和消费支出的稳定上升是防止物价持续下跌的重要条件。要充分利用各种政策组合，从财政政策、货币政策、收入政策等方面，创造增加社会消费的条件，引导社会消费的稳定增长。

4. 改革汇率制度或实施汇率调节

通货紧缩可能由僵化的汇率制度所导致，这种汇率制度容易使本币过高估值，产生输入型通货紧缩。如果是这样，就需要对汇率制度进行改革，采取灵活的汇率制度，使汇率自由浮动或者扩大浮动范围，减轻外部冲击通货紧缩的压力。

二、我国治理通货紧缩的措施

我国在1998年发生通货紧缩后，政府推行了以积极的财政政策和稳健的货币政策为重心的综合配套的以下四种治理措施。

（1）扩大有效需求。
（2）实行积极的财政政策和稳健的货币政策。
（3）深化改革。
（4）推动技术创新。

☞ **知识拓展**

国务院新闻办公室于2019年1月21日上午10时举行新闻发布会，国家统计局局长宁吉喆介绍2018年国民经济运行情况，并答记者问。他说：至于一些媒体担心的"通货紧缩"，从近10年来看，我国全局的通货紧缩没有发生过，但个别年份有结构性的紧缩因素。宏观政策要解决结构性矛盾，主要矛盾或者矛盾的主要方面，也要考虑供求总量的平衡。在面临经济下行压力的情况下，逆周期调节还是有很强的针对性，就是对冲下行压力，在结构上采取措施，供给侧结构性改革的"巩固、增强、提升、畅通"八字方针，这都有利于改善供求关系，有利于结构性去产能、结构性去杠杆。同时，也要考虑总需求平稳，现在的政策取向很明确，要继续实行积极的财政政策和稳健的货币政策，积极的财政政策要加力提效，稳健的货币政策要松紧适度。"加力"体现在实施更大规模的减税降费，较大幅度地增加地方政府专项债券规模，进一步增加中央预算内投资规模，重点支持补短板等方面。"提效"体现在提高财政资金的配置效率和使用效益，财政部门都作了部署。稳健的货币政策松紧适度，保持流动性合理充裕，保持货币、信贷及社会融资规模合理增长，按照深化供给侧结构性改革的要求优化融资结构、信贷结构，加大金融对民营企业的支持，进一步疏通货币政策传导机制，使资金更多流入实体企业、流入中小微企业，提升金融服务实体经济的能力。

你认为我国目前有通货紧缩迹象吗？应该怎样防止通货紧缩？

☞ 练 习 题

一、填空题

1. 通货紧缩是指物价总水平持续_____的现象。
2. 从世界各国来看，通货紧缩的衡量一般采用_____、_____、_____三个指数。
3. 按通货紧缩的严重程度划分，可分为_____、_____、_____。
4. 按通货紧缩持续时间长短划分，可分为_____、_____、_____。
5. 通货紧缩对投资的影响主要是通过影响_____和_____发生作用。
6. 物价下跌对消费需求有两种效应：一是_____效应；二是_____效应。
7. 通货紧缩具有财富分配效应，对债权人和债务人来说，受益的是_____，受损的是_____。
8. 治理通货紧缩应主要从增加需求着手，主要运用_____与_____两大需求管理政策。

二、单项选择题

1. 通货紧缩的主要标志是（　　）。
   A. 物价水平持续下降　　　　　　B. 货币供应量持续下降
   C. 社会总需求下降　　　　　　　D. 经济衰退
2. 通货紧缩对策中，中央银行通过公开市场业务购买政府债券属于（　　）。
   A. 扩张性货币政策　　　　　　　B. 改善供给政策
   C. 收入指数化政策　　　　　　　D. 扩张性财政政策
3. 通货紧缩对策中，扩大财政支出属于（　　）。
   A. 改善供给政策　　　　　　　　B. 紧缩性收入政策
   C. 收入指数化政策　　　　　　　D. 扩张性财政政策
4. 通货紧缩对策中，减免税收属于（　　）。
   A. 紧缩性财政政策　　　　　　　B. 扩张性财政政策
   C. 收入指数化政策　　　　　　　D. 紧缩性收入政策
5. 下列不属于扩张性财政政策的是（　　）。
   A. 扩大政府支出　　　　　　　　B. 扩大公共事业投资
   C. 增加税收　　　　　　　　　　D. 减免税收
6. 下列不属于通货紧缩负面影响的是（　　）。
   A. 储蓄增加的同时个人消费相应减少
   B. 实际利率上升，债务人负担加重
   C. 实际利率上升，投资吸引力下降
   D. 促进企业在市场竞争中为占领市场分额而运用降价促销战略
7. 下列（　　）不属于通货紧缩三要素定义。
   A. 经济衰退　　　　　　　　　　B. 物价水平持续下降

C. 社会总需求下降 D. 货币供应量持续下降

8. 下列（   ）说法明显是错的。

A. 物价水平的持续下降意味着实际利率的上升，投资项目的吸引力下降

B. 物价水平的持续下降意味着货币购买力不断提高，消费者会增加消费，减少储蓄

C. 通货紧缩可能引发银行业危机

D. 通货紧缩制约了货币政策的实施

三、多项选择题

1. 通货紧缩成因有（   ）。

A. 有效需求不足 B. 生产力能力过剩

C. 产业结构不合理 D. 本币高估

E. 金融体系效率低下

2. 下列说法正确的有（   ）。

A. 通货紧缩意味着实际利率的上升，投资项目的吸引力下降

B. 通货紧缩意味着货币购买力不断提高，从而消费者会增加消费，减少储蓄

C. 通货紧缩可能引发银行业危机

D. 通货紧缩可能会造成失业率上升

E. 通货紧缩可能会造成失业率下降

3. 根据通货紧缩产生的原因，可将其划分为（   ）等类型。

A. 投资膨胀型 B. 需求拉下型

C. 成本抑制型 D. 供求混合推动型

E. 结构型

4. 治理通货紧缩的宽松货币政策主要包括（   ）。

A. 提高存款准备金率 B. 降低存款准备金率

C. 降低贴现率 D. 中央银行在公开市场上卖出证券

E. 中央银行在公开市场上买入证券

5. 以下对治理通货紧缩有一定的作用的措施有（   ）。

A. 增加税收 B. 增加政府支出

C. 降低法定存款准备率 D. 中央银行买进有价证券

E. 刺激消费

6. 通货紧缩的特征包括（   ）。

A. 物价水平下降 B. 货币供应量的持续减少

C. 失业率上升 D. 经济增长率上升

E. 货币供给量暴增

四、重要概念

1. 通货紧缩 2. 罗斯福新政 3. 中度通货紧缩 4. 扩张性财政政策 5. 扩张性货币政策

五、简答题

1. 通货紧缩对投资有何影响？
2. 通货紧缩对消费有何影响？
3. 通货紧缩的成因有哪些？
4. 通货紧缩对银行业有何影响？

六、论述题

治理通货紧缩一般有哪些手段？

七、深度思考题

1. 当前世界经济增速普遍放缓，你认为今后几年世界经济会有通货紧缩的风险吗？
2. 价格下跌不是好事吗？思考为什么大家谈"通缩"色变？

参考答案

一、填空题

1. 下降
2. 消费物价指数　批发物价指数　国内生产总值平减指数
3. 轻度通货紧缩　中度通货紧缩　严重通货紧缩
4. 长期性通货紧缩　中长期通货紧缩　短期性通货紧缩
5. 投资成本　投资收益
6. 价格　收入
7. 债权人　债务人
8. 财政政策　货币政策

二、单项选择题

1. A　2. A　3. D　4. B　5. C　6. D　7. C　8. B

三、多项选择题

1. ABCDE　2. ACD　3. BCE　4. BCE　5. BCDE　6. ABC

四、重要概念

1. 通货紧缩：是指物价总水平持续下降的现象，它是与通货膨胀相反的现象。
2. 罗斯福新政：在美国历史上的 1929—1933 年大萧条中，当时的罗斯福总统采取的一系列"新政策"，其中包括：政府发行巨额国债，大力兴办公共工程，刺激国内需求；由美联储购进银行持有的政府债券，扩大货币发行；控制过剩农产品生产，以提高农产品价格来增加农民收入；暂停实施反托拉斯法，避免市场萎缩中的恶性竞争；实行最低工资制和社会救济；运用税收手段调节居民收入差距；降低税率；鼓励出口。罗斯福"新政"有效地遏制了通货紧缩的持续。

3. 中度通货紧缩：是指如果通货紧缩超过两年仍未见好转，但物价指数降幅在两位数以内，则可视为中度通货紧缩。

4. 扩张性财政政策：是指扩大财政开支，兴办公共工程，增加财政赤字，减免税收。

5. 扩张性货币政策：是指通过调节法定存款准备率、再贴现率、公开市场业务等手段，增加商业银行提供贷款的能力，扩大货币供应量。

五、简答题

1. 通货紧缩对投资有何影响？

通货紧缩对投资的影响主要是通过影响投资成本和投资收益发生作用。一方面，通货紧缩会使实际利率有所提高，社会投资的实际成本增加，从而产生减少投资的影响。另一方面，通货紧缩使投资的预期收益下降，这就使投资倾向降低。

2. 通货紧缩对消费有何影响？

通货紧缩对消费需求有两种效应：一是价格效应；二是收入效应。物价的下跌有对消费者有利的一面，但如果消费者预期将来价格还会下降，他们将推迟消费；另一方面，通货紧缩也会对消费者产生收入减少的效应。因此，在通货紧缩情况下，价格效应倾向于使消费者缩减消费，而收入效应使他们缩减支出。

3. 通货紧缩的成因有哪些？

（1）紧缩性的宏观经济政策。

（2）有效需求不足。

（3）经济周期的变化。

（4）技术进步和科技创新，造成了生产能力过剩。

（5）本币汇率高估，导致出口下降，进口增加。

（6）体制和制度因素。

（7）供给结构不合理

4. 通货紧缩对银行业有何影响？

通货紧缩可能导致银行业的危机，这是因为：

（1）通货紧缩加重了借款者的实际负担。

（2）资产价格的持续下降，贷款者的净资产减少，从而加速破产过程，最终致使银行遭受损失，甚至破产。银行经营环境的恶化会增加银行的流动性危机。

（3）通货紧缩容易造成信贷供给和信贷需求的萎缩。

六、论述题（要点）

治理通货紧缩一般有哪些手段？

1. 扩大总需求的财政政策、货币政策

治理通货紧缩应主要从增加需求着手，主要运用财政政策与货币政策两大需求管理政策。实施扩张性财政政策，主要是扩大财政开支，兴办公共工程，增加财政赤字，减免税收。扩张性财政政策常常被作为解决通货紧缩的处方。

扩张性的货币政策，主要是通过调整法定存款准备率、再贴现率、公开市场业务等手段，增加商业银行提供贷款的能力，扩大货币供应量。在治理通货紧缩的对策中，货币政策主要是配合财政政策来运用。

2. 引导经济主体预期

治理通货紧缩之所以困难，主要是投资者和消费者对未来经济消极的心理起着重要作用。治理通货紧缩，要努力促进社会消费需求和投资需求的回升，通过政策引导，调整人们对未来的预期。

3. 鼓励消费

要治理通货紧缩，必须努力提高消费需求，其中个人收入和消费支出的稳定上升是防止物价持续下跌的重要条件。鼓励消费的政策应该是综合的，要充分利用各种政策组合，从财政政策、货币政策、收入政策等方面，创造增加社会消费的条件，引导社会消费的稳定增长。

4. 改革汇率制度或实施汇率调节

通货紧缩可能由僵化的汇率制度所导致，这种汇率制度容易使本币高估，产生输入型通货紧缩。如果是这样，就需要对汇率制度进行改革，减轻外部冲击通货紧缩的压力。

第十三章 货币均衡

☞ **学习目的和要求**

通过本章的学习，要求在理解货币均衡的基本内涵的基础上，理解和掌握国内外产品市场、货币市场、资产市场均衡与宏观经济均衡的调整关系。

☞ **要点提示**

第一节 货币均衡概述

一、货币均衡的含义

许多文献将货币均衡表达为货币市场出清，即在给定的价格之下，市场上的意愿供给等于意愿需求。如果只观察货币市场的均衡状况，那么，观察点是三个：货币需求、货币供给和利率水平。理论上货币均衡实现时，货币需求、货币供给和对应的利率水平处于稳定状态。

二、货币均衡状态的理论分析

对于什么是货币均衡状态，在理论界不同的学派认识存在很大的分歧。

根据凯恩斯货币需求理论，均衡利率是由货币市场的货币供求状况决定的。由于凯恩斯认为货币是外生变量，所以其重要的观察变量是利率。

传统货币需求理论认为货币需求所对应的主要是商品和劳务的实际交易，货币供给主要为这种交易提供购买和支付手段，因此货币均衡的状态就表现为在市场上既不存在商品滞销，也不存在商品短缺或价格上涨。所以其重要的观察变量是产品和劳务的价格水平。

根据资产选择理论，人们会以多样化资产方式保有自己的财富，其所持有的各种资产可以有不同的组合。人们在进行资产选择时是遵循等边际原则的，即对一定的资产组合进行调整，直到所有资产的边际收益率相等，资产持有人才能实现最优组合和得到最大效用。资产选择理论的代表人物托宾认为，人们可以在范围广泛的金融资产之间进行资产选择与组合。由于公众的资产偏好和资产选择结构在很大程度上受社会经济活动和经济环境的影响，因此，无论是价格变动还是利率变动，人们都会调整自己的资产组合。这样货币均衡不可能单独以货币市场价格或产品市场价格的变动状况作为判断货币均衡与否的指标，应该以资产市场出现"无套利机会"为判断货币均衡存在的依据。

三、货币均衡的显示指标

在市场经济条件下，货币均衡是货币供给和货币需求对比关系自发调节和适应的结果，在均衡实现的过程中，起决定作用的是利率。在完全竞争的市场条件下，理论上，均衡的市场利率是使货币供求均衡的基础变量。

但在现实经济生活中，相对于产品市场和劳动市场均衡状况，货币市场均衡状况是相对较难进行判断的。

货币供给与需求在数量上总是相等的，不存在非均衡的问题。但是，这种相等显然是根据名义货币需求量与货币供应量的联系来判断的，它不是真正的货币均衡。真正的货币均衡是指货币供给量与由经济的稳定运行或客观因素所决定的货币需求量相符合的状态。

货币均衡不仅是通过货币供给和货币需求的对比，从而通过利率来显示。现实生活中，人们更直接关注的是社会总供给和总需求，因此，货币均衡还可以通过社会总供给和总需求的对比，从而通过价格和失业率等指标来显示。如果考虑到金融市场的"无套利均衡"机制的存在，以及金融市场信息的不完备性所导致的金融市场的易波动性，应将观察范围扩大至资产市场。

由此可见，货币供求的均衡与否，不仅要观察利率水平，还要结合产出水平、物价水平和失业率等指标的变化来综合判断。

四、货币失衡与货币中性

货币失衡的表现主要有：
（1）货币供给量小于货币需求量。
（2）货币供给量大于货币需求量。
（3）货币供求结构失衡，其主要表现为货币期限错配、币种错配等。

理论界将名义货币供给的每一百分点的增加会造成物价水平同幅度地上升，而实际货币余额保持不变这种影响被称作"货币中性"。货币中性说明名义货币供给量的一次临时变动只影响如名义产出和价格水平这样的名义变量。实际产出和实际利率则保持不变。货币中性的概念建立在价格是灵活多变基础之上的。

第二节　货币市场的均衡及其均衡实现机制

货币市场均衡分析是局部均衡分析，是指不考虑其他市场时，货币市场均衡的实现和均衡变动的状况分析。货币市场能够在不同的利率水平和国民收入水平下达到均衡，即在货币供给等于货币需求的情况下，会存在利率水平和国民收入水平的各种不同组合。

一、LM 曲线与资产市场

货币市场均衡意味着资产市场也处于均衡中，反之则反是。因此，可以把对均衡决定因素的分析放在货币市场。

货币市场均衡可以用 LM 曲线来表达。在 LM 曲线的任何点上，货币的需求数量等于供给数量。位于 LM 曲线以上的点代表了货币的超额供给和非货币资产的超额需求，位于 LM 曲线以下的点则代表了货币超额需求和非货币资产的超额供给。

二、LM 曲线的移动

除了产出和实际利率以外，其他变量的变动也可以使 LM 曲线移动。造成 LM 曲线移动的变量：名义货币供给量 M，价格水平 P，货币名义收益 i^m 和预期通货膨胀率 π^e。

（1）货币余额供应量 M 的变化。当名义货币余额供给数量增加时，LM 曲线向右下方移动。当名义货币余额的供给数量下降时，LM 曲线向左上方移动。

（2）价格水平 P 的变化。价格水平的下降从而增加了实际货币余额，使 LM 曲线向右下方移动。价格水平的上升则降低了实际货币余额从而使 LM 曲线向左上方移动。

（3）货币名义收益 i^m 的改变。如果其他条件不变，货币名义收益的增加会使 LM 曲线向左上方移动。反之反是。

（4）预期通胀率 π^e 的改变。预期通货膨胀率的提高使 LM 曲线以预期通货膨胀率提高的幅度向下移动。预期通货膨胀的下降使 LM 曲线以预期通货膨胀率下降的幅度向上移动。

第三节 货币市场与产品市场的共同均衡：IS—LM 模型

由于社会总供给是决定货币需求的主要因素，社会总需求又是由货币供给形成的，因此，依据社会总供给变化决定的货币需求来供应货币所形成的社会总需求，与社会总供给之间一定是相均衡的。

一、IS 模型的基本含义

IS 曲线是描述产品市场上均衡收入和利率相互关系的曲线。也就是说，IS 曲线表示使商品供需相等的当期产出和实际利率的组合。在 IS 曲线上的每一个点，意愿的储蓄等于意愿的投资，不在 IS 曲线上的点表示储蓄水平和投资水平不相等，在相应实际利率水平上，商品市场不均衡。

二、IS—LM 模型的基本含义

LM 曲线反映了在不同的利率水平和国民收入水平下达到的使货币市场供求均衡的利率和收入的全部组合，但它并不能说明使整个经济处于均衡状态的利率和收入的组合。同样，

IS 曲线也只是反映了能够使产品市场供求均衡的利率和收入的全部组合，也说明不了使整个经济均衡的利率和收入的组合。而货币均衡的根本要求恰恰是总供求均衡下的货币均衡。如果不考虑国际收支平衡，这样货币均衡要求实际上就是要实现产品市场和货币市场的共同均衡。如果将 LM 曲线和 IS 曲线放在一个平面上，就能够清楚地看到，当一定的利率和收入组合点只落在 LM 曲线或只落在 IS 曲线上时都仅仅表明货币市场或商品市场各自的均衡。能够使货币市场和产品市场同时达到均衡的点，只有 IS 曲线和 LM 曲线的交叉点 E。在 E 点上，投资和储蓄、货币需求和货币供给同时相等，产品市场和货币市场达到一般均衡，即：

$I(r) = S(Y)$

$L_1(Y) + L_2(r) = M$

这就是 IS – LM 模型，又称为"希克斯—汉森模型"。它是由英国经济学家约翰·希克斯（John R. Hicks）在 1937 年首先提出，后经美国经济学家阿尔文·汉森（Alvin Hansen）等人补充发展而成的。

■ 三、曲线的移动

对于 IS 曲线而言，对商品需求的增减会改变每一当期产出水平上的实际利率，因而会使 IS 曲线移动，实际利率的这些升降可能是由决定意愿储蓄和投资的因素之一的增减而引起的。例如，当期的和预期的未来收入，政府支出或者预期的资本的未来盈利能力。这些因素之一的数量上的增加会使 IS 曲线向右上方移动，减少会使 IS 曲线向左下方移动。对于 LM 曲线而言，造成 LM 曲线移动的变量就是即名义货币供给量 M，价格水平 P，货币名义收益 i^m 和预期通货膨胀率 π^e，如图 13 – 1 所示。

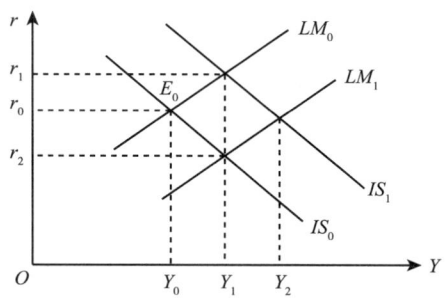

图 13 – 1　曲线的移动图

既然 IS 曲线与 LM 曲线的交点所对应的收入和利率，就是两市场同时均衡条件下的收入和利率，那么，IS 曲线的变动或 LM 曲线的变动，必将引起它们的均衡点变动，进而导致均衡收入和均衡利率的变动。

☞ **知识拓展**

市场经济条件下货币均衡的实现有赖于三个条件，即健全的利率机制、发达的金融市场以及有效的中央银行调控机制。

在完全市场经济条件下，货币均衡最主要的实现机制是利率机制。除利率机制之外，还有以下四个因素：①中央银行的调控手段；②国家财政收支状况；③生产部门结构是否合理；④国际收支是否基本平衡。在市场经济条件下，利率不仅是货币供求是否均衡的重要信号，而且对货币供求具有明显的调节功能。因此，货币均衡便可以通过利率机制的作用而实现。

就货币供给而言，当市场利率升高时，一方面社会公众因持币机会成本加大而减少现金提取，这样就使现金比率缩小，货币乘数加大，货币供给增加；另一方面，银行因贷款收益增加而减少超额准备来扩大贷款规模，这样就使超额准备金率下降，货币乘数变大，货币供给增加。所以，利率与货币供给量之间存在着同方向变动关系。就货币需求来说，当市场利率升高时，人们的持币机会成本加大，必然导致人们对金融生息资产需求的增加和对货币需求的减少。所以利率同货币需求之间存在反方向变动关系。当货币市场上出现均衡利率水平时，货币供给与货币需求相等，货币均衡状态便得以实现。当市场均衡利率变化时，货币供给与货币需求也会随之变化，最终在新的均衡货币量上实现新的货币均衡。

你认为我国具备实现货币均衡的条件吗？如果你认为不具备，请说明我国货币均衡是如何实现的？

☞ 练习题

一、填空题

1. 根据凯恩斯货币需求理论，货币供给是外生变量，所以观察货币均衡与否的重要变量是_____。
2. 根据传统货币主义学派的观点，货币需求所对应的主要是商品和劳务的实际交易，反映货币均衡与否的重要变量是产品和劳务的_____。
3. 根据资产选择理论，资产市场出现的"_____"是反映货币均衡存在的状态最佳指标。
4. 理论界将名义货币供给与物价水平同幅度的上升的经济现象，称作"_____"。
5. 关于 LM 曲线的移动，能源价格普遍下降，会引起社会价格水平的下降，从而增加了实际货币供给，会使 LM 曲线向_____移动。
6. 通过市场主体的"_____"行为，资产价格会调整到在货币市场上没有超额的供给或者超额需求为止的均衡状态中。
7. 在不考虑其他市场时，货币市场能够在不同的利率水平和国民收入水平下达到均衡，货币市场均衡可以用_____来表达。

二、单项选择题

1. 根据资产选择理论，人们在进行资产选择时是遵循（　　）的，即对一定的资产组合进行调整，直到所有资产的边际收益率相等，资产持有人才能实现最优组合和得到最大效用。

   A. 完备原则　　　　　　　　　　B. 利率最大原则
   C. 等边际原则　　　　　　　　　D. 均衡原则

2. LM 曲线的斜率取决于货币需求对利率的敏感度，如果货币需求对利率是敏感的，那么 LM 曲线（　　）。

　　A. 呈平坦状　　　　　　　　　　B. 呈陡峭状
　　C. 呈水平呈状　　　　　　　　　D. 呈垂直状

3. 当名义货币余额供给数量增加时，如中央银行采取一次膨胀性货币政策时，LM 曲线向（　　）移动。

　　A. 右下方　　　　　　　　　　　B. 右上方
　　C. 左下方　　　　　　　　　　　D. 左上方

4. 对于 IS 曲线而言，对商品需求的增减会改变每一当期产出水平上的实际利率，因而会使 IS 曲线移动。当预期政府支出的增加会使 IS 曲线向（　　）移动。

　　A. 右下方　　　　　　　　　　　B. 右上方
　　C. 左上方　　　　　　　　　　　D. 左下方

5. 正常情况下，利率与货币供给量之间存在着（　　）关系。

　　A. 正相关　　　　　　　　　　　B. 负相关
　　C. 正负相关都有可能　　　　　　D. 不相关

6. 关于货币均衡，下列说法错误的是（　　）。

　　A. 货币市场均衡可以用 LM 曲线来表达
　　B. 货币均衡是经济运行的理想状态，货币供求失衡在现实中却是常见的
　　C. 在货币均衡实现的过程中，起决定作用的是物价水平
　　D. 货币均衡即为货币市场出清

三、多项选择题

1. 如果只考察货币市场的均衡状况，考察点有（　　）。

　　A. 利率水平　　　　　　　　　　B. 价格水平
　　C. 货币需求　　　　　　　　　　D. 货币供给

2. 除了利率水平，货币供求均衡的显示指标还有（　　）。

　　A. 产品质量　　　　　　　　　　B. 产出水平
　　C. 物价水平　　　　　　　　　　D. 失业率

3. 除了产出和实际利率以外，其他变量的变动也可以使 LM 曲线移动。造成 LM 曲线移动的变量有（　　）。

　　A. 名义货币供给量 M　　　　　　B. 价格水平 P
　　C. 货币名义收益 i^m　　　　　　D. 预期通货膨胀率 π^e

4. 在两部门经济中，IS 曲线斜率的绝对值取决于边际消费倾向与投资对利率变动的反应程度的大小（　　）。

　　A. 如果 i 既定，则曲线的斜率的绝对值与边际消费倾向 c 负相关
　　B. 如果 c 既定，则曲线的斜率绝对值与 i 负相关
　　C. 如果 i 既定，则曲线的斜率的绝对值与边际消费倾向 c 正相关
　　D. 如果 c 既定，则曲线的斜率绝对值与 i 正相关

5. 关于 IS – LM 曲线，下列说法正确的有（　　）。

A. IS 曲线的斜率为负，向右下方倾斜
B. 在 LM 曲线的任何点上，货币的需求数量等于供给数量
C. 能够使货币市场和产品市场同时达到均衡的点，只有 IS 曲线和 LM 曲线的交点
D. LM 曲线位置不动，IS 曲线向右上方移动，均衡收入上升，均衡利率下降

四、重要概念

1. 货币均衡　2. 货币失衡　3. 货币中性　4. 货币非中性　5. IS 曲线　6. LM 曲线

五、论述题

1. 试述不同流派对货币均衡的含义看法。
2. 试分析 IS – LM 模型的基本含义。

六、深度思考题

在现实经济中常会出现货币供求与社会总供求的失衡，你认为主要原因何在？怎样才能实现较长期的均衡？

参考答案

一、填空题

1. 利率
2. 价格水平
3. 无套利机会
4. 货币中性
5. 右下方
6. 跨市场套利
7. LM 曲线

二、单项选择题

1. C　　2. A　　3. A　　4. B　　5. A　　6. C

三、多项选择题

1. ACD　　2. BCD　　3. ABCD　　4. AB　　5. ABC

四、重要概念

1. 货币均衡：在给定的价格之下，货币市场上的意愿货币供给等于意愿货币需求。
2. 货币失衡：在货币流通过程中，货币供给偏离货币需求，从而使两者间不相适应的货币流通状态。货币失衡的主要有类型：量的失衡和结构失衡。前者表现为货币供给量小于货币需求量或货币供给量大于货币需求量；后者主要表现为货币期限错配、币种错配等。

3. 货币中性：货币中性是指货币供给的增长将导致价格水平的相同比例增长，对于实际产出水平没有产生影响。

4. 货币非中性：是指货币供应量的变化，引起实际利率和产出水平等实际经济变量调整和改变。

5. IS 曲线：反映了能够使产品市场供求均衡的利率和收入的全部组合。在产品市场均衡中更低的利率与更高水平的产出相联系，因此，IS 曲线的斜率为负，斜率大小取决于实际投资需求对名义利率反应的敏感程度。

6. LM 曲线：反映了在不同的利率水平和国民收入水平下达到的使货币市场供求均衡的利率和收入的全部组合。在货币市场均衡中更高的利率与更高水平的产出相联系，因此，LM 曲线的斜率为正，斜率大小取决于实际货币余额需求对名义利率反应的敏感程度。

五、论述题（要点）

1. 试述不同流派对货币均衡的含义看法。

根据凯恩斯货币需求理论，在灵活偏好的基础上，把货币需求分为交易需求、预防需求和投机需求，突出的是货币的流动性特征。投资者对未来预期的变动直接影响人们对流动性的偏好，进而改变利率水平，均衡利率是由货币市场的货币供求状况决定的。由于凯恩斯认为货币是外生变量，所以其重要的观察变量是利率。

传统货币需求理论认为货币需求所对应的主要是商品和劳务的实际交易，货币供给主要为这种交易提供购买和支付手段，因此，货币均衡的状态就表现为在市场上既不存在商品滞销，也不存在商品短缺或价格上涨。所以其重要的观察变量是产品和劳务的价格水平。

然而根据资产选择理论，人们会以多样化资产方式保有自己的财富，人们在所持有的各种资产可以有不同的组合，人们会使用新古典的边际分析法在不同组合中进行选择。人们在进行资产选择时是遵循等边际原则的，即经过一定资产组合的调整，直到所有资产的边际收益率相等时，资产持有人才实现最优组合和得到最大效用。资产选择理论的代表人物托宾强调资产选择在货币供给中的作用。托宾认为，在现代金融制度下，货币和其他金融资产，商业银行和其他金融机构之间的差别越来越小，人们可以在范围广泛的金融资产之间进行资产选择的组合。对于公众来说，银行和非银行金融机构的资产并没有实质性的区别。由于公众的资产偏好和资产选择结构在很大程度上受社会经济活动和经济环境的影响，因此，不能单纯地从中央银行的角度孤立地研究货币数量的决定。托宾进一步考察了存款－准备金比率和存款－通货比率的变动情况，分析了影响二者变动的因素，指出这两个比率是由经济过程内生决定的，货币乘数因此具有内生性。这样，在"货币幻觉效应"和"货币余额效应"作用下，无论是价格变动还是利率变动，人们都会调整自己的资产组合。这样货币均衡不可能单独以货币市场价格或产品市场价格的变动状况作为判断货币均衡与否的指标。应该以资产市场出现"无套利机会"为货币均衡存在的状态。

2. 试分析 IS－LM 模型的基本含义。

基本要点：LM 曲线反映了在不同的利率水平和国民收入水平下达到的使货币市场供求均衡的利率和收入的全部组合，但它并不能说明是使整个经济处于均衡状态的利率和收入的组合。同样，IS 曲线也只是反映了能够使产品市场供求均衡的利率和收入的全部组合，也说明不了使整个经济均衡的利率和收入的组合。而货币均衡的根本要求恰恰是总供求均衡下的货币均衡。如果不考虑国际收支平衡，这样货币均衡要求实际上就是要实现产品市场和货币市场的共同均衡。如果将 LM 曲线和 IS 曲线放在一个平面上，就能够清楚地看到，当一定的利率和收入组合点只落在 LM 曲线或只落在 IS 曲线上时都仅仅表明货币市场或产品市场各自的均衡。能够使货币市场和产品市场同时达到均衡的点，只有 IS 曲线和 LM 曲线的交叉点 E。在 E 点上，投资和储蓄、货币需求和货币供给同时相等，产品市场和货币市场达到一般均衡。这就是 IS－LM 模型，又称为"希克斯—汉森模型"。它是由英国经济学家约翰·希克斯在 1937 年首先提出，后经美国经济学家阿尔文·汉森等人补充发展而成的。

金融运行与发展篇

第十四章 货币政策

☞ 学习目的和要求

通过本章的学习,要求掌握货币政策的含义、货币政策目标及相互间的关系;熟练掌握一般性货币政策工具及其作用机制的基本原理;了解其他货币政策工具和我国的货币政策工具;理解和掌握货币政策的传导机制理论;掌握货币政策的中介指标及其选择标准;掌握货币政策效果的评价和干扰因素的基本知识。

☞ 要点提示

第一节 货币政策目标

一、货币政策的概念

货币政策是指中央银行为实现一定的经济目标,运用各种工具调节和控制货币供应量和利率,进而影响宏观经济的方针和措施的总和。货币政策一般包括货币政策目标、货币政策工具、货币政策传导机制、货币政策中介指标和货币政策效果五个方面构成要素。

二、货币政策目标

货币政策目标又称最终目标,是指货币政策制定者所期望达到的最终目的。一般地说有四个,即稳定物价、充分就业、经济增长、国际收支平衡。

三、货币政策目标之间的关系

从根本上讲,各目标是相互促进的、统一的,但从短期看,却并非如此。就短期考察,充分就业与经济增长两者是正相关的。除此之外,各目标之间都有矛盾。

1. 稳定物价与充分就业的矛盾

当失业人数过多时,为增加就业,就必须增加货币供应量以刺激社会总需求的增加,这样,失业率的确能下降,但物价会上涨;反之,要降低物价上涨率,就要减少货币供应量以抑制社会总需求的增加,这又必然使失业率提高。失业率和物价上涨率之间存在着此长波消的关系。"菲利普斯曲线"表明,失业率与物价上涨率之间是相互替代的。

2. 稳定物价与经济增长的矛盾

追求经济增长要求增加货币供应以刺激社会总需求增加,这会使物价总水平趋于上升。而要控制物价,就需要减少货币供应,减少社会总需求,这又导致经济增长速度放慢。

3. 稳定物价与国际收支平衡的矛盾

当本国物价稳定而其他有关国家出现通货膨胀的情况下,实行稳定物价的货币政策目标,就与平衡国际收支发生矛盾。因为,此时本国物价水平相对低于其他国家物价水平,这样必然使本国出口增加,进口减少,其结果是国际收支出现顺差,造成顺差失衡。

4. 充分就业与国际收支平衡的矛盾与统一

如果充分就业能够推动经济快速增长,那么,一方面国内产出的增加可以增加对国内市场的商品供给,实现进口替代,从而减少进口;另一方面可扩大商品的出口,这有利于改善国际收支。但为了追求充分就业目标,就需要更多的资金和生产资料,当国内供给满足不了需求时,就需要引进外资、进口设备与原材料等,这又可能导致国际收支状况的恶化,对平衡国际收支构成挑战。

5. 经济增长与国际收支平衡的矛盾

当经济增长较快时,社会总需求会扩大,这往往要增加对进口商品的需求,在出口不能随之增长的情况下,必然使国际贸易逆差。治理经济衰退所采用的手段与平衡国际收支所采用的手段也容易出现冲突。当国际收支逆差时,通常要采用紧缩的货币政策,压缩国内需求,但紧缩可能引致经济增长减慢甚至衰退。当经济衰退出现时,通常要采用扩张性货币政策,但又可能因通货膨胀,进口增长而导致国际收支逆差。

从西方国家货币政策操作实践看,20 世纪 70 年代以前,美、英等国把就业和增长摆在货币政策目标的首位,70 年代中期之后,"滞胀"促使各国先后改变政策取向,把货币政策的主要目标放到了稳定币值上面。

四、我国货币政策目标的选择

从我国货币政策实践看,20 世纪 90 年代中期以前,中央银行所采用的是"稳定货币、发展经济"双重目标。1995 年颁布的《中华人民共和国中国人民银行法》明确规定货币政策目标是:"保持货币币值的稳定,并以此促进经济增长。"

2014 年 5 月,中国人民银行原行长周小川提出货币政策六个目标概述,即低通胀、适度增长、适度就业、国际收支平衡、金融稳定、改革发展。因此,在不同的经济周期,货币政策目标的侧重点是不同的,货币政策目标的内容也会适应经济的发展而有所变动。

第二节 货币政策工具

货币政策工具，是中央银行为实现货币政策目标所运用的手段。通常将货币政策工具分为一般性政策工具、选择性政策工具、直接信用控制工具、间接信用指导工具四类。

一、一般性货币政策工具

一般性货币政策工具，也即传统的政策工具，包括法定存款准备金政策、再贴现政策、公开市场业务，俗称"三大法宝"。这些工具的实施对象是整体经济，调控的是货币信用总量。

1. 法定存款准备金政策

法定存款准备金政策是指中央银行对商业银行等存款金融机构的存款规定存款准备率，强制性地要求其按照规定的比率上缴存款准备金。中央银行通过调整法定存款准备率，以改变货币乘数，增加或减少商业银行的超额储备，控制商业银行的信用创造能力，间接地影响货币供应量。

运用存款准备金制度调节货币和信用，主要是确定和调整法定准备率。中央银行为扩张货币和信用，可以降低法定准备率；中央银行为收缩货币和信用，可以提高法定准备率。

调整法定准备率对货币和信用产生影响的途径有：①改变货币乘数。法定准备率是决定货币乘数大小的重要因素。提高法定准备率，货币乘数变小；降低法定准备率，货币乘数变大。调整法定准备率是通过货币乘数变化对货币供应量发生作用。②改变商业银行超额准备金，影响商业银行信贷行为。提高法定准备率，商业银行应增加上缴中央银行的法定准备金，从而减少超额准备金，也就降低了商业银行提供信贷的能力，结果是社会银根抽紧，利率提高。反之亦然。③影响公众预期。

存款准备金政策是威力巨大而不常使用的武器。其有利之处是它有较强的控制货币信用的能力，法定准备率调整对货币供应量影响巨大。但它操作缺乏弹性，易引起震动。

2. 再贴现政策

再贴现政策，是指中央银行通过调整再贴现利率，来影响商业银行从中央银行获得再贴现贷款的数量，从而调节市场货币供应量和利率水平的一种货币政策工具。

降低再贴现率，可以促进货币信用扩张；反之，提高再贴现率，可以促进货币信用收缩。

再贴现政策对货币信用发挥作用的主要途径是：①影响商业银行的资金成本和超额准备金，从而影响商业银行的融资决策。如中央银行提高再贴现率，使之高于市场利率时，商业银行向中央银行借款或贴现的资金成本上升，于是减少向中央银行借款，从而减少商业银行所拥有的超额准备金，进而收缩其贷款或投资规模，迫使货币供应量缩减。随着货币供应量缩减，银根紧俏，市场利率会随之上升。如若商业银行依然向中央银行借款，但因再贴现率提高，商业银行为抵偿增加的筹资成本，就要相应提高对企业贷款的利率，这将使贷款需求受到抑制，信贷规模收缩。反之，如中央银行降低再贴现率，则会出现相反的效果。②告示效应。再贴现率的变动,在一定程度上反映了中央银行的政策意向。如再贴现率升高,意味着有紧缩意向;反之,则意味着有扩张意向。这能影响到商业银行和社会公众的预期。

再贴政策也有某些局限性:①中央银行缺乏主动性;②该政策缺乏弹性。

3. 公开市场业务

公开市场业务,又称公开市场操作,是指中央银行在金融市场上公开买进或卖出有价证券以调节货币供应量和利率的活动。中央银行买卖的有价证券主要是国家债券。其操作原理是:当中央银行要扩张货币信用时,就买进有价证券;而要收缩货币信用时,就卖出有价证券。

公开市场业务对货币信用发生作用的途径是:①影响基础货币。中央银行买进证券,实际上是向社会注入基础货币。引起信用扩张,货币供应量增加。相反,中央银行卖出证券,就使基础货币从社会流回中央银行,引起信用收缩,货币供应量减少。②影响利率水平和结构。中央银行买进证券,会推动证券价格上升,收益率下降;同时,货币供应量增加,引起市场利率下降。反之则相反。另外,中央银行在市场上进行长短期债券的转换操作,货币供应总量没有发生变化,但不同期限债券的供求关系有了变化,价格受到影响,从而使利率结构发生变化。

公开市场业务在发达国家被认为是最重要的、效果最好的政策工具。同前两种工具相比,它有明显的优点。①中央银行具有主动权;②中央银行能通过公开市场业务左右基础货币,把它控制在符合政策需要的规模上;③规模可以灵活安排,能运用它对货币供应量进行微调;④可以进行经常性、连续性的操作,具有较大弹性;⑤能迅速作反方向的操作。

公开市场业务的实行需要一定的条件:①流通中必须有足够数量的有价证券,且种类齐全;②证券市场必须高度发达。

二、选择性货币政策工具

选择性货币政策工具是中央银行对信用进行结构性调节和控制的措施。这些措施是针对某些特殊领域或特殊用途而进行的。

1. 证券市场信用控制

这是中央银行对有关证券交易的各种贷款进行限制,目的在于控制对证券市场的信贷量,抵制过度的投机。

2. 消费者信用控制

这是中央银行对不动产以外的各种耐用消费品的销售融资予以控制。

3. 不动产信用控制

这是指中央银行对商业银行等金融机构在房地产方面贷款的限制措施,以抑制房地产投机。

4. 优惠利率

中央银行根据国家的产业政策,对重点发展的部门、行业和产品规定较低的利率,以鼓励其发展。

5. 预缴进口保证金

在进口过度增长、国际收支出现逆差时,为抑制进口,中央银行要求进口商按照进口商品总值的一定比例,预缴进口商品保证金,存入中央银行,以增加进口商的资金占用,增加进口成本。

三、直接信用控制工具

直接信用控制是中央银行以行政命令等方式，从质和量两个方面，直接对商业银行及其他金融机构的信用活动所进行的控制。

1. 信用配额管理

信用配额或信贷分配，是指中央银行根据金融市场状况及客观经济需要，分别对各个商业银行的信贷规模加以分配，限制其最高数量。

2. 规定利率最高限

这里指规定商业银行存款的最高利率，其目的是防止银行用抬高利率的办法竞相吸收存款和为谋取高利而进行高风险贷款。

3. 规定流动性比率

流动性比率是指流动性资产对存款的比重，为保持中央银行规定的流动性比率，商业银行必须持有一部分易变现的流动性较高的资产和现金。

4. 直接干预

直接干预是指中央银行直接对商业银行的信贷业务进行干预。如明确规定各家银行的放款或投资的范围。

四、间接信用指导工具

间接信用指导，是指中央银行利用各种间接的措施对商业银行的信用活动施加影响。主要措施有道义劝告、窗口指导。

1. 道义劝告

道义劝告，是指中央银行利用其特殊的地位和声望，采取书面或口头方式，说服商业银行执行中央银行所要求的信贷政策和投资方向。

2. 窗口指导

窗口指导这个词来自日本。它的内容是：中央银行根据市场情况、物价变动趋势、金融市场动向、货币政策要求，以及前一年度同期的贷款情况，规定商业银行每季度贷款的增减额，并要求其执行。

五、我国货币政策工具的选择

我国货币政策工具主要有：存款准备金制度、利率政策、再贷款和再贴现、公开市场操作等。

第三节　货币政策传导机制和中介指标

一、货币政策传导机制

货币政策的传导机制，是指中央银行通过各种货币政策工具的运用，到最终实现货币政策目标，所经过的各种中间环节间的有机联系及其因果关系。关于传导机制的观点，往往构成货币政策中介指标选择的理论基础。

1. 早期凯恩斯学派的货币政策传导机制理论

早期的凯恩斯学派的货币政策传导机制理论，核心是利率传导，基本思路可以归结为：通过货币供给 M 的增减影响利率 r，利率的变化通过资本边际效率的影响使投资 I 以乘数方式增减，而投资的增减会进而影响总支出 E 和总收入 Y。用符号可表示为：

$$M \longrightarrow r \longrightarrow I \longrightarrow E \longrightarrow Y$$

在这个传导机制中，主要环节是利率：货币供应量的调整首先影响利率的升降，其次才能使投资乃至总支出发生变化。

2. 货币学派的货币政策传导机制理论

货币学派强调货币供应量在整个传导机制上的直接效果。这一理论的核心是货币数量传导。货币学派认为，货币政策的传导机制主要不是通过利率间接地影响投资和收入，而是通过货币实际余额的变动直接影响支出和收入。用符号可表示为：

$$M \longrightarrow E \longrightarrow Y$$

在这个传导机制中，主要环节是货币供应量，货币供应量变动直接影响支出，进而影响名义收入。

3. 托宾的 q 理论

美国经济学家托宾关于货币政策变化通过影响股票价格来影响投资支出的理论，该理论称为 q 理论。托宾把 q 定义为：

q = 企业资本的市场价值/企业资本的重置成本

q 和投资支出之间是正相关的关系。q 的变化与普通股股票价格也是正相关关系。当采取扩张性货币政策时，引起货币供给量增加，股票价格（Ps）将会上升。

将货币政策和 q 之间，q 和投资支出之间的相互影响联系起来，货币政策传导机制可以表述为：

$$M \longrightarrow Ps \longrightarrow q \longrightarrow I \longrightarrow Y$$

4. 财富效应

货币政策的财富效应是指货币政策通过货币供给的增减影响股票价格，使公众持有的以股票市值计算的个人财富变动，从而影响其消费支出的效应。当扩张性的货币政策使得货币供给量增加，使得股票的价格上升，金融资产的市场价值上升时，消费者的毕生财富 W 也增加，进而消费 C 增加。财富效应的货币政策传导机制可以表述为：

$$M \longrightarrow Ps \longrightarrow W \longrightarrow C \longrightarrow Y$$

5. 信贷传导机制理论

信贷传导机制理论认为货币政策可通过银行贷款 L 的增减刺激或减少投资支出，从而引起总产出的变化。因此，企业贷款可得性或银行贷款数量是影响投资支出的重要因素。

通过信贷渠道传导货币政策的机制在依赖银行资金为主要来源的国家比在资本市场发达的国家作用更为明显。信贷观点的货币政策效应传导过程可以表述为：

$$M \longrightarrow L \longrightarrow I \longrightarrow Y$$

6. 汇率传导机制理论

货币政策可以通过影响国际资本流动，改变汇率（re），并在一定的贸易条件下影响净出口。

在实行固定汇率制度的国家,中央银行可以直接调整汇率;在实行浮动汇率制度的国家,汇率受外汇供求的影响。当一国实行紧缩的货币政策,利率随之上升,从而引起短期资本的大量流入,这就使得该国货币在外汇市场上升值。本币的升值不利于本国商品的出口,却有利于进口,该国贸易状况恶化,净出口下降。当一国实行扩张的货币政策,则有相反的过程。这样的机制可以表述为:

M ⟶ r ⟶ re ⟶ NX ⟶ Y

汇率传导机制作用效果的大小取决于利率变动如何影响汇率,汇率的变化又会引起多大的净出口的变化。

二、货币政策中介指标

1. 货币政策中介指标的选择标准

货币政策工具的运用并不能直接作用于最终目标,而是首先作用于货币供应量、利率等金融变量,通过这些金融变量间接地影响物价、就业、生产等最终目标。这种既能为中央银行的货币政策工具所左右,又与货币政策最终目标紧密相关,能够有效地传导货币政策的金融变量,称为货币政策的中介指标。

中介指标选择的标准有:①可测性;②可控性;③相关性;④抗干扰性。

2. 可供选择的中间指标

可供选择的中间指标有:

(1) 利率。

(2) 货币供给量。

3. 可供选择的操作指标

可供选择的操作指标有:

(1) 超额准备金。

(2) 基础货币。

三、我国货币政策中介指标的选择

中国人民银行将货币供应量 M1 和 M2 作为中间目标;以基础货币和超额准备金为操作目标。

第四节 货币政策效果

货币政策效果,是指中央银行推行一定的货币政策之后,社会经济运行所作出的现实反映。

一、货币政策效果的衡量

货币政策效果可以从两个方面来衡量。一是从数量方面,看货币政策发挥作用的大小,即货币政策的数量效果；二是从时间方面，看货币政策发挥作用的快慢，即货币政策的时间效果。

二、影响货币政策效果的主要因素

1. 货币政策时滞的影响

货币政策时滞，是指根据现实经济情况，客观上需要制定某项货币政策，到这项政策对经济活动的影响充分显示出来所需要的时间。时滞是影响货币政策效果的重要因素。时滞由内部时滞和外部时滞两部分构成。

内部时滞，是指从经济和金融形势发生变化需要中央银行采取政策行动，到中央银行实际采取行动的这段过程。它又可分为两部分：①认识时滞；②行动时滞。

外部时滞，是指从中央银行采取货币政策行动之日开始，到对经济活动发生充分影响时停止的这段过程。它也可分两部分：①转向时滞；②生产时滞。

一般认为，货币政策生效少则需要六个月，长则需要两年。

2. 微观主体预期的影响

当一项货币政策推出后，各经济主体会根据所获得的各种信息来预测政策的后果，并很快作出对策。货币政策的作用可能被这种对策所抵消。

3. 经济环境的影响

不同的经济环境中，货币政策的效果也有差别。在经济衰退的环境中，一般应实行扩张的货币政策。但扩张性货币政策效果的大小要取决于两个因素：①货币需求的利率弹性；②投资需求的利率弹性。在经济衰退时期，货币需求利率弹性很大，投资需求利率弹性很小，此时，若增加货币供给，利率不能进一步下降，企业对经济前景预期暗淡，也不肯增加投资。这样，货币政策作为反衰退的措施，效果就比较弱。而在通货膨胀的环境中，实行紧缩的货币政策，一般情况下，效果比较好。即使是反通货膨胀，货币政策的作用也主要是用于治理需求拉上的通货膨胀，对于成本推进的通货膨胀，货币政策的效果就不好。

4. 其他因素的影响

货币政策的效果还受到其他因素的影响。如客观经济条件的变化，政治因素，货币流通速度的变化也会影响货币政策的效果。

三、货币政策的执行原则

凯恩斯学派主张，货币政策应当"相机抉择"，逆经济风向行事。在经济过热时，相机采取紧缩性政策；在经济萧条时，相机采取扩张性政策。即通过反周期货币政策去稳定经济。

现代货币学派认为，因为时滞的存在及其他因素，相机抉择的货币政策并不能稳定经济，反而会使经济波动更大，因而他们主张应当实行"单一规则"的货币政策，即中央银行应使货币供给增长率保持稳定。货币学派的这种主张也受到供给学派、理性预期学派等经济学派的支持。

四、货币政策与财政政策的配合

货币政策和财政政策是国家实现宏观经济管理目标的重要手段，这两种政策都是以货币为载体和操作对象，通过对社会总需求的调控来影响产出。

货币政策与财政政策有不同的地方：

（1）政策工具不同。货币政策工具主要是存款准备率、现贴现率、公开市场业务、中央银行贷款等。财政政策工具主要是税种、税率、预算收支、回债、补贴、贴息等。

（2）政策时滞不同。货币政策的内部时滞较短，而财政政策则长些。相反，货币政策的外部时滞较长，财政政策的外部时滞较短。

（3）侧重点不同。财政政策在结构调节上占有较大的优势。而货币政策在调节需求量方面具有更大的功效。

（4）在扩张和紧缩需求方面的作用不同。财政政策具有强制性，在经济萧条时促进需求扩张较为有效。而货币政策比较灵活，在促进需求紧缩方面效果更好。

为了增强货币政策与财政政策调控的合力，需要两者之间协调配合。其配合主要有四种选择：①松的货币政策与松的财政政策相配合；②紧的货币政策与紧的财政政策相配合；③松的货币政策与紧的财政政策；④紧的货币政策与松的财政政策。

☞ **知识拓展**

货币政策在三重目标和矛盾追求平衡。当前经济面临着三重矛盾：经济发展方式的转型与经济短期下行压力加大的矛盾、长期债务积累和短期去杠杆阵痛的矛盾，以及内部经济下行需要的宽松环境与全球政策紧缩周期直接的分化的内外部矛盾。与之相对应，货币政策面临着宽信用以稳增长、债务处置过程中的防风险、人民币汇率稳定的三个目标。一直以来，我国货币政策在宏观调控占据主角地位，并非单一目标和单一规则制，2024 年则需在三重目标和矛盾中寻求平衡。对此你有何理解？

☞ **练习题**

一、填空题

1. 货币政策一般有五个方面的内容，即_____、_____、_____、_____和_____。
2. 一般来说，中央银行货币政策目标有四个，即_____、_____、_____和_____。
3. 货币政策工具分为四类，即_____、_____、_____和_____。
4. 货币政策的目标体系构成为_____、_____和_____。
5. 一般性货币政策工具包括_____、_____和_____。
6. 目前，我国货币政策工具主要有_____、_____、_____和_____。
7. 一般性货币政策工具中，最灵活、最常用的货币政策工具是_____。
8. 各国中央银行选择的操作目标通常有_____和_____。
9. 根据菲利普斯曲线分析，_____和_____之间存在一种此消彼长的替代关系。
10. 各国中央银行选用的中间目标通常有_____和_____。
11. 货币政策时滞由_____和_____两部分构成。

12. 20 世纪 70 年代以后，西方国家出现的高失业率和严重的通货膨胀并存的现象被称为_____。
13. 西方国家 20 世纪 70 年代中期之后把货币政策的主要目标放到了_____上面。
14. 间接信用指导的货币政策工具有_____和_____。
15. 以利率作为传导机制的货币政策传导机制理论是_____的观点。
16. 作为传统货币政策工具"三大法宝"之一的再贴现政策有着某些局限性，一是_____；二是_____。
17. 根据凯恩斯学派货币政策理论中，当一国经济出现_____时，货币供应量的增加就不能使利率下降，于是货币政策无效。

二、单项选择题

1. 在货币政策目标中，相互之间关系一致的是（　　）。
   A. 经济增长与充分就业　　　　　　B. 物价稳定与充分就业
   C. 物价稳定与经济增长　　　　　　D. 物价稳定与国际收支平衡
2. 在现代市场经济的条件下，最灵活最重要的的货币政策工具是（　　）。
   A. 法定存款准备率　　　　　　　　B. 再贴现率
   C. 道义劝告　　　　　　　　　　　D. 公开市场业务
3. 最猛烈的、具有强制性的货币政策工具是（　　）。
   A. 法定存款准备率　　　　　　　　B. 再贴现率
   C. 公开市场业务　　　　　　　　　D. 窗口指导
4. 目前凡是实行中央银行制度的国家，一般都实行（　　）。
   A. 存款准备金政策　　　　　　　　B. 再贴现政策
   C. 公开市场业务　　　　　　　　　D. 证券信用管理
5. 在调节货币和信用时，中央银行处于被动地位的工具是（　　）。
   A. 公开市场业务　　　　　　　　　B. 再贴现政策
   C. 法定存款准备金政策　　　　　　D. 消费信用管理
6. 凯恩斯学派强调货币政策传导过程中的主要环节或机制是（　　）。
   A. 货币供应量　　　　　　　　　　B. 超额准备金
   C. 利率　　　　　　　　　　　　　D. 基础货币
7. 认为货币政策最重要、提倡"单一规则"的简单货币政策是（　　）。
   A. 凯恩斯　　　　　　　　　　　　B. 费雪
   C. 弗里德曼　　　　　　　　　　　D. 剑桥学派
8. 在一般性货币政策工具中，（　　）既可以调节利率水平，又可以调节利率结构。
   A. 再贴现政策　　　　　　　　　　B. 法定存款准备金政策
   C. 公开市场操作　　　　　　　　　D. 再贷款政策
9. 在中央银行下列行为中，（　　）可以导致基础货币的减少。
   A. 在公开市场上卖出政府债券　　　B. 在公开市场上买进政府债券
   C. 在黄金市场上购买黄金　　　　　D. 在外汇市场上购买外汇
10. 一般来说严重通货膨胀时，财政政策与货币政策的最优搭配是（　　）。

A. 财政与货币双紧　　　　　　　　B. 财政与货币双松
C. 财政紧货币松　　　　　　　　　D. 财政紧货币松

11. 中央银行在公开市场上大量地买入有价证券，意味着货币政策（　　）。
A. 放松　　　　　　　　　　　　　B. 紧缩
C. 不一定　　　　　　　　　　　　D. 不变

12. 1995年我国以法律形式确定我国中央银行的最终目标是（　　）。
A. 以经济增长为首要目标
B. 以币值稳定为主要目标
C. 稳定货币、发展经济
D. 保持货币币值的稳定，并以此促进经济增长

13. 在理论中强调恒久收入变量重要性是（　　）。
A. 凯恩斯学派　　　　　　　　　　B. 理性预期学派
C. 供给学派　　　　　　　　　　　D. 现代货币学派

14. 愿意接受现行的的工资水平和工作条件，但仍然找不到工作的是（　　）。
A. 充分就业　　　　　　　　　　　B. 非自愿失业
C. 自愿失业　　　　　　　　　　　D. 摩擦性失业

15. 下列（　　）不是货币政策的最终目标。
A. 充分就业　　　　　　　　　　　B. 经济增长
C. 物价稳定　　　　　　　　　　　D. 国际收支顺差

16. 目前，我国货币政策的中介目标是（　　）。
A. 利率　　　　　　　　　　　　　B. 货币供应量
C. 基础货币　　　　　　　　　　　D. 贷款限额

17. 中央银行降低法定存款准备金率时，则商业银行（　　）。
A. 可贷资金量减少　　　　　　　　B. 可贷资金量增加
C. 可贷资金量不受影响　　　　　　D. 可贷资金量不确定

18. 不是通过影响基础货币变动实现调控的货币政策工具是（　　）。
A. 法定存款准备金政策　　　　　　B. 公开市场业务
C. 再贴现政策　　　　　　　　　　D. 都不是

19. 中央银行进行公开市场操作的对象主要是（　　）。
A. 大额可转让存款单　　　　　　　B. 银行承兑汇票
C. 金融债券　　　　　　　　　　　D. 国库券

20. 从中央银行采取行动到政策对经济过程发生作用所耗费的时间被称为（　　）。
A. 内部时滞　　　　　　　　　　　B. 外部时滞
C. 认识时滞　　　　　　　　　　　D. 决策时滞

21. 下列不属于法定准备金制度缺陷的是（　　）。
A. 效果强烈，对经济波动影响过大，不适宜作为日常调控工具
B. 显著影响社会公众的心理预期，有固定化倾向
C. 由于缺乏主动性而使政策的效果大打折扣
D. 实现效果可能会因为对各类银行的影响不同而难以把握

三、多项选择题

1. 货币政策目标之间相互矛盾的有（   ）。
   A. 稳定物价与充分就业
   B. 经济增长与充分就业
   C. 稳定物价与经济增长
   D. 稳定物价与国际收支平衡
   E. 经济增长与国际收支平衡

2. 下列不属于凯恩斯主义货币政策传导机制特点的有（   ）
   A. 强调利率的货币传导机制作用
   B. 强调货币供应量的货币传导机制作用
   C. 货币政策遇到"流动性陷阱"将会失效
   D. 货币政策遇到"流动性陷阱"仍有效
   E. 强调再贴现率货币传导机制作用

3. 我国的货币政策工具与西方国家货币政策工具不同的有（   ）。
   A. 法定存款准备率
   B. 再贷款政策
   C. 再贴现率
   D. 公开市场业务
   E. 利率政策

4. 提高法定存款准备率的政策效果有（   ）。
   A. 增加了商业银行的超额准备金
   B. 加大了货币乘数
   C. 减少了商业银行的超额准备金
   D. 减小了货币乘数
   E. 增加了基础货币

5. 选取货币政策中介指标的最基本要求有（   ）。
   A. 抗干扰性
   B. 可测性
   C. 相关性
   D. 可控性
   E. 适应性

6. 中央银行创立存款准备金制度的目的在于（   ）。
   A. 保证商业银行的清偿能力
   B. 控制商业银行的信用创造
   C. 影响商业银行的资金成本
   D. 影响利率
   E. 增加中央银行负债

7. 要增加流通中的货币量，中央银行可以（   ）。
   A. 向商业银行提供贷款
   B. 减少向商业银行的贷款
   C. 调低法定存款准备率
   D. 调高法定存款准备率
   E. 调高再贴现率

8. 下列货币政策工具中，属于选择性货币政策工具的有（   ）。
   A. 证券市场信用控制
   B. 消费者信用控制
   C. 不动产信用控制
   D. 优惠利率
   E. 窗口指导

9. 降低再贴现率的政策效果有（   ）。
   A. 增加了商业银行的超额准备金
   B. 减少了商业银行的超额准备金
   C. 提高了商业银行的资金成本
   D. 降低了商业银行的资金成本

E. 减小了货币乘数

10. 下列各项中，属于货币政策操作指标的有（　　）。
    A. 货币供应量　　　　　　　　　　B. 基础货币
    C. 利率　　　　　　　　　　　　　D. 超额准备金
    E. 税率

11. 公开市场业务的优点有（　　）。
    A. 调控效果猛烈　　　　　　　　　B. 主动性强
    C. 灵活性高　　　　　　　　　　　D. 影响范围广
    E. 容易对经济产生副作用

12. 对货币供应量和贷款起作用的货币政策工具有（　　）。
    A. 法定存款准备率　　　　　　　　B. 再贴现率
    C. 公开市场业务　　　　　　　　　D. 消费者信用控制
    E. 道义劝告

13. 影响货币政策效应的主要因素有（　　）。
    A. 货币政策时滞　　　　　　　　　B. 货币流通速度
    C. 政治经济体制　　　　　　　　　D. 微观主体预期
    E. 信贷管理模式

14. 紧缩的货币政策实施的手段主要包括（　　）。
    A. 提高法定存款准备金率　　　　　B. 提高存贷款利率
    C. 提高再贴现率　　　　　　　　　D. 央行出售政府债券
    E. 增加公开市场的货币投放

15. 宽松的货币政策主要包括（　　）。
    A. 提高存款准备金率　　　　　　　B. 降低存款准备金率
    C. 降低贴现率　　　　　　　　　　D. 中央银行在公开市场上卖出证券
    E. 中央银行在公开市场上买入证券

四、重要概念

1. 货币政策　2. 货币政策目标　3. 货币政策工具　4. 公开市场业务　5. 再贴现率政策　6. 法定存款准备金政策　7. 货币政策传导机制　8. 货币政策中介指标　9. 货币政策时滞　10. 托宾的q理论　11. 货币政策效果　12. 相机抉择　13. 单一规则

五、简答题

1. 怎样理解货币政策各项目标的内涵？
2. 如何认识货币政策各项目标间的关系？
3. 中央银行货币政策工具有那些？
4. 我国的货币政策工具有那些？
5. 货币政策中介指标的选择标准是什么？通常有那些变量作为中介指标？
6. 简述基础货币作为货币政策操作指标的理由。
7. 货币政策与财政政策有何特点，如何配合使用？

六、论述题

1. 试述一般性货币政策工具极其作用机制。
2. 什么是货币政策传导机制？试概述凯恩斯学派和货币学派关于货币政策传导机制的理论。
3. 试述影响货币政策效果的因素。
4. 简述货币政策的资产价格传导渠道的主要内容。

七、深度思考题

1. 要使我国货币政策传导机制通畅，你认为需要进行哪些改革？
2. 你认为当前我国有哪些货币政策工具？怎样看待各项货币政策工具的使用效果？

☞参考答案

一、填空题

1. 货币政策目标　货币政策工具　货币政策传导机制　货币政策中介指标　货币政策效果
2. 稳定物价　充分就业　经济增长　国际收支平衡
3. 一般性货币政策工具　选择性货币政策工具　直接信用控制　间接信用指导
4. 货币政策最终目标　货币政策中介目标　货币政策操作目标
5. 法定存款准备金政策　再贴现政策　公开市场业务
6. 存款准备金制度　利率政策　再贷款和再贴现　公开市场业务
7. 公开市场业务
8. 超额准备金　基础货币
9. 物价上涨率　失业率
10. 利率　货币供应量
11. 内部时滞　外部时滞
12. 滞涨
13. 稳定币值
14. 道义劝告　窗口指导
15. 凯恩斯学派
16. 中央银行缺乏主动性　政策缺乏弹性
17. 流动性陷阱

二、单项选择题

1. A　2. D　3. A　4. A　5. B　6. C　7. C　8. C　9. A　10. A
11. A　12. D　13. D　14. B　15. D　16. B　17. B　18. A　19. D
20. B　21. C

三、多项选择题

1. ACDE 2. BD 3. BE 4. CD 5. ABCD 6. AB 7. AC 8. ABCD
9. AD 10. BD 11. BCD 12. ABCDE 13. ABCD 14. ABCD 15. BCE

四、重要概念

1. 货币政策：是指中央银行为实现一定的经济目标，运用各种工具调节和控制货币供应量、利率，进而影响宏观经济的方针和措施的总和。

2. 货币政策目标：是指中央银行调节货币供应量所要达到的目的。

3. 货币政策工具：是指中央银行为实现货币政策目标所运用的各种手段。

4. 公开市场业务：是指中央银行在金融市场上公开买进或卖出有价证券以调节货币供应量和利率的活动。

5. 再贴现政策：是指中央银行通过调整再贴现利率，来影响商业银行从中央银行获得再贴现贷款的数量，从而调节市场货币供应量和利率水平的一种货币政策工具。

6. 法定存款准备金政策：是指中央银行对商业银行等存款金融机构的存款规定存款准备率，强制性地要求其按照规定的比率上缴存款准备金，控制商业银行的信用创造能力，间接地影响货币供应量。

7. 货币政策的传导机制：是指中央银行通过各种货币政策工具的运用，到最终实现货币政策目标，所经过的各种中间环节间的有机联系及其因果关系。

8. 货币政策中介指标：是指能为中央银行的货币政策工具所左右，又与货币政策最终目标紧密相关，能够有效地传导货币政策的金融变量。

9. 货币政策时滞：是指根据现实经济情况，客观上需要制定某项货币政策，到这项政策对经济活动的影响充分显示出来所需要的时间。

10. 托宾的 q 理论：是用来解释货币政策变化通过影响股票价格进而影响投资支出，从而影响国民收入过程的理论。q 等于企业市场价值（股票总市值）除以企业的资本重置成本。q 值的变化即资产价格的上升（下降）降低（提高）了企业的融资成本，使企业增加（减少）投资，最终增加（降低）总产出水平。

11. 货币政策效果：是指中央银行推行一定的货币政策之后，社会经济运行所作出的现实反映。

12. 相机抉择：凯恩斯学派主张，货币政策应当"相机抉择"，逆经济风向行事。在经济过热时，相机采取紧缩性政策；在经济萧条时，相机采取扩张性政策。即通过反周期货币政策去稳定经济。

13. 单一规则：以弗里德曼为代表的现代货币学派认为，因为时滞的存在及其他因素，相机抉择的货币政策并不能稳定经济，反而会使经济波动更大，因而他们主张应当实行"单一规则"的货币政策，即中央银行应使货币供给增长率保持稳定。

五、简答题

1. 怎样理解货币政策各项目标的内涵？

货币政策目标又称最终目标，是指货币政策制定者所期望达到的最终目的。货币政策目标一般有四个，即稳定物价、充分就业、经济增长、国际收支平衡。

（1）稳定物价，就是使一般物价水平在短期内没有显著的波动，即物价总水平相对稳定。

（2）充分就业，是指有能力并且愿意工作者都能在合理的条件下找到适当的工作。一般以劳动力的就业指标做为替代指标，即失业率。

（3）经济增长，是指国民生产总值的增长必须保持合理的、较高的速度。

（4）国际收支平衡，是指一国对其他国家的全部货币收入和货币支出持平或略有差额（顺差或逆差）。

2. 如何认识货币政策各项目标间的关系？

它们之间的关系是，充分就业与经济增长是一致的，稳定物价与充分就业是矛盾的，稳定物价与经济增长是矛盾的，经济增长与国际收支平衡是矛盾的，稳定物价与国际收支平衡也是矛盾关系。

3. 中央银行货币政策工具有那些？

（1）一般性货币政策工具，也即传统的政策工具，是对货币信用总量进行调节和控制。包括法定存款准备金政策、再贴现政策、公开市场业务，俗称"三大法宝"。

（2）选择性货币政策工具，是中央银行对信用进行结构性调节和控制的措施。主要有证券市场信用控制、消费者信用控制、不动信用控制、优惠利率等。

（3）直接信用控制，是中央银行以行政命令等方式，直接对商业银行及其他金融机构的信用活动所进行的控制。这些手段包括信用配额管理、规定利率最高限、规定流动性比率、直接干预等。

（4）间接信用指导，是指中央银行利用各种间接的措施对商业银行的信用活动施加影响。主要措施有道义劝告、窗口指导。

4. 我国的货币政策工具有那些？

法定存款准备率，再贷款政策，再贴现率，公开市场业务，利率政策。

5. 货币政策中介指标的选择标准是什么？通常有那些变量作为中介指标？

货币政策中介指标选择的标准是：

（1）相关性，即中央银行选择的中介指标必须与货币政策最终目标密切相关。

（2）可控性，是指中央银行能够运用货币政策工具对该指标进行有效的控制和调节。

（3）可测性，中央银行选择的中介指标必须能够数量化，且数字资料容易获得，便于中央银行进行定量分析。

（4）抗干扰性，是指中央银行选择的中介指标，应当尽量不受或少受非货币政策性因素的干扰。

货币政策中介指标体系包括：（近期指标）超额准备金和基础货币；（远期指标）货币供应量和利率。

6. 简述基础货币作为货币政策操作指标的理由。

将基础货币作为操作指标，有以下理由：

（1）可测性强。基础货币直接表现为中央银行的负债，其数额随时反映在中央银行的资产负债表上，很容易为中央银行所掌握。

（2）可控性强。通货可以由中央银行直接控制。中央银行可以通过公开市场操作，随意控制银行准备金中的非借入准备金。借入准备金虽不能完全控制，但可以通过贴现窗口进行目标设定并进行检测，也有很强的可控性。

（3）相关性强。货币供应量等于基础货币与货币乘数之积。只要中央银行能够控制基础货币的投放，也就等于间接地控制了货币供应量，从而能进一步影响利率、价格及国民收入，实现其最终目标。

7. 货币政策与财政政策有何特点，如何配合使用？

财政政策与货币政策有各自不同的特点，财政是无偿性收支，对经济的影响是直接的，政策实施以后见效快、时滞短，扩张性政策效果好，紧缩性政策有副作用，可能会引起经济的衰退。货币政策对经济的影响是间接的，政策实施以后见效慢、时滞长，扩张性政策效果较差，紧缩性政策效果较好，因此两者要配合使用。财政政策与货币政策如何配合使用，要视经济情况而定，在严重的通货膨胀时，要采取双紧的政策，但有可能导致经济衰退；在通货紧缩时，要采取双松的政策，但有可能导致通货膨胀；通常较好的搭配是财政较宽松，货币稳健。

六、论述题（要点）

1. 试述一般性货币政策工具极其作用机制。

（1）法定存款准备率，中央银行通过调整法定存款准备率，来调节货币供应量。如果中央银行提高法定存款准备率，一方面商业银行的超额准备金减少；另一方面货币乘数缩小，这样减少了信贷规模和信用扩张能力从而减少了货币供应量。反之，降低法定存款准备率，则增加了货币供应量。同时，法定存款准备率的变动还具有告示效应，告诉人们今后货币供应量的变化，使人们调节自己的行为，以符合货币政策的要求。

（2）再贴现率，就是中央银行通过调整再贴现率，来调节货币供应量。如果中央银行提高再贴现率，一方面减少了商业银行获得的再贴现资金；另一方面加大了商业银行再贴现的成本，抑制了再贴现的规模，从而抑制了信贷规模，减少了货币供应量。反之，如果中央银行降低再贴现率，则增加了货币供应量。同样再贴现率也有告示效应。

（3）公开市场业务，即中央银行通过在金融市上买卖有价证券来调节货币供应量。如果中央银行买进有价证券，则市场的货币供应量增加，反之卖出有价证券，则市场货币供应量减少。在市场经济的条件下，公开市场业务是中央银行运用得比较多的工具。

2. 什么是货币政策传导机制？试概述凯恩斯学派和货币学派关于货币政策传导机制的理论。

货币政策的传导机制，是指中央银行通过各种货币政策工具的运用，到最终实现货币政策目标，所经过的各种中间环节间的有机联系及其因果关系。关于传导机制的观点，往往构成货币政策中介指标选择的理论基础。

关于货币政策传导机制的分析，在西方，早期主要有凯恩斯学派的传导机制理论和货币学派的传导机制理论。

凯恩斯学派的货币政策传导机制理论，思路可以简单归结为：通过货币供给 M 的增减影响利率 r，利率的变化通过资本边际效率的影响使投资 I 以乘数方式增减，而投资的增减会影响总支出 E 和总收入 Y。用符号可表示为：

$$M \longrightarrow r \longrightarrow I \longrightarrow E \longrightarrow Y$$

在这个传导机制发挥作用的过程中,主要环节是利率。根据这个传导机制,货币政策对收入影响的大小,取决货币供给量的变化对利率的影响、利率变化对投资的影响和投资对收入的影响。只要有一个环节存在着阻塞或障碍,都会导致货币政策效果减弱或无效。

货币学派认为利率在货币政策传导机制中不起主要作用,而更强调货币供应量在整个传导机制上的直接效果。这种主张认为货币政策的传导机制主要不是通过利率间接地影响投资和收入,而是通过货币实际余额的变动直接影响支出和收入。用符号可表示为:

M ──→ E ──→ Y

在这个传导机制中,主要环节是货币供应量,货币供应量变动直接影响支出,进而影响名义收入。

3. 试述影响货币政策效果的因素。

(1) 货币政策时滞的影响。货币政策时滞,是指根据现实经济情况,客观上需要制定某项货币政策,到这项政策对经济活动的影响充分显示出来所需要的时间。时滞是影响货币政策效果的重要因素。时滞由内部时滞和外部时滞两部分构成。

内部时滞,是指从经济和金融形势发生变化需要中央银行采取政策行动,到中央银行实际采取行动的这段过程。它又可分为两部分:①认识时滞;②行动时滞。

外部时滞,是指从中央银行采取货币政策行动之日起,到对经济活动发生充分影响时止的这段过程。它也可分两部分:①转向时滞;②生产时滞。

一般认为,货币政策生效少则需要六个月,长则需要两年。

(2) 微观主体预期的影响。当一项货币政策推出后,各经济主体会根据所获得的各种信息来预测政策的后果,并很快作出对策。货币政策的作用可能被这种对策所抵消。

(3) 经济环境的影响。不同的经济环境中,货币政策的效果也有差别。在经济衰退的环境中,一般应实行扩张的货币政策。但扩张性货币政策效果的大小要取决于两个因素:①货币需求的利率弹性;②投资需求的利率弹性。

(4) 其他因素的影响。货币政策的效果还受到其他因素的影响。如客观经济条件的变化,政治因素,货币流通速度的变化也会影响货币政策的效果。

4. 试述货币政策的资产价格传导渠道的主要内容。

资产价格主要指股票价格和外汇资产价格(汇率)。其中,股票市场对货币政策的传导主要通过资产结构调整效应和财富变动效应起作用,最具影响力的两种传导渠道分别由托宾投资 q 理论和莫迪利安尼的生命周期理论引申而来。

(1) 托宾投资 q 理论:托宾认为,货币政策通过对股票价格产生影响进而影响投资支出。他把 q 定义为企业的市场价值(股票总市值)与其资本的重置成本的比率。q 值的高低决定了企业的投资愿望。如果 q 值大于 1,则企业的市值高于其资本的重置成本,相对于企业的市值而言,新的厂房和设备的投资比较便宜,因而企业可通过发行股票获得价格相对低廉的投资品,从而增加投资,经济显现出景气态势。反之,如果 q 小于 1,企业的市值低于其资本的重置成本,则投资萎缩,经济不景气。这一过程用符号描述为:$M\uparrow \to r\downarrow \to P_e\uparrow \to q\uparrow \to I\uparrow \to Y\uparrow$。

因此,一个扩张性的货币政策会使股票价格上升,降低资本成本,从而增加投资和产出。

（2）财富效应渠道：由莫迪利安尼的生命周期理论可知，居民消费行为受其一生全部可支配资源制约，这些资源由人力资本、真实资本与金融财富构成。股票是金融财富的一个主要组成部分，因而一旦股价上升，居民财富（W）随着增加，其消费需求乃至产出均将上升。货币政策的这一传导渠道为：$M\uparrow \to i\downarrow \to P_e\uparrow \to W\uparrow \to C\uparrow \to Y\uparrow$。

（3）汇率渠道：随着经济全球化和浮动汇率制的出现，人们越来越关注货币政策通过汇率对进出口的影响的传递。这一渠道是指当国内实际利率上升时，国内本币存款相对于外币存款变得更加有吸引力，即本币币值升值。国内较高的币值使得国内商品比外国商品更贵，这导致净出口乃至总产出的下降。用公式表示为：$M\downarrow \to r\downarrow \to E\uparrow \to NX\downarrow \to Y\downarrow$。

第十五章 金融风险

☞ **学习目的和要求**

通过本章的学习,要求掌握金融风险的含义和分类,金融风险的效应和金融风险管理的策略;了解金融分险的产生背景和原因。

☞ **要点提示**

第一节 金融风险的含义与种类

一、金融风险的含义与特点

1. 含义

金融风险是在金融活动中,由于多种因素发生不确定的变化,从而导致行为人蒙受损失的可能性。对金融风险可以从以下几方面加以理解:①金融风险是金融活动的内在属性;②金融风险的承受者不仅是金融机构,还包括参与金融活动的个人、企业、政府及其他主体;③金融风险可能导致的损失不仅指本金的损失,还要考虑资本收益的损失;④金融风险的暴露是指金融活动中存在金融风险的部位以及受金融风险影响的程度。

2. 特点

金融风险有以下几个特点:

(1) 客观性。由于金融交易是跨期的,金融风险是金融交易的内在属性,是不以人的意志为转移的客观存在。

(2) 普遍性。金融风险的普遍性是指金融风险在金融交易到期前,金融风险"无时不在""无处不在"。

(3) 传导性。金融风险的传导性是指某个局部金融风险显现后,具有跨交易、跨市场、跨区域,甚至跨国家传导的可能性。

（4）可变性。金融风险的可变性是指原有的金融风险状况，包括风险损失的大小、概率分布、点爆风险的"导火索"、影响范围等都可能发生变化。

（5）可管理性。金融风险的可管理性是指金融风险可以通过内部控制、外部监管等措施对其进行管控，使金融风险状况保持在金融交易当事人能接受或能承受其损失的状况下。

在当下互联网金融成为金融业普遍业态，数字技术与金融交易深入融合，金融交易变得效率更高，但金融风险的传导性也同时呈现出："零距离"、加速度和强破坏的样态。

二、金融风险种类

金融风险的分类有多种方法，不同的分类法之间虽然有交集，但不同的分类法可以较好地揭示风险的不同特性。主要的分类方法有：第一，根据金融风险的形态划分，金融风险可以分为：信用风险、流动性风险、利率风险、汇率风险、操作风险、法律风险、通货膨胀风险、环境风险、政策风险和国家风险；第二，根据金融风险的主体划分，金融风险可分为：个人金融风险、企业金融风险和国家金融风险；第三，根据金融风险产生的根源划分，金融风险可分为：客观风险和主观风险；第四，根据金融风险的性质划分，金融风险可分为：系统性金融风险和非系统性金融风险。本节重点分析第一种和第四种分类方法划分的金融风险的。

1. 按金融风险的形态划分

（1）信用风险，指债务人不能或不愿履行债务而给债权人造成损失的可能性，或是交易一方不履行义务而给对方带来损失的可能性。

（2）流动性风险，指由于流动性不足给经济主体造成损失的可能性。

（3）利率风险，指利率变动给经济主体造成损失的可能性。

（4）汇率风险，指汇率的变化可能给当事人带来的不利影响。

（5）操作风险，指由于企业或金融机构内部控制不健全或失效、操作失误等原因导致的风险。

（6）法律风险，指金融机构或其他经济主体在金融活动中因法律方面的问题而引致的风险。

（7）通货膨胀风险，指通货膨胀可能使经济主体的实际收益率下降，或使其筹资成本提高。

（8）环境风险，指金融活动的参与者面临的自然的、政治的和社会的环境的变化而带来的风险。

（9）政策风险，指因国家政策变化而给金融活动参与者带来的风险。

（10）国家风险，指由于国家政治、经济、社会等方面的重大变化而给经济主体造成损失的可能性。

2. 根据金融风险的性质划分

（1）系统性金融风险，指由那些能够影响整个金融市场的风险因素引起的，这些系统性因素包括包括国家政策变动、经济周期性波动、利率波动、货币购买力和汇率波动等。系统性风险可以用贝塔系数来衡量，这种风险不能通过分散投资相互抵消或者消弱，因此又称为不可分散风险。

（2）非系统性金融风险，指一种与特定公司或者行业相关的风险。例如，财务风险、经营风险、信用风险等。它与经济、政治和其他影响所有行为人金融系统性变量因素无关。非系统性风险可以通过分散投资被降低，而且如果分散是充分有效的，这种风险还可以被消除，因此又被称为可分散风险。

第二节　金融风险的产生与效应

一、金融风险的产生

1. 经济体制与金融风险

市场经济是一种风险经济。在市场经济体制下，金融风险无处不在，无时不有。市场经济越发达，金融的地位越重要，金融风险也就越突出。

2. 金融监管与金融风险

金融监管与金融风险是此消彼长的关系。一方面，放松监管或监管不当或过度，必然产生或加大金融风险；另一方面，金融风险的大量出现又加大了金融监管的难度，使金融监管当局难于应付。

3. 金融内控与金融风险

从微观经济主体角度来看，内部控制不严是导致金融风险产生的重要原因。反之，健全的内部控制机制和良好的公司治理结构有利于防范金融风险。

4. 金融创新与金融风险

许多金融创新工具具有风险管理的功能。管理风险可使金融风险在时间和空间范围内分散、转移，但并不意味着金融风险消失。金融风险的分散、转移往往遮蔽了风险，导致风险累积。同时，每一种金融创新本身都可能存在新的不为人知的风险样态。因此，金融创新在一定程度上加剧了金融风险，增大了金融体系的不稳定性。

5. 金融投机与金融风险

金融投机可以引发、加剧金融风险，严重时可以引致金融危机。金融创新工具的日益丰富和创新投资技巧的日渐熟练，通常使投机者拥有更高的杠杆率，进而产生风险变异、传导、隐匿效应加大。

6. 金融环境与金融风险

金融风险与金融环境密切相关，不完全是金融系统内生的。金融环境的改变可能加大金融风险甚至引发金融危机，也可能降低金融风险，提高金融体系的稳定性。

二、金融风险的效应

1. 金融风险的经济效应

金融风险的经济效应又分为金融风险的微观经济效应和宏观经济效应：

（1）金融风险的微观经济效应主要表现在以下几点：

①给经济主体造成经济损失，甚至威胁其生存与发展；②影响投资者或存款人的信心和预期；③增大金融交易成本；④降低资金利用率。

（2）金融风险的宏观经济效应主要表现在以下几点：

①导致社会投资水平下降，致使经济增长速度放慢甚至出现负增长；②不利于动员国内外储蓄，容易造成财政政策和货币政策的扭曲；③破坏经济运行基础，造成产业结构畸形发展；④影响一国的国际收支，危及国家经济安全。

2. 金融风险的政治效应

严重金融风险直接威胁到一国的政治安全和政局稳定。

3. 金融风险的社会效应

金融风险会造成整个社会经济秩序的混乱。

第三节 金融风险管理

一、金融风险管理含义

金融风险管理，是指企业或者组织对其面临的金融风险进行衡量和控制，以使企业或组织获得最大收益避免损失。金融风险管理包括宏观角度和微观角度两个方面。

二、金融风险管理原则

1. 宏观金融风险管理基本原则

由于宏观角度的金融风险管理主要以系统性金融风险管控为对象，风险管理目的是保证整个金融系统的稳定、有序、有效运行。

2. 微观金融风险管理基本原则①

微观角度的金融风险管理目的是在企业经济资源一定，风险损失可承受、可控条件下的实现收益最大化。为此，金融企业在金融风险管理中应遵循以下基本原则：

（1）全面风险管理原则。金融企业的全面风险管理体系应当包括可操作的管理制度、健全的组织架构、可靠的信息技术系统、量化的风险指标体系、专业的人才队伍、有效的风险应对机制。金融企业全面风险管理要覆盖"全部活动""全部环节""全部人员"。

（2）集中管理原则。集中管理原则要求金融企业应当同时设立风险管理委员会和具体的业务风险管理部门。风险管理委员会负责制定风险管理政策，进行总体风险的汇总、监控与报告，并且负责风险管理办法与架构的决策；具体业务风险管理部门则进行具体的风险管理，执行风险管理委员会制定的风险政策与管理程序，应用风险模型测量与监控风险等。

（3）垂直管理原则。垂直管理原则是指董事会和高级管理层应当充分认识到自身对风险管理所承担的责任，并确保风险管理政策措施能够在整个金融企业得到贯彻和落实。

（4）独立性原则。独立性原则是金融企业应当建立独立的、全面风险管理组织架构，赋予风险管理条线足够的授权、人力资源及其他资源配置，建立科学合理的报告渠道，与业务条线之间形成相互制衡的运行机制。

---

① 这里以金融企业为例展开内容陈述。

三、微观金融风险管理过程与方法

1. 微观金融风险管理过程

金融风险管理过程一般分为确立管理目标、进行风险评价、实施风险控制及处置。

确立金融风险管理目标是风险管理过程的起点。

金融风险评价包括金融风险的识别、衡量,从而为选择金融风险处置工具和风险管理对策提供依据。

金融风险的控制和处置是金融风险管理中解决金融风险的途径和方法。具体方法见下文。

2. 微观金融风险管理方法

微观金融风险管理方法主要有以下五种:

(1) 风险分散法。主要是通过多元化的投资或资金运用来分散和降低风险的方法。对于相互独立的多种资产,只要组合中资产个数足够多,非系统性风险就可以通过这种分散化完全消除。因此,分散法适用于对非系统性金融风险的管理。

(2) 风险对冲法。通过购买或投资与标的资产收益波动负相关的某种资产或衍生产品,来冲抵标的资产潜在的风险损失的一种风险管理方法。一般是同时进行两笔行情相关、方向相反、数量相当、盈亏相抵的交易。

(3) 风险转移法。一般是在权衡了效益和成本后而采取的措施,其关键在于把自己不愿接受的风险暴露转移给他人。

(4) 风险规避法。风险规避法是指通过变更风险发生的条件,使某一事件或标的免受风险的影响,或降低或消除相关风险。规避风险并不是指完全除去风险,只是降低风险发生的概率或减少风险带来的损失,一般可以用事前控制、事件进行中更正和事后补救等措施来对风险进行规避。

(5) 风险补偿法。风险补偿法是指当事人因承担风险而要求获得部分额外报酬。例如,在交易价格上附加更高的风险溢价,或通过加价索取风险补贴。换言之,在交易中对风险合理定价。

☞ **知识拓展**

通过相关资料的阅读,你对我国目前金融风险的状况有何认识?

☞ **练习题**

一、填空题

1. 因_____的波动而造成的风险叫汇率风险。
2. 由于操作失误或雇员行为不轨而造成的风险叫_____风险。
3. 流动性风险是指由于_____给经济主体造成损失的可能性。
4. 金融风险具有以下五大特点:_____、_____、_____、_____、_____。

5. 金融风险的传导性是指某个局部（包括个别交易、单一市场、局部区域、主权国家）金融风险显现后，金融风险具有跨交易、跨市场、跨区域，甚至具有跨_____可能性。

6. 根据金融风险的性质划分，金融风险可分为：系统性金融风险和_____。

7. _____指金融机构或其他经济主体在金融交易中因法律方面的问题而引致的风险。

8. _____指由于企业或金融机构内部控制不健全或失效、操作失误等原因导致的风险。

二、单项选择题

1. 金融机构的财务状况在利率出现不利的波动时面对的风险是（　　）。
   A. 利率风险　　　　　　　　　　B. 汇率风险
   C. 政策风险　　　　　　　　　　D. 信用风险

2. 由于金融产品的市场价格（如证券价格、金融衍生产品价格）的变动，而使金融机构面临损失的风险是（　　）。
   A. 利率风险　　　　　　　　　　B. 汇率风险
   C. 市场风险　　　　　　　　　　D. 价格风险

3. 世界上正式建立存款保险制度最早的国家是（　　）。
   A. 英国　　　　　　　　　　　　B. 德国
   C. 美国　　　　　　　　　　　　D. 法国

4. 根据"高风险，高收益"原则，在金融交易中若愿意承受高风险，（　　）高收益的结果。
   A. 一定是　　　　　　　　　　　B. 不一定是
   C. 一定不是　　　　　　　　　　D. 视概率而定

5. 不确定的损失和收益是一个事后事实，而风险是一个（　　）概念。
   A. 过程中的　　　　　　　　　　B. 事前的
   C. 事前、事中的　　　　　　　　D. 事中的

6. 所谓不确定性是指事物的未来发展或变化有多种可能状态，下列说法正确的是（　　）。
   A. 事先无法准确预知　　　　　　B. 不可明确概率分布
   C. 可明确概率分布　　　　　　　D. 事先可准确预知

7. 交易系统或清算系统发生故障对金融企业可能造成的损失是（　　）。
   A. 无关紧要的　　　　　　　　　B. 非常严重的
   C. 致命的　　　　　　　　　　　D. 需要视具体情况而定的

8. 如果金融机构经营不善甚至倒闭，就会损害存款人、投资者、被保险人的利益，引起社会动荡，这一金融风险效应被称为（　　）。
   A. 微观效应　　　　　　　　　　B. 宏观效应
   C. 社会效应　　　　　　　　　　D. 经济效应

9. 金融企业在金融风险管理中应遵循的第一基本原则是（　　）。
   A. 实事求是原则　　　　　　　　B. 针对性原则
   C. 精准控制原则　　　　　　　　D. 全面风险管理原则

三、多项选择题

1. 国家政策风险是指由于（   ）变化而给金融交易参与者带来的风险。
   A. 货币政策   B. 产业政策
   C. 汇率政策   D. 财税政策
   E. 价格政策

2. 在同一个国家范围内的经济金融交易不存在（   ）。
   A. 国家风险   B. 汇率风险
   C. 市场风险   D. 违约风险
   E. 交易风险

3. 系统性风险是指由那些能够影响整个金融市场的风险因素引起的，这些系统性因素包括（   ）。
   A. 国家政策变动   B. 经济周期性波动
   C. 利率波动   D. 货币购买力
   E. 汇率波动

4. 系统性风险可以用贝塔系数来衡量，关于这种风险，以下说法不准确的有（   ）。
   A. 不能通过分散投资相互抵消   B. 可以分散投资
   C. 不确定   D. 视概率而定
   E. 可以通过资产组合管理风险

5. 内部控制不严是导致金融风险产生的重要原因。对金融机构的内部控制来说，（   ）是极其重要的两个方面。
   A. 健全的内部控制机制   B. 健全的规章制度
   C. 权力制衡机制   D. 良好的公司治理结构
   E. 良好的技术风控系统

6. 金融创新与金融风险之间关系比较密切，许多风险管理型金融创新工具具有（   ）金融风险的功能。
   A. 分散   B. 转移
   C. 消除   D. 降低
   E. 平衡

7. 创新金融工具虽然用来管理风险，但它本身也存在各类风险。下列属于创新金融工具风险的有（   ）。
   A. 市场风险   B. 信用风险
   C. 流动性风险   D. 法律风险
   E. 交易风险

四、重要概念

1. 金融风险 2. 信用风险 3. 流动性风险 4. 操作风险 5. 利率风险 6. 汇率风险 7. 通货膨胀风险 8. 系统性风险 9. 金融风险管理

五、简答题

1. 如何理解金融风险的含义。
2. 经济体制与金融风险的关系如何?
3. 金融监管与金融风险有何关系?

六、论述题

1. 试述金融风险的微观经济效应。
2. 试述金融风险的宏观经济效应。
3. 微观金融风险管理基本原则有哪些?

七、深度思考题

金融风险的发生在现实中有哪些具体表现?如何应对?

参考答案

一、填空题

1. 汇率
2. 操作
3. 流动性不足
4. 客观性、普遍性、传导性、可变性、可管理性
5. 国家
6. 非系统性金融风险
7. 法律风险
8. 操作风险

二、单项选择题

1. A   2. C   3. C   4. B   5. B   6. A   7. D   8. C   9. D

三、多项选择题

1. ABD   2. AB   3. ABCDE   4. BCDE   5. AD   6. ABD   7. ABCD

四、重要概念

1. 金融风险:指在金融活动中,由于多种因素发生不确定的变化,从而导致行为人蒙受损失的可能性。
2. 信用风险:指交易对手不愿或者不能履行合同而造成的风险。信用风险是金融机构面临的一个主要风险,这种风险不仅存在于贷款业务中,也存在于其他业务中,如担保、承兑、证券投资等。

3. 流动性风险：指金融机构无力为负债的减少或资产的增加提供融资，即当流动性不足时，它无法以合理的成本迅速获得足够的现金，从而影响其支付能力。

4. 操作风险：指由于企业或金融机构内部控制不健全或失效、操作失误等原因导致的风险。

5. 利率风险：指利率变动给经济主体造成损失的可能性。

6. 汇率风险：指汇率的变化可能给当事人带来的不利影响。

7. 通货膨胀风险：指通货膨胀可能使经济主体的实际收益率下降，或使其筹资成本提高。

8. 系统性风险：指由那些能够影响整个金融市场的风险因素引起的风险。包括国家政策变动、经济周期性波动、利率波动、货币购买力和汇率波动等。系统性风险可以用贝塔系数来衡量。这种风险不能通过分散投资相互抵消或者消弱。

9. 金融风险管理：指企业或者组织对其面临的金融风险进行衡量和控制，以使企业或组织获得最大收益避免损失。金融风险管理包括宏观角度和微观角度两个方面。

五、简答题

1. 如何理解金融风险的含义。

金融风险是在金融活动中，由于多种因素发生不确定的变化，从而导致行为人蒙受损失的可能性。

对金融风险的含义可以从以下几方面加以理解：①金融风险是金融活动的内在属性；②金融风险的承受者不仅是金融机构，还包括参与金融活动的个人、企业、政府及其他主体；③金融风险可能导致的损失不仅指本金的损失，还要考虑资本收益的损失；④金融风险的暴露是指金融活动中存在金融风险的部位以及受金融风险影响的程度。

2. 经济体制与金融风险的关系如何？

金融风险的产生与经济体制密切相关。在高度集中的计划经济体制下，金融的地位不重要，金融活动也不频繁，虽然也存在着金融风险，但并不严重，因此也不被重视，或者说没有必要重视它。市场经济是一种风险经济，在市场经济体制下，金融风险无处不在，无时不有。市场经济越发达，金融的地位越重要，金融风险也就越突出。

改革开放以来，我国开始向市场经济转轨，目前仍在转轨过程当中。目前我国面临的金融风险是在经济体制转轨过程中长期积累起来的，既具有市场经济体制下金融风险的特点，也有不同于市场经济体制的地方。换句话说，经济体制转轨时期存在一些特定的金融风险，有些风险如道德风险在转轨时期表现得尤为突出，我国经济体制转轨的过程也就是我国金融风险不断积累并逐步显现的过程。

3. 金融监管与金融风险有何关系？

金融监管与金融风险是此消彼长的关系。一方面，放松监管或监管不力必然产生、加大金融风险；另一方面，金融风险的大量出现又加大了金融监管的难度，使金融监管当局难于应付。从国外来看，20世纪70年代开始，工业化国家放松金融管制，许多发展中国家则加快了金融自由化的步伐，放松管制和金融自由化鼓励了金融创新，促进了金融深化和金融发展，同时也催生了大量的金融风险，甚至成为引发金融危机的重要因素。

要防范和化解金融风险，必须加强金融监管，加大对金融风险的监管力度。我们认为，金融监管的最主要目的就是防范和化解金融风险，防范和化解金融风险应成为金融监管的最主要内容。为此，必须完善金融监管体制，强化金融监管职能，加强金融法制建设，构筑金融安全网，建立和完善金融风险的监测与预警体系。

六、论述题（要点）

1. 试述金融风险的微观经济效应。
（1）给经济主体造成经济损失，甚至威胁其生存与发展。
（2）影响投资者或存款人的信心和预期。
（3）增大金融交易成本。
（4）降低资金利用率。

2. 试述金融风险的宏观经济效应。
（1）导致社会投资水平下降，致使经济增长速度放慢甚至出现负增长。
（2）利于动员国内外储蓄，容易造成财政政策和货币政策的扭曲。
（3）破坏经济运行基础，造成产业结构畸形发展。
（4）影响一国的国际收支，危及国家经济安全。

3. 微观金融风险管理基本原则有哪些？
（1）全面风险管理原则。金融企业的全面风险管理体系应当包括可操作的管理制度、健全的组织架构、可靠的信息技术系统、量化的风险指标体系、专业的人才队伍、有效的风险应对机制。全面风险管理要覆盖"全部活动""全部环节""全部人员"。
（2）集中管理原则。集中管理原则要求金融企业应当同时设立风险管理委员会和具体的业务风险管理部门。
（3）垂直管理原则。垂直管理原则是指董事会和高级管理层应当充分认识到自身对风险管理所承担的责任，并确保风险管理政策措施能够在整个金融企业得到贯彻和落实。
（4）独立性原则。独立性原则是金融企业应当建立独立的、全面风险管理组织架构，赋予风险管理条线足够的授权、人力资源及其他资源配置，建立科学合理的报告渠道，与业务条线之间形成相互制衡的运行机制。

第十六章 金融监管

☞ **学习目的和要求**

通过本章的学习,要求掌握金融监管的原则、目标、内容、手段和方式;了解金融监管体制及类型、金融监管的国际协调。

☞ **要点提示**

第一节 金融监管概述

一、金融监管的含义与原则

1. 金融监管的含义

金融监管有狭义和广义之分。狭义的金融监管是指金融监管当局依据国家法律法规的授权对整个金融业(包括金融机构以及金融机构在金融市场上所有的业务活动)实施的监督管理。

广义的金融监管是在上述监管之外,还包括了金融机构内部控制与稽核的自律性监管、同业组织的互律性监管、社会中介组织和舆论的社会性监管等。各国的金融监管体系通常在广义的范畴下架构。

2. 金融监管的原则

(1) 依法管理原则。

(2) 合理与适度竞争原则。

(3) 自我约束和外部强制相结合的原则。

(4) 安全稳定与经济效率相结合的原则。

(5) 母国与东道国共同监管原则。

此外,金融监管还要注意顺应变化了的市场环境,对过时的监管内容、方式、手段等及时进行调整。监管力度的松紧搭配，管理需要审慎、强化等，已经上升为基本原则的一个重要延伸部分。

二、金融监管的必要性

1. 市场经济的内在要求

金融监管的理论依据源于一般管制理论。该理论认为，在现实经济运作中，由于存在垄断、价格粘性、市场信息不对称、外部负效应等情况，从而导致经常性的市场失效。因此，完全的自由放任并不能使市场运行实现规范合理和效率最优，需要借助政府的力量，通过法令、政策和各种措施对市场主体及其行为进行必要的管制，以弥补市场缺陷。由于金融业在市场经济中的特殊地位，更需要通过外部监管来克服市场缺陷。所以，为了控制金融机构的经营风险，避免发生"多米诺骨牌效应"，需要国家对金融业实施严格的金融监管，保持市场经济的稳健运行。

2. 金融业的特殊性

从金融业本身的特殊性看，金融监管的必要性主要体现在以下四点：

（1）金融业在国民经济中的特殊重要地位和作用。金融业的稳定与效率直接影响国民经济的运作与发展，甚或社会的安定，由此决定了必须对金融业严加监管，保证金融体系的安全和有效运行。

（2）金融业的内在风险。与其他行业相比，金融业是一个特殊的高风险行业。一方面，金融业特殊的高风险首先表现在所经营对象的特殊性上；另一方面，金融业具有很高的负债比率，自有资本少，营运主要依靠外部资金来源，银行的生存在很大程度上依赖于公众的信任。但由于在经营过程中金融机构的管理人员因涉及自身利益或能力所限，往往不能充分评估和处理经营中存在的问题和风险，因此需要金融当局从外部对其进行以风险管理为重点的监管，帮助管理者将风险控制在一定范围之内，保证金融体系的安全与稳健营运，从而保证国民经济的健康发展。

（3）金融业的公共性。保护投资者利益对整个金融体系的健康发展至关重要，这是显而易见的。但由于金融业具有相对垄断性，金融机构有可能做出不利于债权人或债务人的安排，或向客户提供不公平的歧视性服务，这就提出了这样的监管要求，即对信息优势方（主要是金融机构及其相关管理人员）的行为加以规范和约束，以为投资者创造公平、公正的投资环境；需要通过金融监管，维护金融业的公共秩序，提高金融效率。

三、金融监管与金融调控的关系

金融监管与货币政策之间的关系，在不同的经济制度条件下有不同的特点。在计划经济条件下，由于中央银行货币政策的实施以直接性货币政策工具操作为主（如利率管理、贷款规模控制、现金管理等），这些直接性货币政策工具的实施，依赖于对金融机构的严格监管，甚至把金融监管视为货币政策的工具。

在市场经济条件下，金融监管与货币政策的关系就有了很大变化：①监管是依靠法规来规范金融机构的行为，而货币政策是通过政策工具的操作来影响经济行为主体的经营活动，从而调控货币量，调节社会总供求；②监管具有行政性和法律性，其对金融机构的作用是直接的、强制的，而货币政策更多地具有间接性和选择性；③金融监管直接作用于微观金融主体，规定它们必须达到规定的标准，或按标准行事，而货币政策主要依靠市场传导来影响经济行为主体；④金融监管所依据的标准（法律、法规框架）是事先确定的，在一定时期是固定不变的，而货币政策操作的意图则随宏观经济形势的变化而经常调整；⑤金融监管的任务是为社会经济运行（包括货币政策操作）提供一个稳健的制度环境，而货币政策操作是为社会经济运行（包括金融监管）提供一个稳定的货币环境。

四、金融监管的演变历程

（1）19世纪中期至20世纪30年代前：相对宽松阶段。
（2）20世纪30年代至70年代：严格管制阶段。
（3）20世纪70年代初至今：放松管制与完善强化阶段。

第二节 金融监管体系的一般构成

一、金融监管的目标

金融监管目标是实现金融有效监管的前提和监管当局采取监管行动的依据。我国现阶段的金融监管的目标可分为一般目标和具体目标：

（1）一般目标：防范和化解金融风险，维护金融体系的稳定与安全，保护公平竞争和金融效率的提高，保证中国金融业的稳健运行和货币政策的有效实施。

（2）具体目标：经营的安全性、竞争的公平性和政策的一致性。经营的安全性包括两个方面：①保护存款人和其他债权人的合法权益；②规范金融机构的行为，提高信贷资产质量。竞争的公平性是指通过中央银行的监管，创造一个平等合作、有序竞争的金融环境，鼓励金融机构在公平竞争的基础上，增强经营活力，提高经营效率和生存发展能力。政策的一致性是指通过监管，使金融机构的经营行为与中央银行的货币政策目标保持一致。

二、金融监管的内容

1. 市场准入的监管
2. 日常业务运营监管

各国对金融机构市场运作过程监管的具体内容并不完全相同，但一般都将监管的重点放在以下几个方面：

（1）金融机构业务经营的合规性。
（2）资本充足性。
（3）资产质量。
（4）流动性。
（5）盈利能力。

（6）管理水平和内部控制能力。

3. 市场退出的监管

金融机构市场退出的方式可以分为两类：主动退出与被动退出。

各国对金融机构市场退出的监管都有很细致的技术性规定。一般有接管、解散、撤销、破产等形式。

三、金融监管的手段与方式

各国的金融监管主要依据法律、法规来进行，在具体监管过程中，主要运用金融稽核手段，采用"四结合"并用的全方位监管方法。

1. 依法实施金融监管

金融机构必须接受国家金融管理当局的监管，金融监管必须依法进行，这是金融监管的基本点。

2. 运用金融稽核手段实施金融监管

金融稽核，是中央银行或监管当局根据国家规定的稽核职责，对金融业务活动进行的监督和检查。金融稽核、检查监督的主要内容包括：业务经营的合法性、资本金的充足性、资产质量、负债的清偿能力、盈利情况、经营管理状况等。

3. "四结合"的监管方法

（1）现场稽核与非现场稽核相结合。
（2）定期检查与随机抽查相结合。
（3）全面监管与重点监管相结合。
（4）外部监管与内部自律相结合。

第三节　金融监管体制

一、金融监管体制及其类型

金融监管体制，指的是金融监管的制度安排，它包括金融监管当局对金融机构和金融市场施加影响的机制以及监管体系的组织结构。

按监管机构的设立划分，可区分为单一监管体制和多元监管体制。

1. 单一监管体制

单一监管体制是由一个金融监管部门对金融业实施高度集中监管的体制。

2. 多元监管体制

多元监管体制是由两个或两个以上的金融监管机构分别对从事银行、证券、保险等不同类型业务的金融机构实施监管的体制。

根据监管权限在中央和地方划分的不同，又可将其区分为单元多头金融监管体制和双元多头金融监管体制。

二、金融监管体制的相关制度安排

1. 金融业自律

金融业自律是指金融业的从业者组织，基于共同利益，制定规则，自我约束，实现金融业内部的自我监管，以保护自身利益并促进金融业的发展。一般来说，金融业自律的组织形式主要为金融行业公会。

金融业自律组织主要有如下四个方面的功能：①协调功能；②服务功能；③沟通职能；④监督功能。

随着金融自由化的向前推进和金融创新的发展，各国都越来越重视发挥金融业管理的自律作用。

2. 金融机构的内部控制

这是指金融业微观主体通过内部控制，主动防范和规避风险，实现审慎管理和稳健经营制度安排。金融机构的内部控制在整个监管体系的设计中具有基础性地位，它不仅可以让金融机构自身业务健康发展，而且对整个金融体系的稳定都有着重要的影响。

3. 投资者保护制度

投资者保护制度的主要内容之一是建立金融服务赔偿体系。较为完善的金融服务赔偿体系一般由存款保险制度、证券投资者保护制度和保险保障制度三个部分构成，其中存款保险制度是核心。

（1）存款保险制度，是指为从事存贷款业务的金融机构建立专门的保险机构，投保机构定期向保险机构缴纳保费，当投保机构面临危机或破产时，保险机构向其提供流动性资助或者代替破产机构在一定限度内对存款人予以赔付的制度。存款保险制度的核心在于为金融体系提供有效安全网。

（2）证券投资者保护制度，主要以组建公司或基金的形式，通过证券公司按一定比例缴纳会费和其他经费来源，筹集充足、适度的资金，对因证券经营机构破产而承受损失的投资者予以补偿。

（3）保险保障制度，又称为投保人保护制度。其主要内容是通过法律对寿险公司不能赔付的情况下如何保护投保人的利益作出了相应规定，一旦寿险公司倒闭，公共部门就会出面促成并购，或者拿出资金给持有保单的普通居民以补偿，投保人的利益就能得到相应保障。

三、金融监管的国际协调

有效的国际金融监管协调将可能产生两个效应：一是继续推进金融的国际化和一体化进程，为金融机构的国际化努力创造良好的金融环境；二是提高全球金融市场监管的有效性，保持金融稳定。

1. 金融监管国际协调的主要形式

（1）双边的谅解备忘录。

（2）多边论坛。多边论坛一般就某一监管问题进行会谈，并签署监管声明或文件。

（3）以统一的监管标准为基础的协调。各国或国际监管组织通过彼此的协调和交流，制定统一的监管标准，这些监管标准为各成员国监管当局所接受，并为各国监管当局所必须遵守。

（4）统一监管。也就是说由一个统一的监管机构来负责跨国的金融监管。

2. 金融监管的国际协调组织

根据协调能力，现有的金融监管国际协调组织基本上可以分为两类。一类是对成员国没有法律约束力的国际监管组织，包括巴塞尔委员会、国际证券委员会组织、国际保险监管官联合会等；另一类是以国际法或区域法为基础的监管组织。它们所通过的监管规则对成员国具有法律约束力，可以在一定程度上统一实施对成员国的金融监管。

在国际监管组织中，巴塞尔委员会的影响突出。

☞ 知识拓展

2023年3月，党的二十届二中全会通过了《党和国家机构改革方案》，其中与金融业密切相关的是组建了国家金融监督管理总局。

国家金融监督管理总局，作为国务院直属机构，是在中国银行保险监督管理委员会基础上组建，不再保留中国银行保险监督管理委员会。

国家金融监督管理总局负责贯彻落实党中央关于金融工作的方针政策和决策部署，把坚持和加强党中央对金融工作的集中统一领导落实到履行职责过程中。其主要职责是：

（1）依法对除证券业之外的金融业实行统一监督管理，强化机构监管、行为监管、功能监管、穿透式监管、持续监管，维护金融业合法、稳健运行。

（2）对金融业改革开放和监管有效性相关问题开展系统性研究，参与拟订金融业改革发展战略规划。拟订银行业、保险业、金融控股公司等有关法律法规草案，提出制定和修改建议。制定银行业机构、保险业机构、金融控股公司等有关监管制度。

（3）统筹金融消费者权益保护工作。制定金融消费者权益保护发展规划，建立健全金融消费者权益保护制度，研究金融消费者权益保护重大问题，开展金融消费者教育工作，构建金融消费者投诉处理机制和金融消费纠纷多元化解机制。

（4）依法对银行业机构、保险业机构、金融控股公司等实行准入管理，对其公司治理、风险管理、内部控制、资本充足状况、偿付能力、经营行为、信息披露等实施监管。

（5）依法对银行业机构、保险业机构、金融控股公司等实行现场检查与非现场监管，开展风险与合规评估，查处违法违规行为。

（6）统一编制银行业机构、保险业机构、金融控股公司等的监管数据报表，按照国家有关规定予以发布，履行金融业综合统计相关工作职责。

（7）负责银行业机构、保险业机构、金融控股公司等的科技监管，建立科技监管体系，制定科技监管政策，构建监管大数据平台，开展风险监测、分析、评价、预警，充分利用科技手段加强监管、防范风险。

（8）对银行业机构、保险业机构、金融控股公司等实行穿透式监管，制定股权监管制度，依法审查批准股东、实际控制人及股权变更，依法对股东、实际控制人以及一致行动人、最终受益人等开展调查，对违法违规行为采取相关措施或进行处罚。

（9）建立除货币、支付、征信、反洗钱、外汇和证券期货等领域之外的金融稽查体系，建立行政执法与刑事司法衔接机制，依法对违法违规金融活动相关主体进行调查、取证、处理，涉嫌犯罪的，移送司法机关。

（10）建立银行业机构、保险业机构、金融控股公司等的恢复和处置制度，会同相关部门研究提出有关金融机构恢复和处置意见建议并组织实施。

（11）牵头打击非法金融活动，组织建立非法金融活动监测预警体系，组织协调、指导督促有关部门和地方政府依法开展非法金融活动防范和处置工作。对涉及跨部门跨地区和新业态新产品等非法金融活动，研究提出相关工作建议，按要求组织实施。

（12）按照建立以中央金融管理部门地方派出机构为主的地方金融监管体制要求，指导和监督地方金融监管相关业务工作，指导协调地方政府履行相关金融风险处置属地责任。

（13）负责对银行业机构、保险业机构、金融控股公司等与信息技术服务机构等中介机构的信息科技外包等合作行为进行监管，依法对违法违规行为开展调查，并对金融机构采取相关措施。

（14）参加金融业相关国际组织与国际监管规则制定，开展对外交流与国际合作。

（15）完成党中央、国务院交办的其他任务。

☞ 练习题

一、填空题

1. 金融是现代经济的_____。
2. 实现金融有效监管的前提和监管当局采取监管行动的依据是_____。
3. 金融业监管除了外部管理，还有_____。
4. 金融监管的目标，一般是出于维护_____、_____、_____、_____四方面的考虑。
5. 对商业银行监管的内容通常分为两类，一类是_____管理措施，另一类是_____管理措施。
6. 金融监管保护性管理一般包括_____和_____两个方面。
7. 金融监管当局进行稽核、检查的形式主要有_____和_____两种。
8. 市场经济中金融监管的三个基本特征是：_____、_____、_____。
9. 从市场经济的内在要求看，金融监管的理论依据源于_____。
10. 金融监管的具体监管内容主要由三个方面，市场准入的监管、_____、市场退出的监管。
11. 对金融市场监管的内容主要由三方面：对金融工具_____的监管，对金融工具_____的监管，对证券市场_____的监管。
12. 证券交易所和金融系统内各类行业性协会组织属于金融市场中_____的监管机构。
13. 狭义的金融监管是指金融监管当局依据_____的授权对整个金融业实施的监管。

二、单项选择题

1. 下列说法正确的是（　　）。
A. 只要符合条件就可以设立银行

B. 我国商业银行可以从事信托投资和股票业务

C. 银行不得向关系人发放信用贷款

D. 商业银行资本充足率不得小于4%

2. 对金融机构最严厉的行政制裁措施是（　　）。

A. 罚款 B. 撤换高级管理人员

C. 发出停业整顿命令 D. 吊销营业执照

3. 金融监管的最基本出发点是（　　）。

A. 维护国家阶级利益 B. 维护社会公众利益

C. 控制金融机构经营风险 D. 维护金融秩序

4. 我国现阶段的金融监管的具体目标是（　　）。

A. 经营的安全性，竞争的公平性，政策的一致性

B. 维护金融业安全与稳定

C. 保护公众利益

D. 维护金融业的运作秩序和公平竞争

5. （　　）是金融监管的基本点，金融机构必须接受国家金融管理当局的监管，保证监管的权威性、严厉性、强制性、一贯性，从而保证有效性。

A. 运用经济行政处罚手段 B. 依法实施金融监管

C. 运用金融稽核手段 D. "四结合"并用的全方位监管方法

6. 我国的下列金融市场监管机构中属于外部监管机构的是（　　）。

A. 深圳证券交易所 B. 上海证券交易所

C. 中国证券业协会 D. 证监会

7. 金融业存在发展的终极目的是（　　）。

A. 安全稳健 B. 风险预防

C. 风险监测和管理 D. 满足社会经济需要

8. 1998年起我国开始对银行推行贷款（　　）分类方法。

A. 3级 B. 4级

C. 5级 D. 6级

9. 《中华人民共和国商业银行法》颁布实施时间为（　　）。

A. 2003年 B. 1996年

C. 1995年 D. 2002年

三、多项选择题

1. 金融机构在经营活动中常见的风险有（　　）。

A. 信用风险 B. 流动性风险

C. 利率风险 D. 汇率风险

E. 市场风险

2. 我国设立商业银行的条件包括（　　）。

A. 有符合商业银行法和公司法规定的章程

B. 有符合商业银行法规定的注册资本最低限额

C. 有具备任职专业知识和业务工作经验的高级管理人员
D. 有健全的组织机构和管理制度
E. 有符合要求的营业场所、安全防范措施和与业务有关的其他设施

3. 一家银行出现清偿能力危机时，紧急救援的方式有（　　）。
   A. 提供贷款以解决支付能力问题　　B. 兼并
   C. 担保　　D. 关闭
   E. 接管

4. 下列属于银行监管预防性管理的有（　　）。
   A. 市场准入管理　　B. 资本充足性管理
   C. 流动性管理　　D. 业务范围管理
   E. 自律性管理

5. 以下选项中，可能导致经常性的市场失效，进而影响竞争有效发挥作用的有（　　）。
   A. 垄断　　B. 价格黏性
   C. 市场信息不对称　　D. 自由放任
   E. 外部负效应

6. 金融监管的基本原则包括（　　）。
   A. 监管主体的独立性原则　　B. 依法监管原则
   C. "内控"与"外控"相结合的原则　　D. 稳健运行与风险预防原则
   E. 适度竞争原则

7. 下面属于对市场运作过程监管的有（　　）。
   A. 规定最低资本金要求　　B. 对资本质量监管
   C. 对流动性监管　　D. 对盈利能力监管
   E. 依法关闭金融机构

8. 中国银监会的设立是中国银行业监管体制改革的一个重要的里程碑。中国银监会的设立对中国银行业的影响包括（　　）。
   A. 将促进央行的独立决策和银行业监管的进一步专业化
   B. 有助于加强对外资银行的监管
   C. 有利于提高货币决策和银行监管的透明度
   D. 有利于金融市场稳定发展
   E. 有利于商业银行快速发展

9. 金融机构披露信息，要达到（　　）的要求。
   A. 全面性　　B. 真实性
   C. 时效性　　D. 易得性
   E. 普适性

10. 金融监管的一般方法包括（　　）。
    A. 事先检查筛选法　　B. 定期报告和信息披露制度
    C. 现场检查法　　D. 自我监督管理法
    E. 内外部集合结合法

四、重要概念

1. 金融监管　2. 资本充足性监管　3. 存款保险制度　4. 主动退出　5. 被动退出　6. 金融监管目标　7. 金融监管体制　8. 金融业自律　9. 金融监管的国际协调　10. 投资者保护制度　11. 现场稽核

五、简答题

1. 金融监管需要遵循哪些原则？
2. 简述金融监管的内容。
3. 简述金融监管的手段与方式。
4. 金融监管体制的类型。

六、论述题

论述金融监管的必要性。

七、深度思考题

监管模式一般有两种，一是合规性监管，二是违规性监管，你认为哪一种模式比较好？

参考答案

一、填空题

1. 核心
2. 金融监管目标
3. 内部自律
4. 维护金融秩序　保护公众利益　维持金融业公平有效竞争　保证货币政策顺利实施
5. 预防性　保护性
6. 存款保险制度　紧急救援
7. 非现场检查　现场检查
8. 法制性，系统性，社会性
9. 一般管制理论
10. 日常业务的监管
11. 发行　交易　参与者
12. 自律性
13. 国家法律法规

二、单项选择题

1. C　2. D　3. B　4. A　5. B　6. D　7. D　8. C　9. C

三、多项选择题

1. ABCDE 2. ABCDE 3. ABCE 4. ABCD 5. ABCE 6. ABCDE 7. BCD
8. ABCD 9. ABCD 10. ABCDE

四、重要概念

1. 金融监管：狭义上是指金融监管当局根据国家金融法规对各类金融机构及其金融活动实施监督与管理。广义上，除了上述监管之外，还包括金融机构内部控制与稽核的自律性监管、同业组织的互律性监管、社会中介组织和舆论的社会性监管等。

2. 资本充足性监管：是指监管当局通过对金融机构资本水平和资本结构的监管，促进金融机构保持充足资本，实施稳健运作。同时通过规定资本与风险资产的比例关系来控制金融机构资产总量的扩张和风险的程度。

3. 存款保险制度：是指为从事存贷款业务的金融机构建立专门的保险机构，投保机构定期向保险机构缴纳保费，当投保机构面临危机或破产时，保险机构向其提供流动性资助或者提供有效安全网，防止存款人因个别金融机构倒闭而对其他金融机构失去信心，由此导致银行挤兑，从而引发金融危机。

4. 主动退出：是指金融机构因分立、合并或者出现公司章程规定的事由需要解散，因此而退出市场的，其主要特点是"主动地自行要求解散"。

5. 被动退出：是指由于法定的理由，如由法院宣布破产或因严重违规、资不抵债等原因而遭关闭，监管当局将依法关闭金融机构，取消其经营金融业务的资格，金融机构因此而退出市场。

6. 金融监管目标：是实现金融有效监管的前提和监管当局采取监管行动的依据。金融监管的目标可分为一般目标和具体目标。一般目标：保护金融秩序的安全、保护公众的利益、维持金融业的公平有效竞争、保证货币政策的顺利实施。具体目标：经营的安全性、竞争的公平性和政策的一致性。

7. 金融监管体制：是金融监管的制度安排，它包括金融监管当局对金融机构和金融市场施加影响的机制以及监管体系的组织结构。

8. 金融业自律：是指金融业的从业者组织，基于共同利益，制定规则，自我约束，实现金融业内部的自我监管，以保护自身利益并促进金融业的发展。一般来说，金融业自律的组织形式主要为金融行业工会。

9. 金融监管的国际协调：金融监管的国际协调是解决国际范围内监管失效的最有力、最现实的方法。有效的国际金融监管协调将可能产生两个效应：①继续推进金融的国际化和一体化进程，为金融机构的国际化努力创造良好的金融环境；②提高全球金融市场监管的有效性，保持金融稳定。

10. 投资者保护制度：投资者保护制度主要内容之一是建立金融服务赔偿体系。较为完善的金融服务赔偿体系一般由存款保险制度、证券投资者保护制度和保险保障制度三部分构成，其中存款保险制度是核心。

11. 现场稽核：是指监管当局派员直接到被稽核单位，按稽核程序进行现场稽核检查。

五、简答题

1. 金融监管需要遵循哪些原则？

（1）依法管理原则。包括以下内容：①对金融机构进行监督管理，必须有法律、法规为依据；②金融机构对法律、法规所规定的监管要求必须接受，不能有例外；③金融管理当局实施监管必须依法行事。

（2）适度竞争原则。金融监管当局的监管重心应放在保护、维持、培育、创造一个公平、高效、适度、有序的竞争环境。

（3）自律与他律相结合的原则。外部强制管理再缜密严格，如果管理对象不配合、不愿自我约束，外部强制监管也难以收到预期效果。反之，如果将全部希望寄托在金融机构本身自觉自愿的自我约束上，不可能有效避免种种不负责任的冒险经营行为与道德风险的发生。

（4）稳定与效率相结合的原则。这一原则积极地把防范风险同提高金融效率这个最基本的要求协调起来。稳定与效率缺一都不可持续。

（5）母国与东道国共同监管原则。国际性金融机构的母国与东道国建立联系、交换信息，共同完成对跨国金融机构和金融业务的监管，逐步实现金融监管的国际化。

2. 简述金融监管的内容。

（1）市场准入的监管。主要包括金融机构的准入、业务准入和高级管理人员准入。

（2）日常业务运营监管。日常业务运营监管一般都将监管的重点放在金融机构业务经营的合规性、资本充足性、资产质量状况（即资产的流动性、盈利性、风险性）、内部管理水平和内部控制制度的健全性几个方面。

（3）市场退出的监管。金融机构市场退出的原因和方式可以分为两类：主动退出与被动退出。一般有接管、解散、撤销、破产等几种形式。

3. 简述金融监管的手段与方式。

（1）依法实施金融监管。金融机构必须接受国家金融管理当局的监管，金融监管必须依法进行，这是金融监管的基本点。

（2）运用金融稽核手段实施金融监管。金融稽核，是中央银行或监管当局根据国家规定的稽核职责，对金融业务活动进行的监督和检查。其主要内容包括：业务经营的合法性、资本金的充足性、资产质量、负债的清偿能力、盈利情况、经营管理状况等。

（3）"四结合"的监管方法。

①现场稽核与非现场稽核相结合。

②定期检查与随机抽查相结合。

③全面监管与重点监管相结合。

④外部监管与内部自律相结合。

4. 金融监管体制的类型。

金融监管体制，指的是金融监管的制度安排，它包括金融监管当局对金融机构和金融市场施加影响的机制以及监管体系的组织结构。

按监管机构的设立划分，大致可区分为两类：一类是由中央银行独家行使金融监管职责的单一监管体制；另一类是由中央银行和其它金融监管机构共同承担监管职责的多元监管体制。

六、论述题（要点）

试述金融监管的必要性：

（1）市场经济的内在要求。金融监管的理论依据源于一般管制理论。该理论认为，在现实经济运作中，由于存在垄断、价格黏性、市场信息不对称、外部负效应等情况，从而导致经常性的市场失效。因此，完全的自由放任并不能使市场运行实现规范合理和效率最优，需要借助政府的力量，通过法令、政策和各种措施对市场主体及其行为进行必要的管制，以弥补市场缺陷。由于金融业在市场经济中的特殊地位，更需要通过外部监管来克服市场缺陷。所以，为了控制金融机构的经营风险，避免发生"多米诺骨牌效应"，需要国家对金融业实施严格的金融监管，保持市场经济的稳健运行。

（2）金融业的特殊性。从金融业本身的特殊性看，金融监管的必要性主要体现在以下三点：

①金融业在国民经济中的特殊重要地位和作用。金融业的稳定与效率直接影响国民经济的运作与发展，甚或社会的安定，由此决定了必须对金融业严加监管，保证金融体系的安全和有效运行。

②金融业的内在风险。与其他行业相比，金融业是一个特殊的高风险行业。金融业特殊的高风险首先表现在所经营对象的特殊性上；其次，金融业具有很高的负债比率，自有资本少，营运主要依靠外部资金来源，银行的生存在很大程度上依赖于公众的信任。但由于在经营过程中金融机构的管理人员因涉及自身利益或能力所限，往往不能充分评估和处理经营中存在的问题和风险，因此需要金融当局从外部对其进行以风险管理为重点的监管，帮助管理者将风险控制在一定范围之内，保证金融体系的安全与稳健营运，从而保证国民经济的健康发展。

③金融业的公共性。保护投资者利益，对整个金融体系的健康发展至关重要，是显而易见的。但由于金融业具有相对垄断性，金融机构有可能作出不利于债权人或债务人的安排，或向客户提供不公平的歧视性服务；这就提出了这样的监管要求，即对信息优势方（主要是金融机构及其相关管理人员）的行为加以规范和约束，以为投资者创造公平、公正的投资环境；需要通过金融监管，维护金融业的公共秩序，提高金融效率。

第十七章 金融创新

☞ 学习目的和要求

通过本章的学习，要求了解金融创新的基础理论和主要内容；理解和掌握金融创新的概念、原因和影响；熟悉我国的金融创新；理解和掌握互联网金融的含义、特征及主要模式；了解互联网金融的主要风险；理解和掌握金融科技的定义；理解互联网金融与金融科技的联系和区别；了解金融科技监管。

☞ 要点提示

第一节 金融创新的基础理论

一、金融创新的含义

金融创新，是指金融领域内部通过各种要素的重新组合和创造性变革所创造或引进的新事物。它包括金融业务、金融产品、金融市场、金融机构、金融制度等各个方面的变革。金融创新的主体是金融机构和金融管理当局；金融创新的根本目的是金融机构和金融管理当局出于对微观利益和宏观效益的考虑。

二、金融创新的过程

每项金融创新都可以分为创新、模仿、推广三个阶段。创新是金融创新的起始阶段，也是最关键的阶段，即金融家通过对各种金融要素进行新组合或创造性变革，鲜明的特征是具有新生性和质变性。模仿与推广都是创新的传播过程，推广阶段的传播速度更快、接受面更广。

三、金融创新的原因

1. 金融创新的基本原因

金融创新的基本原因是由于经济发展的客观要求。

2. 金融创新的具体原因

金融创新的具体原因有如下几点：
（1）规避风险。
（2）规避行政管制。
（3）竞争的需要。
（4）政府推动和管制的放松。
（5）技术进步的推动。

四、金融创新理论

西方金融创新理论的内容主要集中在探讨金融创新的动因方面。

1. 交易成本论

代表人物是希克斯与尼汉斯。该理论于 1976 年提出，该理论认为降低交易成本是金融创新的首要动机，金融创新就是对科技进步导致的交易成本降低的反应。不断地降低交易成本就会刺激金融创新，改善金融服务。

2. 约束诱导论

代表人物是西尔柏。该理论于 1983 年提出，该理论主要是从供给角度来探索金融创新的成因。西尔柏从寻求利润最大化的金融企业开始进行研究，由此归纳出金融创新就是微观金融组织为了寻求最大的利润，减轻内部和外部对其的金融约束而采取的"自卫"行为。

3. 规避管制论

代表人物是凯恩。该理论于 1984 年提出，该理论认为金融创新主要是由于金融机构为了获取利润而规避政府的管制所引发的。各种形式的政府管制与控制，性质上等于隐含的税收，阻碍了金融机构从事已有的盈利性活动和利用管制以外的利润机会。因此，金融机构会通过创新来规避政府管制。

4. 制度改革论

代表人物是制度学派的学者诺斯、戴维斯。该理论于 1971 年提出，该理论认为金融创新是一种与经济制度相互影响、互为因果的制度改革，金融体系任何因制度改革而引起的变动都可以视为金融创新。政府为稳定金融体系而采取的一些措施（如存款保险制度），也是金融创新。

5. 技术推进论

代表人物主要是韩农和麦道威。该理论于 1984 年提出，该理论认为新技术的出现，特别是计算机、通讯技术的发展及其在金融业的广泛应用为金融创新提供了物质上和技术上的保证。新技术的采用是推动金融创新的主要因素。

6. 财富增长论

代表人物是格林包姆和海沃德。该理论认为，经济的高速发展所带来的财富的迅速增长是金融创新的主要原因。这是由于财富的增长加大了人们对金融资产和金融交易的需求,激发了金融创新以满足这种日益增长的金融需求。

7. 货币促成论

代表人物是货币学派的米尔顿·弗里德曼。该理论认为,金融创新的出现,主要是货币方面因素的变化所引致的。20 世纪 70 年代的通货膨胀、汇率和利率反复无常的波动,是金融创新的重要成因,金融创新是作为抵制通货膨胀、利率和汇率波动的产物而出现的。

第二节 金融创新的主要内容

一、金融业务与产品的创新

金融业务与产品是金融创新最重要的内容,金融创新具体有以下几种:
(1) 规避风险的创新。
(2) 运用高新技术的创新。
(3) 规避金融管制的创新。

二、金融市场创新

1. 新型离岸金融市场创新

第二次世界大战以后,国际金融市场获得空前发展。出现了新型的国际金融市场——离岸金融市场。例如,欧洲货币市场、亚洲美元市场等。

2. 金融衍生市场创新

人们通过预测股价、利率、汇率等变量的行情走势,支付少量保证金签订远期合同,买卖选择权或互换不同金融商品,由此形成了期货、期权、互换等不同金融衍生市场。

三、金融组织机构创新

(1) 金融机构的种类和规模迅速增加。
(2) 各类金融机构的业务逐渐趋同。
(3) 金融机构的组织形式不断创新。
(4) 金融机构的经营管理频繁创新。

四、金融制度创新

(1) 国际货币制度的创新。
(2) 国际金融监管制度的创新。

第三节　金融创新的效应

一、金融创新对金融和经济发展的推动作用

1. 金融创新提高了金融机构运作效率、增加了经营效益

首先，一方面，金融创新造成金融机构业务的多元化，在规模和范围两个方面提高了金融机构的经营效率，传统的业务分工被打破，金融机构的服务功能得到拓展、业务领域大大拓宽；另一方面，金融工具、金融业务及金融交易方式的创新使金融机构的渗透力大大增强。

其次，金融创新使消费者对金融机构提供服务的全面性和便捷性的满意程度提高。

2. 金融创新促进了金融市场运作效率的提高

首先，金融创新丰富了金融市场的交易品种。投资者选择的余地增大，更容易实现让各类投资者满意的投资组合。

其次，金融创新促进了金融市场的一体化。提高了各国金融市场间信息传递速度和对价格的反应能力，为金融资源的全球配置提供了条件。

再次，金融创新增强了投资者的风险防范能力。

最后，金融创新加强了金融资产之间的替代性，降低了融资成本，促进企业通过金融市场融资从而推动经济发展。

3. 金融创新扩大了银行资金来源渠道

金融创新扩大了银行资金来源渠道，使银行摆脱了经营困境。

4. 金融创新促进了金融改革

金融创新既是金融改革的结果，又对金融改革起着促进作用。

5. 金融创新增强了金融对经济的作用力

金融作用力主要是指金融对整体经济运作和经济发展的作用能力，一般通过对总体经济活动和经济总量的影响及其作用程度体现出来。金融创新从总体上提高了金融作用力，极大地推动了经济发展；提升了社会投融资的满意度和便利度；提高了金融资源的开发利用与再配置效率；增强了货币作用效率；推进了金融业的产值迅速增长。

二、金融创新加大了整个金融体系的风险

主要表现方式有以下几种：

①为投机活动提供了新的手段和场所；②增加了银行表外业务的风险；③加剧了金融机构的竞争，银行传统的存贷利差缩小，增加了从事高风险业务的压力和冲动；④推动了金融自由化、国际化，使各金融机构、国内金融与国际金融之间的相互依赖性增加，从而使金融风险易于扩散。

三、金融创新对货币政策的影响

1. 金融创新使货币定义与计量难度增大

（1）金融创新使货币定义变得困难与复杂。金融创新使新的金融工具不断涌现，金融

资产之间的替代性不断加大,交易性货币和投资性金融资产越来越难以区分。

(2) 金融创新使货币计量难度增大。中央银行根据金融资产的流动性把货币划分为 M_1、M_2、M_3 等总量。金融创新后的金融资产往往兼有交易和投资的功能,在利率波动情况下,资金往往在支票账户和储蓄账户之间不断转移,这时要计算狭义货币和广义货币十分不易。一些流动性很强的如股票、债券等金融资产不断在货币和非货币资产之间转换,使中央银行对货币的计量变得更加困难。

2. 金融创新削弱了中央银行的货币控制能力
(1) 金融市场的创新削弱了中央银行对本国货币的控制能力。
(2) 金融业务的创新促使金融机构多元化和同质化,削弱了中央银行的货币控制能力。
(3) 金融创新拓宽了银行的投融资渠道,削弱了中央银行对基础货币的控制能力。

3. 金融创新使货币需求的不确定性增强
(1) 金融创新改变了货币需求结构,使货币需求的不稳性增强。
(2) 金融创新使货币需求的利率弹性受到影响。

4. 金融创新使货币政策工具功效发生改变
(1) 金融创新使传统的选择性政策工具失效。
(2) 金融创新弱化了存款准备金制度的功能。
(3) 金融创新使贴现率的作用下降。
(4) 金融创新强化了公开市场业务的作用。

第四节 我国的金融创新

一、我国金融创新的总体目标

1. 建立功能健全与协调发展的金融市场体系
(1) 建立统一、高效、结构合理的资本市场。
(2) 构建一个定位准确、功能健全、结构合理的资本市场。

2. 创新满足多样性需求的金融业务与产品体系
(1) 货币市场创新。
(2) 资本市场创新。
(3) 金融机构业务创新。

3. 创新多元化的金融组织结构体系
(1) 多元化的组织形式创新。
(2) 多元化的金融机构种类创新。

4. 健全金融制度
(1) 以法制化为核心进行信用制度创新。
(2) 以适应性经济开放为方向,进行货币制度创新。
(3) 以市场为基础进行金融运作制度创新。

(4) 以市场化为目标进行金融监管制度创新。

二、我国金融创新的路径选择与推进策略

(1) 以吸纳性创新为主。
(2) 以需求适应为主。
(3) 以增强金融机构创新供给能力为基点。
(4) 以规范与安全为提前。
(5) 以实事求是为准则。

第五节 互联网金融

一、互联网金融的基本概念

1. 互联网金融的含义

基本共识是，互联网金融是互联网技术与金融业的有机融合。广义的互联网金融既包括作为非金融机构的互联网企业从事的金融业务，也包括金融机构通过互联网开展的业务；狭义的互联网金融仅指互联网企业开展的、基于互联网技术的金融业务。更多学者倾向于广义的互联网金融概念，将互联网金融定义为：互联网金融（Internet Finance）是指互联网企业和传统金融机构秉承"开放、平等、协作、共享"的互联网精神，运用互联网技术手段，特别是云计算、大数据、搜索引擎、社交网络和移动支付等现代信息技术手段，在资金融通和其他金融服务等金融活动中进行一系列金融创新实践的一种新兴金融模式。

2. 互联网金融的主要特征

互联网金融有以下几个主要特征：

(1) 低成本性和高效性。一方面，金融机构可以节省开设营业网点的资金投入和运营成本；另一方面，消费者可以在开放透明的平台上快速找到适合自己的金融产品，削弱了信息不对称程度，更省时省力，提高了金融服务的效率。

(2) 普惠性。互联网金融服务的重点放在"长尾"市场中80%的小微客户，有效地满足小微客户的金融需求。互联网金融的出现和发展，弥补了传统金融的高门槛缺陷。

(3) 大数据特征。互联网金融的产品是数据的有效组合，互联网金融的活动是数据的有效移动，可以说数据与金融同在。同时，互联网金融重视对大数据技术的应用。

(4) 高风险性。首先，由于信用体系尚不完善，以及网络安全隐患等互联网金融本身所具有的特征因素，造成了互联网金融违约成本较低，容易诱发恶意骗贷、卷款跑路等风险问题。其次，对互联网金融相应的监管法律法规及相应监管措施的缺失造成了对互联网金融的管理薄弱。

3. 互联网金融发展的积极意义

互联网金融发展有以下几个方面的积极意义：

(1) 有助于发展普惠金融，弥补传统金融服务的不足。互联网金融的市场定位主要在

"小微"层面,具有"海量交易笔数,小微单笔金额"的特征,这种小额、快捷、便利的特征,具有普惠金融的特点和促进包容性增长的功能,在小微金融领域具有突出的优势,在一定程度上填补了传统金融覆盖面的空白。

(2) 有利于发挥民间资本作用,引导民间金融走向规范化。我国民间借贷资本数额庞大,长期以来缺乏高效、合理的投资方式和渠道,游离于正规金融监管体系之外,客观上需要阳光化、规范化运作。通过规范发展 P2P 网贷、众筹融资等,引导民间资本投资于国家鼓励的领域和项目,遏制高利贷,盘活民间资金存量,使民间资本更好地服务实体经济。众筹股权融资也体现了多层次资本市场的客观要求。

(3) 满足电子商务需求,扩大社会消费。截至 2020 年中国电子商务交易额达 37.21 万亿元,同比增长 4.5%。2011—2020 年这 10 年期间增长了 5 倍。电子商务对支付方便、快捷、安全性的要求,推动了互联网支付特别是移动支付的发展,与此同时,互联网金融也推动了电子商务的发展。

(4) 有助于降低成本,提升资金配置效率和金融服务质量。互联网金融利用电子商务、第三方支付、社交网络形成的庞大的数据库和数据挖掘技术,显著降低了交易成本。互联网金融企业不需要设立众多分支机构、雇佣大量人员,大幅降低了经营成本。互联网金融提供了有别于传统银行和证券市场的新融资渠道,以及全天候、全方位、一站式的金融服务,提升了资金配置效率和服务质量。

(5) 有助于促进金融产品创新,满足客户的多样化需求。互联网金融的快速发展和理念创新,不断推动传统金融机构改变业务模式和服务方式,也密切了与传统金融之间的合作。互联网金融企业依靠大数据和云计算技术,能够动态了解客户的多样化需求,计量客户的资信状况,有助于改善传统金融的信息不对称问题,提升风险控制能力,推出个性化金融产品。

二、互联网金融的主要模式

互联网金融的主要模式有以下几种:

(1) 互联网支付。互联网支付是指通过计算机、手机等设备,依托互联网发起支付指令、转移资金的服务,其实质是新兴支付机构作为中介,利用互联网技术在付款人和收款人之间提供的资金划转服务。典型的互联网支付机构是支付宝。

(2) 网络小额贷款。是指互联网企业通过其控制的小额贷款公司,向旗下电子商务平台客户提供的小额信用贷款。典型代表如阿里金融旗下的小额贷款公司。

(3) 金融机构创新型互联网平台。金融机构创新型互联网平台可分为以下两类:①传统金融机构为客户搭建的电子商务和金融服务综合平台,客户可以在平台上进行销售、转账、融资等活动。平台不赚取商品、服务的销售差价,而是通过提供支付结算、企业和个人融资、担保、信用卡分期等金融服务来获取利润。②不设立实体分支机构,完全通过互联网开展业务的专业网络金融机构。

(4) 基于互联网的金融产品销售。例如,基金产品销售和保险产品销售等。

三、互联网金融的主要风险

互联网金融的主要风险有以下几种:

(1) 法律风险。

（2）金融监管风险。

（3）融资风险。

（4）网络安全风险。包括网络安全风险和技术安全风险。

四、互联网金融监管

1. 互联网金融监管的必要性

互联网与金融深度融合是大势所趋，而互联网金融的健康发展，也有利于提升金融服务质量和效率，深化金融改革，互联网金融既需要市场驱动，鼓励创新，也需要监管助力，促进发展。互联网金融若想得到稳步发展，就需要配套的合理的金融监管方式以保证其进入良性循环。

在互联网上金融风险的集聚性不可忽视。互联网不仅缩小了本国金融机构与金融投资者之间的距离，也拉近了国际间金融机构与金融投资者的距离。乘上互联网的快车，金融活动的风险覆盖面就会更广。而由于互联网金融的特性，也使得更多的中小投资者关注、参与到金融活动中，互联网金融不仅改变了金融活动的方式，也改变了金融活动的覆盖范围，使得金融风险指数呈爆炸式的累积和传递。

作为新型金融创新的互联网金融，它的出现给经济的繁荣带来了更多的可能性，同时也带来了更多的风险。任何一个新型领域的发展都需要制定规则，只有制定更好的、更符合实际的、更符合经济运行规律的规则才能不断引导经济发展。我们应尽量把风险降低在交易发生之前，把监督放在交易之中，把追责放在交易发生之后。通过不断反思和整理监督数据所带来的变化来调整监督的力度，在符合法律法规制度的基础上，给予投资者以保障，这样才能给予互联网金融深入发展的监督环境，给予投资者放心安全的金融平台，最终达到更好的活化金融发展，促进经济向又好又快的方向发展的目标。

2. 我国互联网金融的监管实践

（1）搭建监管框架。

（2）开展专项整治。

（3）完善监管规则。

第六节　金融科技

一、金融科技概述

1. 金融科技的定义

金融科技泛指金融机构和非金融机构以现代数字信息为载体，通过移动互联网、大数据、云计算、区块链、人工智能以及物联网等一系列数字技术与传统金融服务深度融合发展，创新金融产品、调整金融业务流程、改变金融服务方式等的一种新型金融服务。金融科技既包括互联网企业和金融科技企业利用新技术提供的新金融业务，也包括传统金融机构的数字化转型业务。

2. 互联网金融与金融科技

（1）互联网金融与金融科技的联系。互联网金融与金融科技均建立在金融与科技相互融合的基础上，皆是将新技术应用到原金融行业的运作中，改变金融业态的传统手段，从而对金融服务行为和金融市场进行迭代优化与创新。

（2）互联网金融与金融科技的区别。互联网金融主要通过运用互联网及信息通信等技术将各类金融服务互联网化，其更突出的是"互联网+"背景下金融的创新；而金融科技则形成了新的生产方式，将中间多余的环节省去，更加强调科技创新对金融发展的支持作用，其旨在增强金融活力和提升金融服务质量，对深化金融供给侧结构性改革有推动作用，对提高金融服务实体经济能力有重要作用。从辐射范围的角度观之，金融科技的应用领域更加广泛，它包涵了大数据、云计算、AI、区块链、生物科技等基础设施应用技术等。金融科技对新技术的要求更高、应用更广泛、革新更彻底，并将 FinTech 里的"Technology"从起辅助作用变为核心部分。

总体来说，互联网金融是 FinTech 的一个发展阶段。我国的互联网金融概念正逐步与国际通行的金融科技概念体系相融合。

二、金融科技对金融的创造性作用

金融科技对金融的创造性作用有以下几个：
（1）金融去中介化。
（2）金融信息透明化。
（3）金融普惠化。

三、我国金融科技发展的意义及基本原则

1. 我国金融科技发展的意义

我国金融科技发展的意义有以下几方面：
（1）金融科技是推动金融转型升级的新引擎。
（2）金融科技是金融服务实体经济的新途径。
（3）金融科技是促进普惠金融发展的新机遇。
（4）金融科技是防范化解金融风险的新利器。

2. 我国金融科技发展的基本原则

我国金融科技发展有以下四个基本原则：
（1）数字驱动。
（2）智慧为民。
（3）绿色低碳。
（4）公平普惠。

四、金融科技监管

1. 金融科技对金融监管的挑战

（1）数据风险与信息安全风险相互交织。
（2）业务交叉增强金融风险隐蔽性。

（3）新型"大而不能倒"风险突出。

2. 金融科技与金融监管科技

监管科技（Reg Tech）是监管与科技的融合，国际金融协会将其定义为能够高效解决监管与合规性要求的新技术。监管科技不仅是可以提高监管效率的技术手段，更是金融监管未来变革的重要方向，其本质在于应用科技以高效率、低成本的方式满足金融监管与合规要求的创新监管模式，一方面指监管当局运用科技完善监管方法、提升监管能效，另一方面指金融机构用科技降低合规成本、提升合规运营能力，即应用于金融机构端的合规科技（Comp Tech）。

从驱动因素看，金融科技是由技术自下而上推动的，而监管科技则是自上而下的制度要求。金融科技创新要求金融监管科技创新。金融科技使传统金融监管受到了前所未有的挑战，在一定程度上倒逼监管转型。监管部门亟须发展监管科技来应对挑战，"以科技监管科技"，重新调整金融监管框架，将数据主权和算法监督等概念纳入金融监管的范畴，建立监管科技体系，运用新技术手段提升监管效率。

监管科技在打击防范金融诈骗、传销、非法集资等涉众型金融犯罪，以及提高系统性金融风险监测预警能力等方面可以提供重要的技术手段。监管科技有助于提升金融科技监管的时效性、有效性和前瞻性。中国人民银行金融科技委员会已明确提出，要强化监管科技，积极利用大数据、人工智能、云计算等技术，丰富监管手段，提升跨行业、跨市场交叉性金融风险的甄别和防范化解能力。

3. 金融监管科技的国际实践

监管科技是金融监管的发展趋势，将成为支撑金融业发展的坚实基础。我国央行《金融科技发展规划》提出，要加快监管科技全方位应用，强化数字化监管能力建设，对金融科技创新实施穿透式监管，筑牢金融与科技的风险防火墙。世界主要经济体监管部门也对金融科技监管问题高度关注，并已作出监管调整和政策响应，推出了如下一系列监管科技政策：

（1）英国：以监管沙盒为代表的主动型监管。
（2）美国：以法律规制为重心的功能型监管。
（3）澳大利亚：以监管科技为核心的科技型监管。
（4）新加坡：以实质性和适配性为原则的创新型监管。

4. 对我国金融科技监管创新的启示

（1）构建金融科技监管生态体系。
（2）以动态、柔性监管为方向转变监管理念。
（3）以监管科技为核心创新监管方法。
（4）以信息保护和反垄断为重点扩充监管内容。
（5）加强国际金融科技监管合作。

☞ **知识拓展**

互联网金融风险主要有流动性风险、信用风险、声誉风险、信息泄露风险、技术安全风险等。

（1）流动性风险。"第三方支付加基金类"的产品当中蕴藏着期限错配的风险，也蕴藏着货币市场波动、出现投资者大量赎回的风险。

（2）信用风险。网络数据的真实性、可靠性和风险计量模型的科学性，都会影响到信用评判。

（3）声誉风险。部分互联网机构用所谓的"预期高收益"来吸引消费者，推出高收益，实则有风险的产品，但却不如实揭露风险，甚至误导消费者。

（4）信息泄露风险。一些交易平台并未建立保护客户信息的完善机制，互联网金融对客户信息和交易记录的保护面临巨大的挑战。

（5）技术安全风险，即 IT 系统安全风险。由于互联网金融依托的是计算机网络，网络系统自身的缺陷、管理漏洞、计算机病毒、黑客攻击等都会引起技术安全风险。

☞ 练习题

一、填空题

1. 金融创新是指在金融领域内各种_____的重新组合和创造性变革所创造或引进的新事物。
2. 金融创新的过程都经历了_____、_____和_____三个阶段。
3. 金融创新的内容大体包括_____创新、_____创新、_____创新、_____创新。
4. 金融创新的具体原因主要是_____、_____、_____、_____、_____。
5. 浮动利率这种金融创新的直接原因是_____。
6. 金融期权交易这种金融创新的直接原因是_____。
7. 金融创新最重要的内容是_____。
8. 互联网金融是_____和_____的有机结合。
9. 金融市场创新包括_____创新和_____创新。
10. 我国当代的金融创新应该走以_____、_____为主的路径，坚持以增强金融机构创新供给能力为基点，以规范与安全为前提，以实事求是为准则。
11. 中国正在从依托互联网和移动互联网的互联网金融阶段快速迈入云计算、大数据、区块链和人工智能等技术驱动的_____阶段。
12. 金融科技对金融的创造性作用体现在_____、_____、_____。
13. _____是金融监管的发展趋势，将成为支撑金融业发展的坚实基础。

二、单项选择题

1. 在金融创新中，最突出、最直接的表现是（　　）创新。
 A. 金融制度　　　　　　　　　B. 金融观念
 C. 金融工具　　　　　　　　　D. 金融机构
2. 浮动利率这种金融创新的直接原因是（　　）。
 A. 规避风险　　　　　　　　　B. 规避管制

C. 竞争的需要　　　　　　　　　D. 技术进步的推动

3. 金融期货交易这种金融创新的直接原因是（　　）。
   A. 规避风险　　　　　　　　　　B. 规避管制
   C. 竞争的需要　　　　　　　　　D. 政府推动

4. 网络银行这种金融创新的直接原因是（　　）。
   A. 规避风险　　　　　　　　　　B. 规避管制
   C. 竞争的需要　　　　　　　　　D. 政府推动

5. 二板市场这种金融创新的直接原因是（　　）。
   A. 规避风险　　　　　　　　　　B. 竞争的需要
   C. 政府推动和管制的放松　　　　D. 技术进步的推动

6. 交易双方约定在合约有效期内，以事先确定的名义本金额为依据，按照约定的支付率相互交换一系列现金流的合约，称之为（　　）。
   A. 金融互换　　　　　　　　　　B. 金融期货
   C. 金融期权　　　　　　　　　　D. 金融投资

7. 金融创新的本质是（　　）的重新组合。
   A. 金融对象　　　　　　　　　　B. 金融结构
   C. 金融资产　　　　　　　　　　D. 金融要素

8. 下列说法不正确的是（　　）
   A. 金融创新与技术进步无关
   B. 信贷资产证券化可以增强银行流动性
   C. 金融创新增强了投资者的风险防范能力
   D. 金融创新推动了经济发展

9. 一种能在未来某一特定时间以特定价格买进或卖出一定数量某种特定金融商品或金融期货的权利的交易合约，称之为（　　）。
   A. 金融期权　　　　　　　　　　B. 金融期货
   C. 远期外汇合约　　　　　　　　D. 远期利率协议

10. "可转让支付命令账户"（NOW）是一种储蓄账户，可以付息，同时又可开出有支票作用却无支票名称的"可转让支付命令"，这使得储蓄存款具备了较高的流动性，这种金融创新的原因是（　　）。
    A. 竞争的需要　　　　　　　　　B. 规避金融管制
    C. 技术进步的需要　　　　　　　D. 转移风险

11. 支付宝的"余额宝"属于（　　）互联网金融模式。
    A. 金融机构创新型互联网平台　　B. 基于互联网的基金销售
    C. 网络小额贷款　　　　　　　　D. 众筹融资

12. 互联网金融企业的多元化经营打破了传统的金融区域界限和行业界限，金融产品和服务从"专业化"向"（　　）"过渡，金融业混业经营趋势明显。
    A. 多元化　　　　　　　　　　　B. 单一化
    C. 多样化　　　　　　　　　　　D. 综合化

13. 世界主要经济体监管部门对金融科技监管问题都高度关注，并已作出监管调整和政策响应，推出了一系列监管科技政策，（　　）实行以监管科技为核心的科技型监管。
    A. 英国 B. 澳大利亚
    C. 美国 D. 新加坡

三、多项选择题

1. 下列属于西方经济学家的金融创新学说的有（　　）。
    A. 约束诱导论 B. 规避管制论
    C. 交易成本论 D. 费雪的交易方程式
    E. 技术推进论
2. 金融衍生市场创新包括（　　）。
    A. 金融期货市场创新 B. 欧洲货币市场创新
    C. 亚洲美元市场创新 D. 金融期权市场创新
    E. 金融互换市场创新
3. 按创新的动因来划分，金融创新可以分为（　　）类型。
    A. 逃避管制的金融创新 B. 规避风险的金融创新
    C. 追逐规模的金融创新 D. 技术推动的金融创新
    E. 政府推动的金融创新
4. 按创新的内容来划分，金融创新可以分为（　　）类型。
    A. 金融工具创新 B. 金融市场创新
    C. 金融业务创新 D. 金融制度创新
    E. 金融机构创新
5. 下列说法正确的有（　　）。
    A. 金融创新增加了各经济单位应付风险的能力
    B. 金融创新加大了整个金融体系的风险
    C. 金融创新增加了货币政策操作的复杂性
    D. 金融创新促进了金融自由化
    E. 金融创新使金融机构的经营风险增大
6. 金融创新对货币政策的影响有（　　）。
    A. 使货币定义变得困难与复杂 B. 降低货币供给稳定性
    C. 使货币需求的不稳性增强 D. 削弱了中央银行的货币控制能力
    E. 使货币政策工具功效发生改变
7. 金融创新的效应表现在（　　）。
    A. 为金融机构拓展生存空间 B. 丰富了金融市场的交易品种
    C. 使投资者增强抗风险的能力 D. 促进了金融改革
    E. 增强了金融对经济的作用力
8. 我国当代的金融创新路径选择与推进策略有（　　）。
    A. 以吸纳创新为主 B. 以需求适应为主
    C. 以增强金融机构创新供给能力为基点 D. 以规范与安全为前提
    E. 以实事求是为准则

9. 互联网金融的主要风险有（　　　）。
   A. 法律风险　　　　　　　　　　B. 融资风险
   C. 金融监管风险　　　　　　　　D. 网络信息风险
   E. 技术安全风险

10. 我国金融科技发展的基本原则包括（　　　）。
    A. 数字驱动　　　　　　　　　　B. 绿色低碳
    C. 高成本化　　　　　　　　　　D. 公平普惠
    E. 智慧为民

四、重要概念

1. 金融创新　2. 浮动利率债券　3. 离岸金融市场　4. 欧洲货币市场　5. 亚洲美元　6. 互联网金融　7. 金融科技

五、简答题

1. 简述金融创新的主要内容。
2. 简述金融创新加大了金融体系的风险主要表现在哪些方面。
3. 简述金融创新对货币政策工具功效的影响。
4. 简述互联网金融与金融科技的联系与区别。

六、论述题

1. 试述金融创新的直接原因。
2. 试述金融创新的理论有哪些。
3. 如何理解金融监管科技？

七、深度思考题

金融科技对传统的金融结构和业务带来哪些冲击？传统金融机构如何应对？

☞参考答案

一、填空题

1. 要素
2. 创新　规范　推广
3. 金融业务与产品　金融市场　金融组织机构　金融制度
4. 规避风险　规避行政管制　竞争的需要　政府推动和管制的放松　技术进步的推动
5. 规避风险
6. 规避风险
7. 金融业务与产品
8. 互联网技术　金融

9. 新型离岸金融市场　金融衍生品市场

10. 吸纳性　需求满足型

11. 金融科技

12. 金融去中介性　金融信息透明化　金融普惠化

13. 监管科技

二、单项选择题

1. C　　2. A　　3. A　　4. C　　5. C　　6. A　　7. D　　8. A　　9. A　　10. B
11. B　　12. D　　13. B

三、多项选择题

1. ABCE　　2. ADE　　3. ABDE　　4. ABCDE　　5. ABCDE　　6. ACDE　　7. ABCDE
8. ABCDE　　9. ABCDE　　10. ABDE

四、重要概念

1. 金融创新：是指金融领域内部通过各种要素的重新组合和创造性变革所创造或引进的新事物。它包括金融业务、金融产品、金融市场、金融机构、金融制度等各个方面的变革。

2. 浮动利率债券：是指发行时规定债券利率随市场利率定期浮动的债券，也就是说，债券利率在偿还期内可以进行变动和调整。

3. 离岸金融市场：把某种货币的国际借贷和交易移到货币发行国境外进行，以摆脱该国国内的金融管制的国际金融市场。

4. 欧洲货币市场：是指集中存放在伦敦或其他欧洲金融中心的境外美元和其他境外欧洲货币，用于国际贷放的国际资本市场。

5. 亚洲美元：是指在新加坡营运的各国商业银行所吸收的亚洲和太洋洲地区的美元存款。

6. 互联网金融：指互联网企业和传统金融机构秉承"开放、平等、协作、共享"的互联网精神，运用互联网技术手段，特别是云计算、大数据、搜索引擎、社交网络和移动支付等现代信息技术手段，在资金融通和其他金融服务等金融活动中进行一系列金融创新实践的一种新兴金融模式。

7. 金融科技：泛指金融机构和非金融机构以现代数字信息为载体，通过移动互联网、大数据、云计算、区块链、人工智能以及物联网等一系列数字技术与传统金融服务深度融合发展，创新金融产品、调整金融业务流程、改变金融服务方式等的一种新型金融服务。金融科技既包括了互联网企业和金融科技企业利用新技术提供的新金融业务，也包括传统金融机构的数字化转型业务。

五、简答题

1. 简述金融创新的主要内容。

（1）金融业务与产品的创新：①规避风险的创新；②运用高新技术的创新；③规避金

融管制的创新。

(2) 金融市场创新：①新型离岸金融市场创新；②金融衍生市场创新。

(3) 金融组织机构创新：①金融机构的种类和规模迅速增加；②各类金融机构的业务逐渐趋同；③金融机构的组织形式不断创新；④金融机构的经营管理频繁创新。

(4) 金融制度创新：①国际货币制度的创新；②国际金融监管制度的创新。

2. 简述金融创新加大了金融体系的风险主要表现在哪些方面。

主要表现：为投机活动提供了新的手段和场所；增加了银行表外业务的风险；加剧了金融机构的竞争，银行传统的存贷利差缩小，增加了从事高风险业务的压力和冲动；推动了金融自由化、国际化，使各金融机构之间，国内金融与国际金融之间的相互依赖性增加，从而造成金融风险易于扩散。

3. 金融创新对货币政策工具功效的影响。

(1) 金融创新使传统的选择性政策工具失效。

(2) 金融创新弱化了存款准备金制度的功能。

(3) 金融创新使贴现率的作用下降。

(4) 金融创新强化了公开市场业务的作用。

4. 简述互联网金融与金融科技的联系与区别。

(1) 互联网金融与金融科技的联系：互联网金融与金融科技均建立在金融与科技相互融合的基础上，皆是将新技术应用到原金融行业的运作中，改变金融业态的传统手段，从而对金融服务行为和金融市场进行迭代优化与创新。

(2) 互联网金融与金融科技的区别：互联网金融主要通过运用互联网及信息通讯等技术将各类金融服务互联网化，其更突出的是"互联网+"背景下金融的创新；而金融科技则形成了新的生产方式，将中间多余的环节省去，更加强调科技创新对金融发展的支持作用，其旨在增强金融活力和提升金融服务质量，对深化金融供给侧结构性改革有推动作用，对提高金融服务实体经济能力有重要作用。从辐射范围的角度观之，金融科技的应用领域更加广泛，它包涵了大数据、云计算、AI、区块链、生物科技等基础设施应用技术等。金融科技对新技术的要求更高，应用更广泛、革新更彻底，并将 FinTech 里的"Technology"从起辅助作用变为核心部分。

总体来说，互联网金融是 FinTech 的一个发展阶段。我国的"互联网金融"概念正逐步与国际通行的"金融科技"概念体系相融合。

六、论述题（要点）

1. 试述金融创新的直接原因。

(1) 规避风险。例如，浮动利率，金融期货交易、期权交易都是规避风险的手段。

(2) 规避管制。政府出于金融稳定的考虑进行管制，但又在一定程度上束缚了金融机构的手脚，阻碍了它们获利的机会，追求利润最大化的金融企业会想办法摆脱这种不利局面，通过创新规避管制。

(3) 竞争的需要。金融机构本质上是个企业，因此，在经营活动中充满着竞争。为了在竞争中获胜，取得更大利润，必须重视节约成本，争夺市场，为客户提供最优质的服务。所以一切有益于竞争的手段都可以被运用。例如，网络银行的发展就是竞争的产物。

（4）政府推动和管制的放松。一方面，政府推动金融创新是为了实现社会经济发展的宏观效益。风险投资和二板市场就是政府积极扶植的结果。另一方面，金融创新与政府管制的放松也不无关系。不少国家实行分业银行制，商业银行、投资银行、保险公司之间有严格的分工。单一的业务限制了金融机构的竞争能力，它们希望摆脱束缚，全面发展业务，并试图利用金融创新绕开管制，在这样的形势下，政府逐步放松了对金融业分工的限制，允许金融机构业务交叉的法案也应运而生，放松管制为金融创新带来了更为广阔的空间。

（5）技术的进步。以电子计算机及其网络为核心的信息技术为金融创新提供了物质基础。

2. 试述金融创新的理论有哪些。

（1）交易成本论。代表人物是希克斯与尼汉斯。该理论于1976年提出，该理论认为降低交易成本是金融创新的首要动机，金融创新就是对科技进步导致的交易成本降低的反应。不断地降低交易成本就会刺激金融创新，改善金融服务。

（2）约束诱导论。代表人物是西尔柏。该理论于1983年提出，该理论主要从供给角度来探索金融创新的成因。西尔柏从寻求利润最大化的金融企业开始进行研究，由此归纳出金融创新就是微观金融组织为了寻求最大的利润，减轻内部和外部对其的金融约束而采取的"自卫"行为。

（3）规避管制论。代表人物是凯恩。该理论于1984年提出，该理论认为金融创新主要是由于金融机构为了获取利润而规避政府的管制所引发的。各种形式的政府管制与控制，性质上等于隐含的税收，阻碍了金融机构从事已有的盈利性活动和利用管制以外的利润机会。因此，金融机构会通过创新来规避政府管制。

（4）制度改革论。代表人物是制度学派的学者诺斯、戴维斯。该理论于1971年提出，该理论认为金融创新是一种与经济制度相互影响、互为因果的制度改革，金融体系任何因制度改革而引起的变动都可以视为金融创新。政府为稳定金融体系而采取的一些措施，如存款保险险度，也是金融创新。

（5）技术推进论。代表人物主要是韩农和麦道威。该理论于1984年提出，该理论认为新技术的出现，特别是计算机、通信技术的发展及其在金融业的广泛应用为金融创新提供了物质上和技术上的保证。新技术的采用是推动金融创新的主要因素。

（6）财富增长论。代表人物是格林包姆和海沃德。该理论认为，经济的高速发展所带来的财富的迅速增长是金融创新的主要原因。这是由于财富的增长加大了人们对金融资产和金融交易的需求，激发了金融创新以满足这种日益增长的金融需求。

（7）货币促成论。代表人物是货币学派的米尔顿·弗里德曼。该理论认为，金融创新的出现，主要是货币方面因素的变化所引致的。20世纪70年代的通货膨胀、汇率和利率反复无常的波动，是金融创新的重要成因，金融创新是作为抵制通货膨胀、利率和汇率波动的产物而出现的。

3. 如何理解金融监管科技。

监管科技（Reg Tech）是监管与科技的融合，国际金融协会将其定义为能够高效解决监管与合规性要求的新技术。监管科技不仅是可以提高监管效率的技术手段，更是金融监管未来变革的重要方向，其本质在于应用科技以高效率、低成本的方式满足金融监管与合规要求的创新监管模式，一方面指监管当局运用科技完善监管方法、提升监管能效；另一方面指金融机构用科技降低合规成本、提升合规运营能力,即应用于金融机构端的合规科技(CompTech)。

从驱动因素看,金融科技是由技术自下而上推动的,而监管科技则是自上而下的制度要求。金融科技创新要求金融监管科技创新。金融科技使传统金融监管受到了前所未有的挑战,在一定程度上倒逼监管转型。监管部门亟须发展监管科技来应对挑战,"以科技监管科技",重新调整金融监管框架,将数据主权和算法监督等概念纳入金融监管的范畴,建立监管科技体系,运用新技术手段提升监管效率。

监管科技在打击防范金融诈骗、传销、非法集资等涉众型金融犯罪,以及提高系统性金融风险监测预警能力等方面可以提供重要的技术手段。监管科技有助于提升金融科技监管的时效性、有效性和前瞻性。中国人民银行金融科技委员会已明确提出,要强化监管科技,积极利用大数据、人工智能、云计算等技术,丰富监管手段,提升跨行业、跨市场交叉性金融风险的甄别和防范化解能力。

第十八章

金融发展

☞ 学习目的和要求

通过本章的学习,要求理解金融发展、金融抑制、金融深化、金融自由化等基本概念;了解发展中国家金融深化的经验教训;理解中国金融改革以渐进方式推进的现实意义。

☞ 要点提示

第一节 金融与经济发展

一、经济发展决定金融发展的历史演化回顾

(1) 新中国成立前中国金融体系概览。
(2) 新中国金融体系现代化一瞥。
(3) 2009 年后金融体系的发展。
(4) 中国金融结构发展巨大变化。

二、历史结论分析

1. 经济决定金融发展
(1) 历史地看,金融是内生于经济的一种产业,是在商品经济的发展过程中产生并随着商品经济的发展而发展的。经济发展层次越高,对金融的需求层次越高。
(2) 经济的不同发展阶段对金融的需求不同,为金融发展提供的社会经济环境条件也不相同,由此决定了金融发展的结构、规模和阶段。
2. 金融促进经济发展
金融促进经济发展的作用主要通过四条途径实现:

（1）通过金融支付中介功能，极大地降低了经济发展所要求的社会流通成本，加快了资金周转速度，提高了产出效率。

（2）通过金融信用中介功能，筹集资金和运用资金、合理配置资源，促进储蓄转化为投资，为规模化经济发展提供条件，并为最大限度地实现资源跨越时间、空间流动提供可能。

（3）通过金融机制的定价功能和风险管理功能，有效减少经济发展中不确定性的负面影响，进一步提高社会经济发展的效率。

（4）通过金融产业产值的增长直接为经济发展作贡献。

3. 金融发展不能忽视市场失灵现象

由于金融中介功能的高度发达，以及金融效率的极大提高，金融的正、负外部性系统影响范围日趋扩大，一旦金融市场失灵或金融中介机制运行受阻，金融也会为经济带来严重的负面影响，具体表现在以下方面：

（1）从宏观角度看，因金融总量控制不当而出现通货膨胀（通货紧缩）、信用膨胀（信用紧缩），导致社会总供求失衡，危害经济发展。

（2）从微观角度看，金融机构是经营风险、管理风险的高风险行业。由于金融自身的外部性作用，若金融中介机构经营不善，出现流动性危机、清偿力危机，一旦风险失控，引起社会信任危机，可能会引发"多米诺骨牌"效应，使整个国家陷于金融危机之中。

（3）由于信用过度膨胀而产生"为金融而金融"的循环体系时，金融经济与实体经济的内在联系可能会出现背离。

第二节 金融发展相关理论

一、关于金融发展

根据戈德史密斯的解释，金融发展是指金融结构的变化。一个国家现存的金融工具与金融机构之和构成一国的金融结构。有的国家金融工具种类多、数量大，与此相应，这一国家的金融机构也会种类多、规模大、效率高；有的国家则相反。这就形成不同发展程度的金融结构，金融越发展，金融结构就越得到提升，金融的效率也会越高。

对于金融发展程度的衡量，金融相关率（简称 FIR）指标因其简单、适用而被广泛采用。所谓金融相关率，是指一定时期内一国金融活动总量与经济活动总量的比值。金融活动总量一般用金融资产总额表示，经济活动总量可用国民生产总值或国内生产总值来表示。

对于金融发展与经济发展之间的关系，有研究表明，金融发展（即金融结构的演进），对一国经济增长有巨大的刺激与推动作用。这是因为金融结构的进步可以改善社会融资的条件，增大资本流量与投资规模，并大大地改进融资的效率，降低资金成本，为资本的流动转移与合理配置创造有利的条件。与此相应，一国经济的增长与发展也会对金融结构的演进与金融的发展产生积极的促进作用。经济的增长可以使国民收入水平较快地增加，社会资金的流量也相应增加，社会对资金的需求量也会上升，金融的发展也就具有了相应的基础与条件。

二、关于金融抑制

根据麦金农和肖的观点，金融抑制是指在金融体系不健全、金融市场机制未充分发挥作用的发展中国家，普遍存在着政府对金融的过度管制措施，而受到压制的金融又反过来阻碍经济发展的现象。

1. 金融抑制的主要政策表现
（1）通过规定存贷款利率和实施通货膨胀人为地压低实际利率。
（2）采取信贷配给的方式来分配稀缺的信贷资金。
（3）对金融机构实施严格的控制。
（4）人为高估本币的汇率。

2. 金融抑制政策对金融发展的严重影响
（1）金融机构单一。商业银行在金融活动中居于绝对的主导地位。
（2）金融体系存在着明显的"二元结构"。
（3）金融资产形式单一，数量有限。金融资产仅限于现金、活期存款、定期存款及初级市场上的政府债券等。
（4）直接融资市场极其落后。企业的资金来源主要靠自我积累和银行贷款。

3. 金融抑制政策对经济产生的负效应
（1）负储蓄效应。
（2）负收入效应。
（3）负投资效应。
（4）负就业效应。

三、关于金融深化

1. 有关金融深化的描述性分析

金融深化论的核心观点是：金融深化对于发展中国家来说，意味着储蓄向投资的转化和经济增长的互相促进。由于金融抑制是发展中国家经济发展的一大障碍，因此，金融深化是解决金融抑制的有效政策。政府通过放弃对金融体系和金融市场的过分干预，在允许市场机制特别是利率机制自由运行的前提条件下，一方面健全的金融体系和活跃的金融市场能有效地动员社会闲散资金并向生产性投资转化，还能引导资金流向高效益的部门和地区；另一方面，经济的快速发展，通过增加国民收入和提高各经济单位对金融服务的需求，进而刺激了金融业的扩展，由此形成金融——经济发展的良性循环。

金融深化的关键在于储蓄率和投资率的增长以及金融效率的提高，前者是量的指标，后者是质的指标。

2. 金融深化的政策主张
（1）彻底改革金融体制，大力发展资本市场和非银行金融机构，放宽对金融市场的管理和限制，建立健全金融体系。
（2）解除对存贷款利率的控制，允许利率随市场资金的供求关系变化而自由浮动，从而正确反映资金的供求状况和发展中国家资本匮乏的现实。

（3）放弃以通货膨胀刺激经济增长的做法，采取有力措施抑制通货膨胀，通过稳定的物价环境来促进经济的增长。

（4）逐步放松对汇率的限制，允许汇率在适度范围内自由浮动，使汇率正确反映外汇市场供求状况。

（5）政府应取消对国有企业的各种补贴，使这些企业成为独立自主、自负盈亏的经济实体。

西方学者还认为金融深化政策就是金融自由化政策。

四、关于金融自由化

1. 金融自由化的含义

金融自由化通常是指20世纪80年代西方国家普遍放松金融管制后出现的金融体系和金融市场自由经营、公平竞争的趋势。典型的金融自由化包括四个方面的内容：①价格自由化；②业务自由化；③市场自由化；④资本流动自由化。

2. 金融自由化的主要内容

（1）放松政府对利率的管制。实行较为灵活的利率管理方式，推进利率决定的自由化。

（2）减少政府对信贷资金的计划控制。大多数发展中国家在信贷资金分配上都实行"指导性信贷计划"，实际上是由政府当局用行政命令来分配资金，人为地干预资金的市场调节，导致资源配置上的浪费与无效。因此，金融自由化的改革措施削减或取消了信贷的指导性计划。

（3）对金融机构的发展放松控制。主要是取消各种不合理的行政障碍，放松金融业的进入限制，允许本国与外国金融机构的自由进入，以此来消除金融业的垄断，促进同业竞争。

（4）发展直接融资，活跃证券市场。具体内容是：增加可流通金融工具的发行数量，培育证券一、二级市场，完善有关的证券管理法规，适时对外开放证券市场。

（5）放松对汇率和资本流动的限制。相对于其他措施，汇率和资本账户的放开进度要缓慢得多。由于发展中国家的管制汇率往往是高估本国货币，一旦放开，可能出现本币的大幅度贬值。因此，不少国家对汇率的放松一般采取逐步放开的方法。开放资本账户，就是本币实现资本项目可兑换，资本可以在国内外自由流动，这较之实施经常项目下的可兑换要复杂得多。因此，部分国家对资本流动严格控制，但也有一些国家取消了控制。

第三节 发展中国家的金融自由化改革

一、若干发展中国家的金融自由化实践

自20世纪80年代以来，发达国家和新兴市场国家因循金融自由化理论的思路，先后进

行了金融自由化改革，形成了一场全球性的影响深远的金融制度变迁现象。

（1）拉美国家的金融自由化。

（2）亚洲的金融自由化。

（3）非洲国家的金融自由化。

（4）东欧、独联体等转轨国家的金融自由化。

二、发展中国家金融自由化的经验教训

发展中国家和地区金融自由化改革，既有成功的经验，也有失败的教训。其失败的教训主要总结了以下几点：

（1）以金融自由化为基本内容的改革一定要有稳定的宏观经济背景。

（2）金融自由化的改革必须与价格改革或自由定价机制相配合。

（3）金融自由化改革并不是要完全取消政府的干预，而是要改变干预的方式，是要以法律和经济干预取代人为的行政干预。

（4）政府当局在推行金融自由化改革和价格改革政策时，必须预先判断出相应价格变动对不同集团利益的影响，适当采用经济补偿手段。

（5）金融自由化要注重循序渐进和依次完成。

☞ 练 习 题

一、填空题

1. 在经济发展的进程中，金融发展经历了_____化和_____化两个发展阶段。
2. 金融发展是_____的变化。
3. 金融抑制政策主要表现为，通过规定存贷款利率和实施通货膨胀人为地压低_____。
4. M2/GNP 是体现一国经济货币化水平的指标，也是麦金农用来衡量_____的一项重要指标。
5. 可以通过人为地高估本币汇率，降低进口机器设备的成本，这样必须通过_____来平衡国际收支。
6. 直接融资市场极其落后条件下，企业的资金来源主要靠_____。
7. 金融抑制是发展中国家经济发展的一大障碍，_____是解决金融抑制的有效政策。
8. 对于金融抑制的发展中国家而言，_____是金融深化的必要手段。
9. 金融自由化具体表现为以下四个方面：_____、_____、_____、_____。

二、单项选择题

1. 根据戈德史密斯的解释，金融发展是（　　）的变化。
   A. 金融创新　　　　　　　　　　B. 金融结构
   C. 金融对象　　　　　　　　　　D. 金融层次

2. 经济学家戈德史密斯创造性地提出并验证了衡量金融结构广泛使用的量化指标是（　　）。
   A. 货币化率	B. 金融分层率
   C. 金融相关率	D. 金融机构化率

3. 下列关于金融结构说法错误的是（　　）。
   A. 金融结构取决于金融工具与金融机构的结合
   B. 不同类型的金融工具与金融机构的形成构成不同特征的金融结构
   C. 金融结构越复杂，金融效率和金融发展的程度越低
   D. 金融发展是金融结构的变化

4. 下列关于经济发展与金融发展关系说法错误的是（　　）。
   A. 经济发展决定了金融发展的结构、规模和阶段
   B. 金融发展对经济具有引致增长效应
   C. 金融机构对经济的渗透力越强，经济发展水平越快
   D. 金融发展是经济发展的前提和基础

5. 如果金融体系存在两个系统：以现代大银行为代表的现代部门和以钱庄、当铺、合会为代表的传统金融部门，前者主要集中在大城市和经济发达地区，后者则普遍存在于落后的农村。这种现象被称为（　　）。
   A. 金融"二元"结构	B. 金融"二元化"系统
   C. 金融城乡分工	D. 金融城乡分割

6. 金融资产形式单一，数量有限，金融资产同国民收入的比率也处在很低的水平。金融资产主要形式是（　　）。
   A. 现金	B. 银行存款
   C. 政府债券	D. 以上三类

7. 在金融抑制下，传统部门得不到政府支持，劳动密集型产业得不到金融支持，迫使大量农村劳动力涌向城市。资金流向资本密集型产业导致的经济效应被称为（　　）。
   A. 负储蓄效应	B. 负就业效应
   C. 负收入效应	D. 负投资效应

8. 在多数发展中国家，缺乏丰富的金融工具和多元化投资渠道，通货膨胀率一般较高，人们往往用购买实物、增加消费、向国外转移资金的方式回避风险所导致的经济效应被称为（　　）。
   A. 负储蓄效应	B. 负就业效应
   C. 负收入效应	D. 负投资效应

9. 麦金农和肖认为，（　　）是发展中国家经济发展的一大障碍。
   A. 金融自由化	B. 金融抑制
   C. 金融深化	D. 金融约束

三、多项选择题

1. 发展中国家金融抑制的主要表现包括（　　）。
   A. 货币化程度低	B. 金融体系存在明显的"二元结构"

C. 金融体系发展不平衡，效率低下　　D. 直接融资市场及其落后

2. 金融抑制政策会对一个金融经济发展的严重负面影响，下列属于典型的表现的有（　　）。

A. 利率管制　　　　　　　　　　B. 工资管制

C. 投资管制　　　　　　　　　　D. 外汇管制

3. 金融抑制的负效应包括（　　）。

A. 负税收效应　　　　　　　　　B. 负收入效应

C. 负储蓄效应　　　　　　　　　D. 负投资效应

4. 在金融抑制政策下，直接融资市场极其落后。企业的资金来源主要是自我积累和银行贷款，这种融资方式被称为（　　），不利于社会金融资源配置效率的提高。

A. 内源性融资与间接融资　　　　B. 外源性融资与间接融资

C. 储蓄性积累与间接融资　　　　D. 外源性融资与间接融资

5. 金融深化的政策主张包括（　　）。

A. 政府取消对存放款利率的硬性规定，使利率真实地反映资金供求状况

B. 政府加强对金融业的干预

C. 政府当局应采取有力措施抑制通货膨胀

D. 政府应着力于发掘本国资本，减少对外国资金的依赖性

6. 典型的金融自由化一般包括（　　）。

A. 价格自由化　　　　　　　　　B. 业务自由化

C. 市场自由化　　　　　　　　　D. 资本流动自由化

四、重要概念

1. 金融相关率　2. 金融发展　3. 金融抑制　4. 金融深化　5. 金融自由化

五、简答题

1. 简述金融促进经济发展的作用的实现途径。
2. 简述金融抑制的主要政策表现有哪些。
3. 简述金融深化的政策主张。
4. 简述金融自由化的主要内容。

六、论述题

1. 试分析中国金融体系改革与金融深化政策主张的不同。
2. 结合金融深化理论，谈谈我国应怎样进行金融和经济发展，如何才能避免金融自由化失败国家的教训？

七、深度思考题

你认为目前我国金融市场全面对外开放条件具备吗？为什么？

中国实施金融和经济发展策略，试分析如何才能避免金融自由化失败国家的教训？

参考答案

一、填空题

1. 货币　金融
2. 金融结构
3. 实际利率
4. 金融深化
5. 外汇管制
6. 自我积累和银行贷款
7. 金融深化
8. 金融自由化
9. 价格自由化　业务自由化　市场自由化　资本流动自由化

二、单项选择题

1. B　2. C　3. C　4. D　5. A　6. D　7. B　8. A　9. B

三、多项选择题

1. ABCD　2. AD　3. BCD　4. AC　5. ACD　6. ABCD

四、重要概念

1. 金融相关率：指一定时期内一国金融活动总量与经济活动总量的比值。其中金融活动总量一般用金融资产总额表示，经济活动总量可用国民生产总值或国内生产总值来表示。

2. 金融发展：金融发展是指金融结构的变化。一个国家现存的金融工具与金融机构之和构成一国的金融结构。

3. 金融抑制：金融抑制是指在金融体系不健全、金融市场机制未充分发挥作用的发展中国家，普遍存在着政府对金融的过度管制措施，而受到压制的金融又反过来阻碍经济发展的现象。

4. 金融深化：金融深化是发展金融理论对其改革政策的概括。核心观点是：政府通过放弃对金融体系和金融市场的过分干预，在允许市场机制特别是利率机制自由运行的前提条件下，有效地动员社会闲散资金向生产性投资转化，引导资金流向高效益的部门和地区。通过经济的快速发展，提高各经济单位对金融服务的需求，刺激金融业的扩展，由此形成金融——经济发展的良性循环。

5. 金融自由化：金融自由化通常是指 20 世纪 80 年代西方国家普遍放松金融管制后出现的金融体系和金融市场自由经营、自由竞争的趋势。典型的金融自由化一般包括四个方面的内容：

（1）价格自由化。取消利率、汇率管制，让金融价格充分发挥市场调节作用。

（2）业务自由化。允许各类金融机构业务相互交叉，公平竞争。

（3）市场自由化。放开各类机构进入金融市场的限制，国与国之间相互开放本国的金融市场，给予外国金融机构国民待遇。完善金融市场的管理，丰富金融工具和技术。

（4）资本流动自由化。允许外国资本方便地进入本国市场，同时也放宽本国资本进入外国市场的限制。

五、简答题

1. 简述金融促进经济发展的作用的实现途径。

（1）通过金融支付中介功能，极大地降低了经济发展所要求的社会流通成本，加快了资金周转速度，提高了产出效率。

（2）通过金融信用中介功能，筹集资金和运用资金、合理配置资源，促进储蓄转化为投资，为规模化经济发展提供条件，并为最大限度地实现资源跨越时间、空间流动提供可能。

（3）通过金融机制的定价功能和风险管理功能，有效减少经济发展中不确定性的负面影响，进一步提高社会经济发展的效率。

（4）通过金融产业产值的增长直接为经济发展作贡献。

2. 简述金融抑制的主要政策表现有哪些。

（1）通过规定存贷款利率和实施通货膨胀人为地压低实际利率。

（2）采取信贷配给的方式来分配稀缺的信贷资金。

（3）对金融机构实施严格的控制。

（4）人为高估本币的汇率。

3. 简述金融深化的政策主张。

（1）彻底改革金融体制，大力发展资本市场和非银行金融机构，放宽对金融市场的管理和限制，建立健全金融体系。

（2）解除对存贷款利率的控制，允许利率随市场资金的供求关系变化而自由浮动，从而正确反映资金的供求状况和发展中国家资本匮乏的现实。

（3）放弃以通货膨胀刺激经济增长的做法，采取有力措施抑制通货膨胀，通过稳定的物价环境来促进经济的增长。

（4）逐步放松对汇率的限制，允许汇率在适度范围内自由浮动，使汇率正确反映外汇市场供求状况。

（5）政府应取消对国有企业的各种补贴，使这些企业成为独立自主、自负盈亏的经济实体。

4. 简述金融自由化的主要内容。

（1）放松政府对利率的管制。

（2）减少政府对信贷资金的计划控制。

（3）对金融机构的发展放松控制。

（4）发展直接融资，活跃证券市场。

（5）放松对汇率和资本流动的限制。

六、论述题（要点）

1. 试分析中国金融体系改革与金融深化政策主张的不同。

金融深化论的核心观点是：政府应放弃对金融体系和金融市场的过分干预，允许市场机制特别是利率机制自由运行，引导资金流向，刺激金融业的扩展。金融深化的政策主张：一是解除对存贷款利率的控制；二是采取有力措施抑制通货膨胀；三是逐步放松对汇率的限制，允许汇率在适度范围内自由浮动；四是取消对国有企业的各种补贴，使这些企业成为独立自主、自负盈亏的经济实体。金融深化论关注的是具体的政策措施。部分西方学者还认为金融深化政策就是金融自由化政策。

中国金融体制改革政策与金融深化的政策主张主要的区别在于起点不同、改革目标有差异。

中国的金融体制改革政策是服务于通过渐进式改革模式建设中国特色社会主义，即建设社会主义市场经济体制大目标的。中国金融体制改革起步于计划经济，在改革的起点上，中国金融体制存在的问题与实行市场经济的发展中国家有所不同，有着深厚的中国特色，既有市场机制不健全的所致的金融抑制现象，也有由于长期实行计划经济所致的缺乏市场经济文化、制度、法制环境等问题，不是简单地依靠政府放松管制就可以解决的。同时，中国经济体制改革本身的目标是要在提高社会财富水平的条件下，促进实现人民群众利益最大化，即实现社会社会经济协调、可持续发展。在金融体制改革过程中关注人民群众的利益、技术进步、社会与自然生态系统和谐稳定，不把金融自由化当作目标。

2. 结合金融深化理论，谈谈我国应怎样进行金融和经济发展，如何才能避免金融自由化失败国家的教训？

我国应结合经济体制的改革和发展来进行金融体制改革，具体有以下几个方面：

第一，金融深化所主张的政策在中国金融体制改革中可以有选择地采用，不能脱离国情一味以金融自由化为改革目标。在放松对金融体制管制的过程中，一定要有稳定的宏观经济背景，以避免由过激改革带来经济不安定的状况。

第二，金融深化改革必须与价格改革或自由定价机制相配合。最基本的就是要形成合理有效的市场定价机制，并且解除政府管制下的行业垄断和金融机构的准入限制，否则，金融市场的价格仍然会是扭曲或错误的，会出现新的资源配置结构失调。

第三，金融改革并不是要完全取消政府的干预，而是要改变干预的方式。政府应以法律和经济干预的方式继续发挥主导作用，要以法律和经济干预取代人为的行政干预。

第四，政府在放松金融管制和价格改革政策时，应根据公平原则和政治均衡要求，适当采用经济补偿手段。

第五，金融市场化改革要注重循序渐进和依次完成。金融市场化改革是需要长期进行的系统工程，不可能一蹴而就，应根据国情探索最优顺序，同时，改革期间要控制国际短期资本流动，以减轻金融体系的压力。